WELTGESCHICHTE

Alles, was man wissen muss

WELTGESCHICHTE

Alles, was man wissen muss

Reader's Digest

REVOLUTION UND BÜRGERLICHKEIT

MODERNE

WELTGESCHICHTE DER GEGENWART

MIT STEINEN FING ALLES AN

ca. 2,7 Millionen bis 2600 v. Chr.

Eiszeit und Steinzeit

Als der dänische Historiker Christian Jürgensen Thomsen (1788–1865) die Leitung des Dänischen Nationalmuseums übernahm und die Sammlungen neu ordnete, fiel ihm etwas auf: Die Fundgegenstände waren überwiegend aus Stein, Bronze und Eisen gefertigt und in genau dieser zeitlichen Abfolge entstanden. Die Einteilung der frühen Menschheitsgeschichte (in erster Linie Europas) in Steinzeit, Bronzezeit und Eisenzeit stammt daher von Thomsen.

Eiszeit

Der Gedanke, die Alpengletscher könnten früher einmal eine viel größere Ausdehnung gehabt haben, entstand um 1820 unter Schweizer Naturgelehrten. Der badische Privatgelehrte Karl Friedrich Schimper (1803–1867) entwickelte daraus um 1835 in seinen Münchner Vorträgen über *Weltsommer* und *Weltwinter* eine Theorie der Klimaschwankungen – damals eine außerordentlich kühne Idee.

Schimper hatte glatte Schleifspuren und Findlinge, also Gesteinsbrocken, die offensichtlich nicht aus der Gegend stammten, in der sie lagen, im Schweizer Jura untersucht. 1837 verfasste er eine Ode (!) mit dem Titel *Über die Eiszeit*. Dies ist die Taufurkunde des Wortes „Eiszeit". Schimper schrieb nie ein systematisches Werk über seine Entdeckungen und blieb daher weitgehend unbeachtet. Ein befreundeter Kollege, der Schweizer Louis Agassiz, verstand seine Ideen am besten und propagierte sie mit mehr Erfolg. In den USA gilt Agassiz als Entdecker der Eiszeiten. Er war vor allem der unermüdlichste Propagandist dieser damals völlig neuen, grundstürzenden Erkenntnis. Die Menschen gingen ja immer noch davon aus, dass Gott die Erde so geschaffen habe, wie man sie im 19. Jahrhundert vorfand. Von einer Hunderte von Millionen Jahren alten Erdgeschichte hatte man damals keine Vorstellung. Noch der sehr an geologischen Fragen interessierte Goethe formulierte im Faust in Bezug auf die vor allem in norddeutschen Landschaften erratisch herumliegenden Findlinge ratlos: „Noch starrt das Land von fremden Zentnermassen / Wer gibt Erklärung solcher Schleudermacht? / Der Philosph, er weiß es nicht zu fassen / Da liegt der Fels, man muss ihn liegen lassen."

Pleistozän {2,7 Millionen v. Chr.}

Es brauchte noch einmal weitere fünfzig Jahre, bis die Vorstellung von den Eiszeiten akzeptiert war und bis man herausfand, dass die Vergletscherungen vor allem auf der Nordhalbkugel sehr umfassend waren und in mehreren Phasen verliefen. Das, was heute jedes Schulkind über Günz-, Mindel-, Riß- und Würm-Kaltzeit lernt, wurde kurz nach 1900 erstmals publiziert. Die Ursachen jener landschaftsprägenden Vereisungen sind bis heute ungeklärt. Es könnte mit Schwankungen der Erdachse in Zusammenhang stehen.

Klar ist nur, dass die Klimaschwankungen vor etwa 2,7 Millionen Jahren einsetzten und sich das Klima seitdem in Zeiträumen von einigen zehntausend bis zu hunderttausend Jahren stark ändert. Von „der" Eiszeit im Rahmen der neueren Erdgeschichte zu sprechen, wäre also irreführend. Heute weiß man, dass es innerhalb dieser 2, 5 Millionen Jahre sechs stärkere Vereisungsphasen gab, immer wieder unterbrochen von Warmzeiten. Die ganze Epoche bezeichnet man als „Pleistozän" (= neuester erdgeschichtlicher Abschnitt). In der letzten Phase, von ca. 100 000 bis 10 000 v. Chr., waren die Klimaschwankungen geradezu dramatisch. Vor 20 000 Jahren reichte das Eis bis 50 Kilometer südlich von Berlin. Nach 5000 Jahren war „Berlin" wieder eisfrei, noch einmal vier- bis fünftausend Jahre später auch die Ostseeküste.

Altsteinzeit {2,5 Millionen v. Chr.}

Zufall oder Notwendigkeit? Das Eiszeiten-Zeitalter Pleistozän deckt sich ungefähr mit dem Zeitraum der Entwicklungsgeschichte von den frühen Hominiden bis zum *Homo sapiens*. Die Altsteinzeit datiert man auf etwa 2,5 Millionen Jahre, seitdem frühe Hominiden wie *Homo habilis* und *Homo ergaster* in

Afrika erste Steinwerkzeuge herstellten. Der systematische Gebrauch von Steinwerkzeugen und Feuer gilt als wichtigstes Abgrenzungskriterium zwischen frühen Hominiden und Menschenaffen bzw. Vormenschen wie den Australopithecina, zu denen etwa „Lucy" (3,2 Millionen Jahre) mit ihrem halbwegs aufrechten Gang zählt.

Die Altsteinzeit von den frühen „Faustkeil"-Hominiden über die ersten Homo sapiens (seit ca. 300 000 v. Chr.) dauerte bis zum Sesshaftwerden der Jäger und Sammler in der Jungsteinzeit vor 10 000 bis 12 000 Jahren. Sesshaftigkeit und damit der Beginn zivilisatorischen Lebens, also selbst die ältesten Kulturen, sind demnach menschheitsgeschichtlich „ganz neu".

Neandertaler {500 000 – 30 000 v. Chr.}

Der Mensch aus dem Neandertal bei Düsseldorf stammt etwa aus der Zeit um 42 000 v. Chr. Er ist also nach Neandertaler-Maßstäben schon beinahe einer der letzten seiner Art. Seine Knochenreste entdeckte 1856 der Elberfelder Lehrer Carl Fuhltrott, der ihn sofort als „Urmensch"-Typus erkannte, was die damalige „Fachwelt" jedoch zunächst nicht akzeptierte.

Im sogenannten mittleren Pleistozän schweiften die Neandertaler durch riesige Gebiete von Südrussland, Ostanatolien und dem Nahen Osten bis nach Portugal. Trotz dieses enormen Verbreitungsgebietes lebten wohl immer nur höchstens 10 000 Neandertaler gleichzeitig. Und sie lebten natürlich nur in den südlichen Breiten Europas – südlich des 50. Breitengrades (Mainlinie). Nördlich davon war ja alles vergletschert. So ist das Neandertal eine der nördlichsten Fundstellen überhaupt.

Die ältesten Funde sind rund 125 000 Jahre alt; man schätzt das Alter dieses Homo aber wesentlich höher ein – auf bis zu 500 000 Jahre. Neandertaler beherrschten den Umgang mit dem Feuer, sie fertigten Speere und Faustkeile und wechselten häufig den Lagerplatz, um die natürlichen Ressourcen optimal zu nutzen. Mittlerweile kennt man Hunderte von Neandertaler-Lagerplätzen „im Freien". Die Vorstellung, sie hätten ebenso wie die ihnen folgenden Cro-Magnon-Menschen in Höhlen gehaust, entstand, weil sich die Fundrelikte in Höhlen wesentlich besser erhalten haben.

Homo sapiens am Djebel Irhoud

{ab ca. 300 000 v. Chr.}

Alle Hominiden-Arten haben sich in Afrika entwickelt. Es gab dort viele verschiedene Arten; manche entwickelten sich über Hunderttausende von Jahren, starben aber dann wieder aus. Sinnbildlich gibt es also keinen Stammbaum des Menschen, sondern nur ein vielästiges Gebüsch. Auch frühe Hominiden wie *Homo habilis* und *Homo ergaster* wanderten schon aus Afrika aus und besiedelten den eurasischen Kontinent wie dann auch der Neandertaler und schließlich der moderne Mensch.

Bislang datierte man die Entstehung des modernen Menschen auf vor gut 200 000 Jahren. Das „Alter" des modernen Menschen hängt aber auch immer von der Fundlage ab. Spuren von ältesten bisher bekannten *Homo sapiens* hat man 2017 in Marokko gefunden. Sie werden mit modernsten Methoden auf 300 000 Jahre datiert. Es handelt sich eindeutig um Homo sapiens, also moderne Menschen, nicht um Neandertaler. Der Fund bedeutet wohl auch das Ende der Annahme, *Homo sapiens* hätten sich nur in Ostafrika entwickelt. Es gibt also ein breiteres geografisches Spektrum für die „Wiege der Menschheit". Allerdings war das Klima in der Sahara immer sehr veränderlich; es gab dort wohl auch ein „grünes" Savannenklima wie heute in Ostafrika, und es war eine sehr wildreiche Gegend.

So wie in dieser wissenschaftlichen Illustration stellte man sich im 19. Jahrhundert den Kopf eines Neandertalers vor.

➡ ***Was danach geschah:*** *Homo sapiens* existierten also schon vor gut 200 000 Jahren in Afrika. Vor etwa 70 000 bis 60 000 Jahren begannen sie „auszuwandern". *Homo sapiens* ist nach heutigem Erkenntnisstand in zwei großen Wellen aus Afrika ausgewandert. Nicht alle natürlich, aber doch signifikante Gruppen. Auslöser war vielleicht ein katastrophales Ereignis, das das Klima veränderte. „Ziel" dieser ersten Auswanderungswelle war Australien. So kann man es natürlich nur reichlich ungenau aus heutiger Sicht formulieren, weil man heute weiß, dass die australischen Ureinwohner alle von dieser ersten Auswanderungswelle abstammen. In Wirklichkeit wanderten diese *Homo-sapiens*-Gruppen einfach an den Südküsten des eurasischen Kontinents entlang.

In der zweiten Auswanderungswelle, die vor ungefähr 50 000 Jahren einsetzte, wanderten Afrikaner nach Eurasien, auch in die Landmasse der Kontinente hinein. Die Europäer, die Asiaten und auch die Ureinwohner Amerikas stammen von ihnen ab. Sie traten also – während der Würmeiszeit! – „in die Fußstapfen" der hier bereits seit ungefähr 200 000 Jahren lebenden Neandertaler und Denisovas. Seit etwa 40 000 Jahren gibt es Menschen in Europa, die sogenannten Cro-Magnon.

Die Steinzeitmenschen und ihre Kunst

Die Ureinwohner Australiens

{um 60 000 v. Chr.}

Wegen der starken Vereisungen der Würm-Eiszeit auf der Nordhalbkugel war sehr viel Wasser in Gletschern gebunden und der Meeresspiegel lag tiefer. „Australien" hatte also ganz andere Umrisse und bildete mit Neuguinea eine größere Landmasse, das Sunda-Land. Von den indonesischen Inseln im Indischen Ozean aus war dieser Vorkontinent Australiens über schmalere und seichtere Meerwasserstraßen viel leichter zu erreichen als heute.

Die australischen Ureinwohner verbreiteten sich innerhalb kurzer Zeit über den gesamten Kontinent und rotteten den weitaus größten Teil der dort vorhandenen Großwildarten aus. Die Aborigines waren noch bis zur Entdeckung Australiens durch James Cook 1770 auf der Stufe der Jäger und Sammler verblieben, so wie sie damals aus Afrika ausgewandert waren.

Wie die Cro-Magnon mit ihren berühmten Höhlenmalereien schufen auch die Aborigines Kunstwerke; die ältesten erhaltenen Felsmalereien und Steinritzungen mit Tierdarstellungen und ornamentalen Figuren sind ungefähr 40 000 Jahre alt.

Cro-Magnon {40 000 – 30 000 v. Chr.}

Cro-Magnon ist der Name eines Fundortes in der französischen Dordogne. Hier entdeckten Archäologen 1868 in einer Höhle im Vézère-Tal Siedlungsreste und fünf Skelette eines etwa 30 000 Jahre alten Homo-Typus.

Die Archäologie teilt die mittlere Steinzeit in mehrere Perioden, die alle nach Fundorten in Südwestfrankreich benannt sind. Die älteste ist das Moustérien (ca. 120 000 – 40 000 v. Chr). Es fällt erdgeschichtlich in die letzte, die Würm-Eiszeit. Möglicherweise gab es in dieser Periode einige Tausend Jahre lang ein Nebeneinander von Neandertaler und Cro-Magnon-Mensch. Die Cro-Magnon gehören in das Aurignacien (40 000 – 30 000 v. Chr.).

Der Cro-Magnon gilt als früher *Homo sapiens sapiens*. Er lebte zunächst in arktischer Kälte in einer weitgehend baumlosen Tundra. Viel zu ernten gab es da nicht, deshalb jagte Cro-Magnon vor allem Tiere. Wie man aus den berühmten Höhlenmalereien weiß, spielten dabei Jagdzauber, also quasi-religiöse Vorstellungen eine Rolle. Cro-Magnon war perfekt an das Klima angepasst und ein hervorragender Handwerker-Künstler, der Stein, Knochen, Elfenbein, Kleidung und Schmuck bearbeitete, mit Kochsteinen kochte und Nahrungsmittel konservierte. Pfeil und Bogen sowie Tierfallen sind wohl Cro-Magnon-Erfindungen.

Die ältesten Kunstwerke {35 000 v. Chr.}

Aus der Vogelherdhöhle im Lonetal auf der Schwäbischen Alb wurde 2006 das bislang älteste bekannte Kunstwerk der Menschheit geborgen, eine 30 Zentimeter große Figur aus Mammut-Elfenbein. Das Alter der leicht verzierten menschlichen Figur mit einem Löwenhaupt schätzt man auf annähernd 35 000 Jahre. Ebenfalls auf der Schwäbischen Alb, bei Blaubeuren, fand sich in der Höhle von Geißenklösterle eine steinzeitliche Lagerstätte mit Besiedlungsspuren aus der Zeit zwischen 36 000 und 32 000 v. Chr. Geißenklösterle ist für seine Flöten aus Vogelknochen berühmt, die als älteste Musikinstrumente der Welt gelten. In der benachbarten Höhle „Hohle Fels" lag eine „Venus"-Figurine (um 35 000 v. Chr.). Alle Kunstwerke aus den schwäbischen Höhlen sind älter als die Höhlenmalereien in den südfranzösischen Grotten.

Der „Louvre" der Eiszeit {ca. 33 000 v. Chr.}

Eine Sensation war 1994 die Entdeckung einer Grotte im südfranzösischen Ardèche-Tal durch Jean-Marie Chauvet. Sie gilt als „Louvre" oder „Kathedrale" der Eiszeit, denn sie enthält eine Fülle von erstaunlich gut erhaltenen, überraschend naturgetreuen Höhlenmalereien aus der Zeit um 33 000 bis 30 000 v. Chr. Auf rund 300 Wandbildern sind mehr als 400 Tiere in der Grotte Chauvet dargestellt. Etwas jünger sind die Wandmalereien in der Cosquer-Höhle an der Mittelmeerküste bei Marseille, die 1991 von Henri Cosquer „ertaucht" wurde, weil sich ihr Eingang heute unterhalb des Meeresspiegels befindet. Wegen der Eiszeit lag auch hier am Mittelmeer der Meeresspiegel damals tiefer. In der Cosquer-Höhle, die vor Kurzem für Besucher naturgetreu nachgebaut wurde, gibt es auch Darstellungen von Meerestieren und Vögeln.

Venus von Willendorf {25 000 v. Chr.}

Lange galt die weltberühmte Venus von Willendorf als das älteste Kunstwerk der Altsteinzeit. Die 1908 in Willendorf in der österreichischen Wachau gefundene elf Zentimeter hohe Frauenstatuette mit breitem Becken und üppigen Brüsten aus Kalkstein dürfte 25 000 Jahre alt sein. Mittlerweile wurden zwischen Europa und Sibirien rund 200 weitere ähnliche Venusse gefunden, die allerdings nicht so gut erhalten sind. Man kann davon ausgehen, dass die Figur ein kultisches Idol war, vermutlich im Zusammenhang mit einem Fruchtbarkeitsritus. Über das riesige Gebiet verbreitet gab es also so etwas wie eine einheitliche „religiöse" Vorstellung.

Die etwa 6 cm hohe „Venus vom Hohle Fels" wurde 2008 in einer Höhle auf der Schwäbischen Alb gefunden. Die etwa 40 000 Jahre alte Frauenfigurine wurde kunstvoll aus Mammutelfenbein geschnitzt.

➡ ***Was danach geschah:*** Die Venusse stammen aus einer Zeit der Klimaverschlechterung vor dem Höhepunkt der letzten Eiszeit, dem Gravettien. Von damals kennt man Bestattungen in großer Zahl, auch mit Grabbeigaben wie Waffen und Schmuck. Spuren der nachfolgenden Solutréen-Menschen fanden die Archäologen vor allem in Spanien. Die Kälte und die Vereisung jener Eiszeit waren so extrem, dass alle *Homo sapiens* Europa verließen – oder ausstarben. Die neuen Besiedler Europas fertigten danach keine Venusse mehr, verbreiteten sich aber in Europa relativ schnell, unter anderem in

Altamira und Lascaux {ca. 16 000 v. Chr.}

Die jüngsten, zugleich nach wie vor berühmtesten Höhlen mit Steinzeitmalereien sind die von Altamira in den nordspanischen

Pyrenäen und Lascaux im Vézère-Tal (Dordogne). Altamira wurde bereits 1868 entdeckt, die Malereien allerdings erst 1879, als die achtjährige Tochter des Grundbesitzers zufällig „Rinderbilder“ an der Höhlendecke erkannte. Lascaux entdeckte man 1940.

Die Wandbilder von Lascaux und Altamira werden auf 17 000 bis 15 000 v. Chr. datiert und gehören zum Magdalénien (ab 22 000 v. Chr.). Es ist die Blütezeit der Großwildjäger. Die – stellenweise immer wieder übermalten – Tierdarstellungen werden als Ausdruck einer magischen Religion interpretiert, bei der schamanenartige Zauberer die Beute- und Jagdtiere wie Hirsch, Wildpferd und Ren zu beschwören versuchten. Die Magdaléniens jagten raffinierter, nutzten zum Beispiel Harpunen mit Widerhaken, kochten in Erdlöchern, fertigten Schmuckgegenstände, kannten religiöse Riten und Jenseitsvorstellungen. Es gibt Anzeichen, wonach die Lascaux-Leute bereits über astronomisches Wissen verfügten, da einzelne markante Punkte in der Höhle auf den damaligen Wintersonnenwendepunkt ausgerichtet sind.

Chauvet, Lascaux und Altamira sind lediglich die bekanntesten Bilderhöhlen. Allein in Frankreich hat man bisher rund 150 Plätze mit Felsmalereien entdeckt.

Holozän {ab 13 000 v. Chr.}

bedeutet so viel wie „das allerneueste, das jüngste“ Zeitalter und umfasst erdgeschichtlich die auf das Pleistozän folgende Periode. Die Erwärmung war nun so stark, dass es in Europa vor etwa 7000 Jahren überhaupt kein Eis mehr gab! Die Menschen waren auf der Nordhalbkugel längst sesshaft geworden, in den Flusstälern Chinas, Ägyptens und Mesopotamiens bildeten sich die Anfänge der ersten Hochkulturen. Gletscher entstanden erst wieder gut 1000 Jahre später. Auch wir leben noch im Holozän.

Jäger und Sammler {ca. 12 000/10 000 v. Chr.}

Mit dem Schmelzen des Eises war die Steinzeit keineswegs zu Ende. Die Menschen blieben dieselben, suchten noch immer in Höhlen Zuflucht, bauten sich allenfalls Strohhütten oder zeltartige Unterschlupfe, bei denen Felle und Tierhäute zum Schutz

Die Bisonzeichnungen stammen aus der Höhle von Altamira, einem Höhlenkomplex in der Nähe der historischen Stadt Santillana del Mar in Kantabrien, Spanien.

Die Technik der Steinzeit

Feuer – ist zwar kein Werkzeug im engeren Sinn, aber der bewusste Umgang mit Feuer gilt seit jeher als eines jener Merkmale für die Menschwerdung der afrikanischen Homo. Im griechischen Mythos bringt der Titanensohn Prometheus den Menschen entgegen dem Verbot des Zeus die Glut vom Olymp – und wird dafür hart bestraft. Aber die Götter müssen erkennen, dass sie diese Tat nicht mehr rückgängig machen können.

Faustkeile
{Vor- und Frühmenschen bis Neandertaler}
meist birnenfömig aus Stein geschlagen sind die ältesten Werkzeuge. Seit ungefähr 1,75 Mio. Jahren schon von frühen Homo-Arten zum Schneiden und Schaben verwendet. Nach diesem Leitwerkzeug ist die Steinzeit benannt.

Die älteren Homo-Arten, die auch schon aus Afrika auswanderten, verbreiteten Faustkeile in ganz Eurasien. Die ältesten Funde im europäischen Mittelmeerraum sind etwa 900 000 Jahre alt; nördlich der Alpen etwa 600 000 Jahre (in Südengland).

Auch die Neandertaler verwendeten Faustkeile. Erst beim modernen Menschen *Homo sapiens* kommen sie allmählich außer Gebrauch.

Speere /Lanzen {mindestens 300 000 Jahre}
Speere sind zugespitzte oder mit Stein- oder Geweihspitzen versehene Holzschäfte zum Werfen; Lanzen behält man beim Stoß in der Hand. Die weltweit ältesten bekannten Funde sind die Schöninger Speere aus einer archäologischen Ausgrabung in Niedersachsen. Sie sind rund 300 000 Jahre alt und wurden hier schon von *Homo habilis* zur Großwildjagd verwendet – also noch vor dem Auftreten der Neandertaler.

Flöße {etwa 50 000 Jahre}
Dass sie (Bambus-)Flöße mit Pflanzenfasern zusammengebunden haben, ist zwar nicht nachweisbar, muss für die frühen *Homo sapiens* aber unumgänglich gewesen sein, um von Südasien nach Australien zu gelangen.

Nadeln {mindestens 45 000 Jahre}
sind wahrscheinlich die erste wichtige Erfindung des *Homo sapiens*. Neandertaler kannten sie noch nicht. Nadeln haben ein Nadelöhr, um einen Faden durchzuziehen. Die ältesten sind aus Knochen oder Elfenbein; Fundstücke stammen aus dem zentralasiatischen Altai-Gebirge aus der Zeit um 45 000 v. Chr. Das ist die Zeit der ersten Ausbreitung von *Homo sapiens* in Eurasien.

Die auf dem Bild gezeigten Nadeln wurden aus Knochen gefertigt und in Frankreich entdeckt. Ihr Alter wird auf ca. 15 000 Jahre geschätzt.

gegen die Witterung über einige Stangen gelegt wurden wie bei den indianischen Tipis oder den Jurten sibirischer und mongolischer Nomaden.

Es gab kleine Verbesserungen der Steinwerkzeuge, erste Boote, Schlitten, Töpferwaren, Haustiere (Hund) sowie erste Anzeichen von vorübergehender Sesshaftigkeit und Ackerbau. Die Verarbeitung von Metall war aber nach wie vor völlig unbekannt.

Amerika – Die Besiedlung

Cro-Magnon der zweiten Auswanderungswelle „out of Africa" seit etwa 50 000 Jahren werden im Verlauf von 30 000 Jahren immer weiter nach Nordosten vorgedrungen sein, bis nach Sibirien und ins heutige China. Auf dem letzten Kältehöhepunkt der letzten Eiszeit vor etwa 20 000 Jahren „überwinterten" sie dann in Südsibirien, was wiederum ein paar Jahrtausende dauerte. Von dort aus zogen sie noch einmal sehr viel später in der Jungsteinzeit (um 13 000 – 12 000 v. Chr.) über die damals trockene Landmasse „Beringia", die heute vom Meer überflutete Beringstraße. Möglicherweise war dies nur während eines engen Zeitfensters von 2000 bis 3000 Jahren geschehen, als „Beringia" erstmals eisfrei, aber noch „trocken" war, weil längst nicht alles Eis geschmolzen und der Meeresspiegel noch relativ niedrig war. So besagt es die herkömmliche Theorie. Andere Besiedlungswege entlang der Küsten sind denkbar, auch über den Nordatlantik entlang der Gletschergrenze. Aufgrund von Funden bis hinunter in die Süd-Anden, die mit bis zu 20 000 Jahren wesentlich älter sind als die Beringia-Einwanderer, muss man heute davon ausgehen, dass es also schon damals Menschengruppen in den beiden Amerikas gab, aber wohl eben keine nennenswerte Einwanderung.

➡ ***Was danach geschah:*** In den Amerikas endete die Steinzeitphase nicht flächendeckend wie in Europa, sondern nur punktuell, mit den ersten sesshaften Ackerbau- und Keramikkulturen um 1000 v. Chr. (Süden Nordamerikas, Mittelamerika, wo es schon eit langem den Maisanbau gab). Ansonsten blieben die Ureinwohner Nord- wie Südamerikas noch sehr lange mehr oder weniger nomadisierende Jäger und Sammler und selbst in den „mittelalterlichen" Hochkulturen (Maya, Inka, Azteken u. a.) stets auf vorbronzezeitlichem Niveau, also ohne Metallverarbeitung. Diese Zivilisationen blieben also fast bis in die Neuzeit seit der Einwanderung tausende von Jahren kaum verändert. Ähnlich wie australischen Aborigines.

Zum Vergleich: Um das Jahr 1000 v. Chr. hatte das Alte Ägypten den Höhepunkt seiner Bedeutung überschritten, Alt-Babylon, die Minoer, Mykene und die Hethiter waren untergegangen, die indogermanischen Ackerbaugesellschaften nördlich der Alpen längst sesshaft geworden. Dort gab es schon lange keine Jäger und Sammler mehr. Den wesentlichen Unterschied im „Zivilisationsniveau" machte zuerst der Ackerbau („Neolithische Revolution") seit dem Ende der Eiszeit und dann die Metallverarbeitung („Bronzezeit").

Neolithische Revolution – Jungsteinzeit

In der Jungsteinzeit ab 11 500 v. Chr. wurden die Menschen erstmals sesshaft, bildeten erste dauerhafte Siedlungen und eine rudimentär arbeitsteilige Gesellschaft. Keine andere Veränderung in der „gesellschaftlichen" Verhaltensweise der Menschen ist als so einschneidend betrachtet worden wie dieser Übergang vom Jäger und Sammler zum Bauern und Hirten. Mit der Jungsteinzeit beginnt also etwas grundlegend Neues in der Menschheitsgeschichte. Der Begriff ist nur deswegen noch an die alte Steinzeit gebunden, weil es in der Jung„stein"zeit zunächst noch für viele tausend Jahre keine Metallwerkzeuge oder Metallwaffen gab.

Fruchtbarer Halbmond {11 000 v. Chr.}

Natürlich stiegen die Steinzeitmenschen nicht auf die Barrikaden und riefen unisono die „Neolithische Revolution" aus. Der Begriff wurde erst 1936 von dem australischen Wissenschaftler Vere Gordon Childe nach dem Vorbild der „Industriellen Revolution" geprägt. Die Neolithische Revolution vollzog sich in verschiedenen Gegenden zu unterschiedlichen Zeiten. Am frühesten „fortschrittlich" war der heute sogenannte Nahe Osten vom Niltal über den Jordan bis hinauf zu den Euphrat- und Tigrisquellen und diese beiden Ströme hinunter bis an den Persischen Golf. Auf einer Karte bilden diese groben Umrisslinien in etwa die Form eines Halbmondes. Zur damaligen Zeit (ab ca. 11 000 v. Chr.) war das Gebiet klimatisch außerordentlich begünstigt, insgesamt viel grüner und feuchter als jetzt, selbst bis in die Sahara hinein, aber eben auch schon warm – paradiesische Zustände. Die Menschen ließen sich in dauerhaften Siedlungen nieder, betrieben systematisch den Anbau von Wildgräsern und Viehzucht und legten erstmals Vorräte an. Lehmziegel zum Bau von Häusern waren ebenso neu wie die dadurch mögliche rechteckige Bauweise. Bis dahin waren alle „Hütten" rund gewesen. Die Verwendung der Töpferscheibe ist ebenfalls eine „Erfindung" aus dieser frühen Phase menschlicher Kultur.

Die ältesten Städte {ab ca. 9500 v. Chr.}

Die ältesten Stadt- und Tempelanlagen der Welt befinden sich in diesem Gebiet des Fruchtbaren Halbmondes und stammen nach neueren Ausgrabungen schon aus der frühesten Zeit der Neolithischen Revolution.

Die Tempelanlage von Göbekli Tepe (um 9500 v. Chr.) ist 6000 Jahre älter als die Pyra-

Die in der Türkei gelegene prähistorische Tempelanlage von Göbekli Tepe gilt als die älteste der Welt.

miden, und diese erstaunlichen Steinbauten waren bereits errichtet, als sich die ersten Siedler in Jericho niederließen. Die Bedeutung der Anlage ist erst seit 1994 bekannt. Sie ragt wie ein Monument der älteren Steinzeit in die Jungsteinzeit hinein. Hier finden sich meterhohe, aus einem Stück gemeißelte Kalksteinpfeiler mit querliegenden Steinblöcken obenauf, die teilweise kreisförmig angeordnet sind. Davon wurden bisher 40 freigelegt, weitere 150 vermuten die Archäologen noch unter dem Geröllberg Göbekli Tepe. Die Errichtung dieser Anlage setzte eine entsprechende Baustellenorganisation und umfassende Lebensmittelversorgung voraus. Das hatte man Jägern und Sammlern bisher nicht zugetraut.

In einer anderen Gegend Anatoliens, nahe der Derwisch-Stadt Konya, befindet sich eine weitere, erst in jüngerer Zeit freigelegte archäologische Anlage: Çatal Höyük, die älteste bekannte Siedlungsanlage der Welt. Sie war seit etwa 7400 v. Chr. über 1000 Jahre lang von bis zu 10 000 Menschen bewohnt. Auffällig ist, dass es kein Tempel- oder Palastzentrum gibt, aber Wandmalereien mit Tierdarstellungen, die offenbar kultischen Zwecken dienten. Auch Çatal Höyük erscheint heute als faszinierende Ausnahme, weil es über Jahrtausende danach weit und breit keine vergleichbare stadtähnliche Siedlungsweise gab. Die Entwicklung von Städten mit Steinbauten und arbeitsteiliger Struktur, die über wirklich lange Zeiträume kontinuierlich bewohnt wurden, setzt erst um 5000 in einer ganz anderen Gegend, im Süden Mesopotamiens ein.

Das typische Siedlungsbild der Jungsteinzeit in Mesopotamien sind die Tell-Siedlungen der sogenannten Obed-Kultur, auf der die sumerische Kultur im buchstäblichen Sinn aufbaute. Die Tell-Siedlungen beherbergten zwischen 7000 und 4000 v. Chr. teils Tausende von Menschen, die in gleichförmig gebauten Häusern aus Lehmziegeln lebten. Da solche Behausungen nicht ewig hielten, wurden die Siedlungen im Lauf dieser Jahrtausende aus dem Schutt verfallener Häuser immer wieder aufgebaut und ausgebaut, bis sie zu regelrechten Hügeln wuchsen. Daher die Bezeichung Tell (arabisch: „Hügel"), was sich im Namen „Tel Aviv" wiederfindet.

Carnac und Stonehenge {seit 4500 v. Chr.}

Die Megalithanlagen hatten, da ist man sich sicher, einen konkreten Ursprungsort, nämlich Nordwestfrankreich, heute Bretagne und Normandie. Von hier verbreitete sich die „Kultur" rund um die Nordsee, entlang der ganzen europäischen Atlantikküste und ins westliche Mittelmeer einschließlich Sizilien und Tunesien. Der bretonische Ausgangsort muss ein weit ausstrahlendes rituelles und politisches Zentrum gewesen sein. Funde bis nach Ostwestfalen und Nordhessen sind mit Anlagen in der Normandie direkt vergleichbar.

Der Zweck all dieser Bauwerke bleibt rätselhaft. Sicher ist, dass es kultische Orte waren, denn das Aufrichten tonnenschwerer Steine und das Ausrichten in geometrischen Linien geschah nicht zum Zeitvertreib. Der größte Menhir wiegt 350 Tonnen. Sehr wahrscheinlich handelte es sich zumindest auch oder seinem Ursprung nach um eine Form von Ahnenkult. Alle Megalith-Stätten sind zudem Begräbnisorte.

Die älteste Anlage ist Carnac mit seinen geraden Steinreihen (ca. 4500 v. Chr.). In Stonehenge begann die Baugeschichte nach heutigem Kenntnisstand mit einem Erdwall um 3100 v. Chr., also vor den Pharaonen. Die heute noch sichtbaren Steinkreise entstanden zwischen 2500 und 2000 v. Chr., etwa in der Zeit der großen Pyramiden. Die in Norddeutschland und Südskandinavien ebenfalls sehr verbreiteten Hünengräber gab es über mehrere Jahrhunderte hinweg zwischen 3500 und 2800 v. Chr.

Pfahlbauten {3500 – 2500 v. Chr.}

In der Frühzeit der Hochkulturen, als die Sumerer anfingen, mithilfe der Keilschrift die Lagerhaltung zu kontrollieren, die Ägypter frühe Hieroglyphen meißelten und erste Baupläne für Pyramiden entwarfen und die ältesten Trojaner Ost-West-Handel betrieben, siedelten Zeitgenossen der Trichterbecherkeramiker in Pfahlbauten im Alpenraum. Sie alle lebten zur selben-Zeit in dem Jahrtausend zwischen 3500 und 2500 v. Chr.

Die Pfyner Gruppe im schweizerischen Thurgau (3900 – 3500 v. Chr.) und die Mondsee-Gruppe (3600 – 3300 v. Chr.) im Salzkammergut zählen zu den ältesten bekannten Pfahlbausiedlungen. In den Alpen war damals die Kupferverarbeitung schon bekannt. Das Kupferbeil, das „Ötzi" bei sich trug, ähnelte sehr vergleichbaren Stücken aus Pfyn. Viele dieser Siedlungen wurden irgendwann wieder aufgegeben, aber Pfahlbauten gab es in Europa bis in die Eisenzeit.

Immer noch rätselhaft: Um die in Südengland gelegene Megalithanlage von Stonehenge ranken sich zahlreiche Mythen und Legenden.

Keramik-Kulturen und Kupferzeit

Die ältesten Kupferabbaustätten in Europa befinden sich auf dem Balkan. Sie stammen aus der Zeit um 4500 v. Chr. Betreiber der Minen waren vermutlich Führungsschichten einer bandkeramischen Kultur des Balkans namens Vinča. Man lebte in vergleichsweise dicht besiedelten Dörfern und betrieb auf ausgesprochen fruchtbaren Böden intensiv Ackerbau. Dazu gehörte eine differenzierte Sozialstruktur mit einer immer reicher werdenden Oberschicht. Die Grabbeigaben eines Gräberfeldes am bulgarischen Warnasee enthalten neben hervorragend gearbeiteten Keramiken und Kupfergegenständen auch die ersten Goldschmiedearbeiten weltweit, vor allem Schmuck, Beschläge und reliefartige Tierfiguren.

Das früheste in Mitteleuropa gefundene Kupferbeil ist dagegen rund 1000 Jahre jünger (um 3500 v. Chr.) und stammt aus einer Fundstätte bei Altheim in Niederbayern.

Glockenbecherkeramiker {2600 v. Chr.}

Glockenförmige Tonbecher sind das „Leitfossil" sonst wenig fassbarer Gruppen, die sich von Südspanien her hauptsächlich entlang der Küsten bis nach Mitteleuropa ausbreiteten; möglicherweise kamen sie aber auch aus dem Donauraum und zogen durch ganz Europa. Glockenbecherleute, deren Auftreten um 2600 v. Chr. erstmals belegt ist, kannten bereits die Kupferverarbeitung. Auch ihre Bestattungsrituale waren typisch: Die Toten wurden nach Geschlechtern unterschiedlich stets in Hockerstellung und mit dem Gesicht nach Osten beigesetzt.

Schnurkeramiker (Streitaxtleute) {2800 v. Chr.}

Die Schnurkeramiker verzierten Gefäße durch in den weichen Ton eingedrückte Schnüre. Sie überschneiden sich zeitlich mit den Glockenbecherkeramikern, bestatteten Tote in Hockerstellung, aber immer mit dem Gesicht nach Süden, Frauen linksseitig, Männer rechtsseitig. Letztere bekamen Waffen und Streitäxte ins Grab gelegt. Diese charakteristischen Streitäxte, nach denen sie auch benannt sind, waren keine Kampfwaffen, sondern Statussymbole.

Die Schnurkeramiker / Streitaxtleute tauchten vergleichsweise plötzlich auf („wie aus dem Nichts") und verbreiteten sich sehr schnell. Ob sich hier eine kulturelle „Revolution" abspielte oder eine „Invasion", ist schwer zu sagen. Die Schnurkeramikkulturen waren von Zentralrussland bis in die Schweiz und nach Holland verbreitet – ein riesiges Gebiet, in dem die Bestattungsgewohnheiten und die Kunst„normen" der Keramikverzierungen noch einheitlicher waren als bei den Bandkeramikern. Sehr umstritten ist übrigens, ob die Schnurkeramiker / Streitaxtleute bereits die ersten Indoeuropäer waren, also die ersten Gruppen, aus denen in Europa Germanen, Kelten und Slawen hervorgingen.

Die Schnurkeramiker waren die letzte Jungsteinzeitkultur auf europäischem Boden. Die relativ sesshaften Bauern kannten das Rad und Zugtiere und konnten Kupfer verarbeiten. In der Spätphase der Schnurkeramiker und Glockenbecherkeramiker kommt um 2200 v. Chr. die Kenntnis der Bronzeverarbeitung nach Europa.

➥ ***Was danach geschah:*** Knapp 1000 Jahre später, kurz vor Beginn der Eisenzeit, erscheint eine letzte Neuerung in Europa, die Urnenfelderkultur. Wie der Name sagt, werden in der Urnenfelderkultur die Toten verbrannt und in Urnen bestattet – ein signifikanter, flächendeckender Wandel. Von der Urnenfelderkultur geht ab 1200 v. Chr. der Vorstoß der indoeuropäischen Völker nach Italien aus, möglicherweise auch der Verwüstungszug über den Balkan, die Ägäis und Anatolien („Zerstörung Trojas"); später dann auch die keltische Hallstatt-Kultur.

3761: Beginn der jüdischen Zeitrechnung

Auf dieses Jahr legte der jüdische Patriarch Hillel um 360 n. Chr. die Schöpfung der Welt fest und begründete so in der Spät-

Ötzi {3000 v. Chr.}

Das relativ leicht zu schmelzende und zu bearbeitende Kupfer kommt in Anatolien um 8000, in Mitteleuropa um 4300 v. Chr. auf. Gut 1000 Jahre später trug der mittlerweile bekannteste Vertreter der späten Jungsteinzeit ein Kupferbeil bei sich: Die Gletschermumie Ötzi gibt ein anschauliches Bild eines 5300 Jahre alten Menschen aus unserem geografischen Raum in der Zeit der ersten großen Keramik-Kulturen. Mit seinen grasgepolsterten Schuhen, seiner Bekleidung, seinen leichten Jagdwaffen und seinem „Rucksack" erinnert er am ehesten an das Bild, das man sich von einem „Indianer" macht. Hier tritt uns ein Mensch aus dem Übergang zwischen Jungsteinzeit und Metallzeit gegenüber. Ötzi ist ein typischer Vertreter der halbwegs sesshaften, Ackerbau und Viehzucht betreibenden vorindogermanischen Siedlerkultur der Keramik-Zeit. Das bisschen Metallverarbeitung, das er und seine Zeitgenossen beherrschten, hat die jungsteinzeitlichen Lebensstrukturen nicht tiefgreifend verändert.

Diese Rekonstruktion des Gletschermannes befindet sich im Südtiroler Archäologiemuseum in Bozen.

phase der römischen Kaiserzeit die heute gültige Zeitrechnung nach dem jüdischen Kalender. Hillel orientierte sich an den „Zeitangaben" im Alten Testament, zum Beispiel an der Lebenszeit der Patriarchen. Demgemäß entspricht das Jahr 2009/2010 unseres Gregorianischen Kalenders dem Jahr 5770 des jüdischen Kalenders. Dieses Weltschöpfungsdatum hat nichts mit modernen archäologischen Datierungen zu tun. Dennoch entsprechen die fast 6000 Jahre ungefähr der menschlichen Geschichte seit dem Ende der Steinzeit und dem Beginn der Metallzeitalter.

Altorientalische Kulturen der Bronzezeit

Im Fruchtbaren Halbmond im Vorderen Orient waren die Menschen als Ackerbauern in Tell-Kulturen früher sesshaft geworden (ab 8000 v. Chr.) als im europäischen Raum (ab 5500 v. Chr.). Während in Europa reetgedeckte Pfahlbaudörfer der Bandkeramiker und Trichterbecherkeramiker entstanden und man am Warnasee schon sehr hübsch Gold schmieden konnte, lebten auch die Menschen in den großen Flussoasen an Tigris, Euphrat und Nil in dörflichen Gemeinschaften. Auch sie töpferten, webten, benutzten Steinwerkzeuge und bearbeiteten Kupfer. Schon vor 3000 v. Chr. verbreitete sich die neue Technologie der Bronzeherstellung im Alten Orient, ab 2200 dann auch in Europa.

Sumerer {vor 3500 v. Chr.}

Das älteste Kulturvolk im Orient hat seinen Namen von der unmittelbar nachfolgenden Kultur: Die Akkader nannten sie *šumeru*. Allerdings waren die Sumerer kein semitisches Volk wie die Akkader. Ihre Herkunft ist unbekannt. In der Frühzeit ihrer Geschichte siedelten sie in mehreren Dutzend Städten, die auf Hügeln gebaut und von Mauern umgeben waren. Jede fasste nahezu 50 000 Einwohner. Einzelne Stadtviertel gruppierten sich um den Tempel einer lokalen Gottheit, der Tempel des wichtigsten Wohnviertels beherbergte die Stadtgottheit. Zunächst bearbeiteten die Sumerer nur das Land in der Umgebung, selbst die Ackerbauflächen der Aristokratie umfassten nur wenige Hektar.

Ansonsten lag zwischen den Städten unwirtliches Ödland. Erst die Entwicklung der Bewässerungstechnik ermöglichte allmählich die Ausweitung der Territorien. Wo diese aneinanderstießen, ergaben sich erbitterte Kämpfe um die Vorherrschaft, ein Hauptzug der sumerischen Geschichte, die im Detail nicht rekonstruierbar ist. Zentren der Sumerer waren Städte wie Ur, Uruk, Nippur, Lagasch im Süden des heutigen Irak, nahe des Persischen Golfs. Das alles geschah ungefähr zu der Zeit, als in Pfahlbausiedlungen am Mondsee und in Pfyn die ersten Kupfergegenstände auftauchten.

Die Städte der Zikkurats: Ur und Uruk {ca. 3500 v. Chr.}

Spätestens ab Mitte des 4. Jahrhunderts waren Ur und Uruk neben der ursprünglichen Obed-Stadt Eridu die ältesten sumerischen Stadtstaaten. Eine Zeitlang war das damals direkt am Euphrat gelegene Ur die dominierende Metropole. Hauptgötter der Sumerer waren der Himmelsgott An, für den schon vor 3000 v. Chr. ein hoher Tempel errichtet wurde, sowie die Inanna/Ischtar, die „Venusgöttin“. Die hochragenden Stufentempel (akkadisch *Zikkurat* = „Götterberg“) lassen sich seit 3500 v. Chr. archäologisch nachweisen; man kennt ungefähr 25 davon. Diese bemerkenswerte bautechnische Leistung erscheint auch im Alten Testament der Bibel „chronologisch“ früh, nämlich bereits in der Genesis, im ersten Buch Mose im Zusammenhang mit der „Sprachverwirrung“ der am Hochbau beteiligten „Völker“. Mangels exakter historischer Kenntnis der Frühgeschichte nannte ihn die Bibel „Turm von Babel“. Die Zikkurat-Tempelpyramiden sind aber sumerischen Ursprungs. Babylon entstand erst später.

In der Hochblüte der sumerischen Kultur mit Keilschrift und Tempelpyramiden entwickelte sich Jahrhunderte später Uruk zur ersten Großstadt der Welt, in der über 100 000 Menschen wohnten. Uruk ist das biblische Erech. Die Errichtung einer zehn Kilometer langen Stadtmauer um 2500 v. Chr. wird König Gilgamesch zugeschrieben.
Die Königsdynastien der Sumerer sind erst ab etwa 2500 aus „Königslisten“ fassbar und geben vage Anhaltspunkte für historische Abläufe. Die Funde von Waffen und Schmuck aus den Königsgräbern zeugen vom hohen Stand der Metallurgie. Typisch für sumerische Menschendarstellungen in Statuen und auf Reliefs sind die Augen mit den „Augenringen“.

Keilschrift {3200 v. Chr.}

entwickelte sich genau wie die Hieroglyphen und wie unser Alphabet aus der Abstrahierung von Piktogrammen. Die ältesten Zeichen waren Bilder mit entsprechender

Die wiederaufgebaute Zikkurat von Ur im heutigen Irak wurde zu Ehren des sumerischen Mondgottes Nanna errichtet.

Sumerische Keilschrifttafel (etwa 2350 v. Chr.). In den noch weichen Ton wurden Angaben über die Anzahl von Ziegen und Schafen eingeritzt.

Bedeutung: Essschale = Essen; drei Berggipfel = Gebirge. Im Lauf der Zeit wurden komplexere Begriffe aus mehreren Zeichen zusammengesetzt, und der Lautwert spielte eine wichtige Rolle, genau wie bei der Entwicklung des Alphabets. Die Keilschrift wurde nicht mit groben Keilen, sondern mit kleinen Griffeln aus Holz oder Rohr in weichen Ton eingedrückt. Wenn der Ton trocknete, blieb die „Schrift" erhalten.

Gelehrten des 19. Jahrhunderts n. Chr. ist es gelungen, die überlieferten Keilschrifttafeln zu entziffern. Dabei stellte sich heraus, dass es sich hauptsächlich um Vorratslisten, Rechnungen und Verträge handelte: Sobald die Gesellschaften arbeitsteiliger wurden, musste man den Warenstrom dokumentieren und die Vorratswirtschaft für die Tempel und Paläste organisieren: Buchhaltung war die erste Form der „Literatur", keine mythischen Urworte. Die ältesten, noch sehr bildhaften Keilschrifttafeln datieren von 3300 v. Chr., also aus der Ötzi-Zeit, doch erst um 2700 entwickelte sich daraus die abstraktere Keilschrift. Diese konnte dann von den Hethitern für ihre ganz andere, nämlich indogermanische Sprache verwendet werden.

Bei Ausgrabungen in Ninive im heutigen Irak freigelegter Kupferkopf des akkadischen Herrschers Sargon

Unsere Kenntnis der Sumerer ist noch recht jung. Weder in der griechisch-römischen Antike und nicht einmal in der Goethe-Zeit hatte man einen Begriff und eine Vorstellung von „sumerisch". Man hielt die Akkader, von denen die Bibel berichtet, für das älteste Volk des Orients.

Sintflut und Gilgamesch {2700 v. Chr.}

In Eridu im heutigen Irak, der Stadt mit der ältesten sumerischen Kulttradition (5. bis 4. Jahrhundert v. Chr.), haben sich Königslisten erhalten, die in Abschnitte „vor der Flut" und „nach der Flut" unterteilt sind. „Vor der Flut" werden nur mythische Könige mit jahrtausendelanger Regierungszeit genannt. Möglicherweise lag dazwischen in vor- oder frühsumerischer Zeit eine lang anhaltende Wetterverschlechterung mit verheerenden Regenfällen und Überschwemmungen, die so einschneidend war, dass sie sich den Menschen tief ins Gedächtnis eingegraben hatte.

Die Erinnerung an eine „große Flut" findet sich auch im ältesten bekannten Epos der Menschheit, im sumerisch-akkadischen Gilgamesch. Wie in der Bibel gehört dort das Bild einer Arche zur Sintflut. Tontafelfunde berichten von einem König Ziusudra, der im Zusammenwirken mit dem Weisheitsgott Enki eine Arche baute, um die Flut zu überstehen.

Sehr kurz gesagt ist die Gilgamesch-Sage die Geschichte eines legendären riesenhaften sumerischen Königs, der vielleicht zur Pyramidenzeit lebte und, oftmals in Begleitung seines Freundes und Dieners Enkidu, durch Kriegszüge und Abenteuer Ruhm und Unsterblichkeit gewinnen wollte. Das Kraut der Unsterblichkeit konnte er aber nicht erlangen. Gilgamesch verlor seinen geliebten Freund Enkidu wegen des Zorns der Ischtar. Denn die Menschen, so die Kernaussage des Mythos, sind gegen den Willen der Götter machtlos.

Das erste Weltreich: Akkad

{ca. 2500 v. Chr.}

Auf die Sumerer folgten die Akkader, die erstmals über andere Völker als das eigene auf einem großen Territorium herrschten. Die alte Geschichtsschreibung sah in diesem ersten akkadischen Territorialreich die Weltherrschaftsidee „alle Völker unter einem Zepter" verwirklicht. Im Mittelalter spielte diese Vorstellung eine große Rolle.

Niemand weiß, wo die Hauptstadt Akkad wirklich lag. Jedenfalls nicht im

Süden am Persischen Golf wie die sumerischen Stadtstaaten, sondern in Mittelmesopotamien, vermutlich in der Umgebung des späteren Babylon. Der Gründer von Stadt und Reich der Akkader und deren erfolgreichster Herrscher war Sargon. Die Akkader waren ein semitisches Volk und aus dem später arabisch genannten Raum zugewandert. Sie übernahmen wesentliche Teile der sumerischen Kultur, insbesondere die Keilschrift und den Götterhimmel.

Assur {ca. 2000 v. Chr.}

Das älteste assyrische Reich entstand im mesopotamischen Norden und ist nach dem Hauptgott Assur benannt: ein Fruchtbarkeits- und Berggott, kein „Herr im Himmel". Die Assyrer waren Semiten und sind bis heute die Namensgeber für „Syrien". Assur war zunächst ein Stadtstaat am Oberlauf des Tigris auf der Höhe des heutigen Mossul, der von dem lebhaften Handel zwischen dem rohstoffarmen Mesopotamien und Anatolien und dem iranischen Hochland profitierte und sich zum Flächenstaat ausdehnte. Hier lag die Keimzelle der späteren assyrischen Weltmacht. Zuvor begann in Mesopotamien die ebenso reale wie legendäre Geschichte Babylons.

Ägypten – das Alte Reich

Ägypten ist „das schwarze Land". Das griechische Wort *aigyptos* für „dunkel" bezieht sich auf die „schwarze Erde" des Nilschlamms, der alljährlich den Boden überschwemmte und damit die Lebensgrundlage der antiken Hochkultur schuf. Die pharaonischen Ägypter selbst nannten ihr Land genauso, nur eben in ihrer Sprache: *chem* oder *keme*. Unser Wort „Chemie" geht übrigens darauf zurück. Anders als in Mesopotamien gab es keine „Stadtkultur". Ägypten blieb immer ländlich. Quasi-städtische Zentren entwickelten sich lediglich

ENTDECKUNGEN UND ERFINDUNGEN

Keramik {mindestens 13 000 v. Chr.}

Das Brennen von Ton zu Behältern, Gefäßen oder Figuren wurde in der (Jung-) Steinzeit gewiss an mehreren verschiedenen Orten und auch zeitlich versetzt „erfunden". Die alleräItesten Tongefäße stammen aus Sibirien, die älteste Keramik-Kultur ist die archaische Jomon im heutigen Japan, die noch eine Jäger- und Sammler-Kultur war; sehr alte Funde auch in Ostasien (China, Korea), alles lange vor der Sesshaftwerdung und dem Ackerbau. In Afrika (Mali) ab etwa 10 000 v. Chr.; in Europa erstmals um 6000 v. Chr. in der heutige Ukraine.

Durch den Ackerbau und die damit verbundene Vorratshaltung zuerst im Vorderen Orient gewinnt die Töpferei überragende Bedeutung und wird zur Leittechnik der Jungsteinzeit (Neolithikum); mit Figuren auch zu kultischen Zwecken.

Steinarchitektur/Ziegelbauten {ab ca. 7500 v. Chr.}

Çatal Höyük in der heutigen Südtürkei ist die älteste bekannte Siedlung. Erste Steinbauten wie Tempel, Paläste, Wallanlagen entstehen in der sumerischen Kultur um 3000 v. Chr. Die ältesten erhaltenen Steinbauten sind die Pyramiden (ab 2650 v. Chr.).

Beile und Äxte {mindestens 6000 v. Chr.}

Beim Beil war eine Steinklinge mit Pflanzenfasern und vielleicht etwas Birkenpech mit einem Stiel verbunden. Bei einer Axt steckt der Stiel in einem Schaftloch der Klinge. Die etwas leichteren Äxte eigneten sich auch als Hacken zum Bearbeiten des Bodens. Sie kamen in Gebrauch, als sich nach dem Abklingen der Eiszeit die Wälder ausbreiteten, in Mitteleuropa und auf dem Balkan um 6000 v. Chr., zu Beginn der Pfahlbauweise.

Segelschiffe {ab 5000 v. Chr.}

(um 5000 v. Chr. in Ägypten; um 3000 v. Chr. in Polynesien; um 2000 v. Chr. in China). Für den Schiffsverkehr nilaufwärts nach Süden erfanden die alten Ägypter das Segel. Das Mindestalter 5000 v. Chr. kann man anhand einer Darstellung auf einer Felsritzung angeben. Schon seit der Pyramidenzeit gab es auch seetüchtige Schiffe. Die Barken spielten im Totenkult eine herausragende Rolle. In den Gräbern gibt es zahllose Darstellungen altägyptischer Schiffe.

Rad und Töpferscheibe {mindestens 5000 v. Chr.}

stehen ganz am Ende der jungsteinzeitlichen Kulturen; zu der Zeit also neueste Technik wie heute die fortgeschrittenste Digital- oder Raumfahrttechnik. Die ersten unendlich um eine Achse rotierenden Räder waren Töpferscheiben der Indus-Kulturen. Wagenräder gibt es seit etwa 4000 v. Chr. ausgehend von südrussischen Steppengebieten. Diese Scheibenräder verbreiten sich in den Keramikkulturen Asiens, des Mittelmeers und Europas. In der anschließenden Bronzezeit wurden um 2000 v. Chr. im Orient die leichteren Speichenräder erfunden. In Australien und in den beiden Amerikas gab es bis zur Neuzeit keine Radnutzung.

um die Pharaonenresidenzen und einige bedeutende Tempel (Memphis, Theben, Heliopolis).

Sonnenkalender {vor 3000 v. Chr.}

Man kann die Entstehung oder „Erfindung" des ägyptischen Kalenders nicht genau festlegen, doch vermutlich geschah dies am Beginn der ägyptischen Kultur, noch vor den Hieroglyphen. Auch unser heutiges System geht auf den ägyptischen Kalender zurück, weil Julius Cäsar ihn für das Römische Reich übernahm. Im Gegensatz zu fast allen anderen alten Kulturen, die Mondkalender hatten, richteten sich die Ägypter nach einem Sonnenkalender. Die eigentlich „ägyptische" Erfindung ist das Prinzip der Monatseinteilung zu rund 30 Tagen und der Schalttage, die die Ägypter am Jahresende einfügten. Aufgrund der kulturellen Dominanz der Europäer in der Kolonialzeit wurde der über 5000 Jahre alte ägyptische Kalender der „Weltkalender."

Hieroglyphen {um 3000 v. Chr.}

entstanden schon vor der 1. Dynastie, also vor 3000 v. Chr. Das Wort dafür kommt aus dem Griechischen, denn die Griechen übersetzten den pharaonischen Ausdruck „Schrift der Gottesworte" mit „heilige Zeichen" aus *hieros* („heilig") und *glypho* („in Stein ritzen"). Die Entzifferung der Hieroglyphen gelang 1822 dem Franzosen François Champollion nach mehr als zehnjähriger Arbeit dank des 1799 von napoleonischen Soldaten gefundenen „Steins von Rosette". Durch diese bahnbrechende Entdeckung erschloss sich die ägyptische Kultur in einzigartiger Weise.

Papyrus {2900 v. Chr.}

Auch „Papier" und „Karte" gehen auf altägyptische Wörter zurück. *Per-aa* war der altägyptische Vorläufer des griechischen Wortes für „Papyrus". Es ist eine Zusammensetzung und bedeutet „Besitz des Pharao", was die enorme praktische und wirtschaftliche Bedeutung des Beschreibmaterials unterstreicht, nicht zuletzt als begehrtes Exportgut in die gesamte Mittelmeerwelt. Alle antiken Schriftrollen waren auf Papyrus geschrieben, das man aus dem Stängelmark der Papyrusstaude gewann.

Per-aa war bei den Ägyptern nur das Wort für die Pflanze, nicht für das Schreibmaterial. Das uns unbekannte ägyptische

Originalwort dafür nahmen die Griechen als *chártos* in ihren Wortschatz auf. Daraus wurde beispielsweise im Deutschen „Karte" und in weiteren Abwandlungen: „Karton", „Charta", „chartern", „Kartell" (eine Vereinbarung, die auf eine Karte geschrieben wird) oder „Skat". Die erste Papyrusbeschriftung gab es schon am Anfang der ägyptischen Kultur. Aufgrund der Ähnlichkeit von Aussehen und Funktion ging das Wort „Papyrus" später auf das ganz anders (nämlich aus Hadern) hergestellte „Papier" über.

Pharao {um 2900 v. Chr.}

In Ägyptens Frühzeit gab es im Niltal nur eine große Anzahl kleiner Stämme, die um 300 v. Chr. zu einem Reich zusammenwuchsen, der Legende nach unter dem Pharao Menes. Ihr König galt den Ägyptern als heilige Person, als Verkörperung von Gottheiten. Sein Name war tabu, auch ein Wort wie „König" durfte nicht ausgesprochen werden. Deswegen wich man auf einen unverfänglichen Namen aus: Altägyptisch *per-o* („großes Haus") meinte den Königspalast. Dessen Hauptbewohner war der: Pharao.

Die erste Pyramide {um 2600 v. Chr.}

Erfinder des ägyptischen Pyramidenbaus ist der Arzt, Architekt, Universalgelehrte und Pharao-Berater Imhotep. Das verbürgen Inschriften auf der Stufenpyramide Sakkara, die Imhotep um 2650 v. Chr. für Pharao Djoser baute. Sakkara ist der erste Steinbau Altägyptens und etwas über 60 Meter hoch, gerade mal die Hälfte der Cheops-Pyramide. Djoser war der erste Pharao der 3. Dynastie, mit der die Phase des sogenannten Alten Reiches begann.

Imhotep wurde in Ägypten nie vergessen und später sogar als Gott der Heilkunst verehrt. Die Erbauer der großen Pyramiden Snofru, Cheops, Chefren und Mykerinos gehören der nachfolgenden 4. Dynastie von etwa 2590 bis 2470 v. Chr. an.

Übrigens: Tempel bauten die Ägypter im Alten Reich noch nicht aus Stein, allenfalls kleine Kulthäuser aus Ziegeln, Lehm und Matten. Erst ab etwa 1550 v. Chr. entstanden steinerne Tempel für die Götter – allen voran die riesige Anlage für Amun in Karnak.

Die Pyramiden von Gizeh sind das Wahrzeichen des Alten Reiches in Ägypten. Sie gehören zu den ältesten Bauwerken der Menschheit.

Die filigrane Bronzeskulptur eines tanzenden Mädchens stammt aus der Zeit zwischen 2300 und 1750 v. Chr. Sie wurde während der Harappa-Kultur angefertigt und in Mohenjo-Daro im heutigen Pakistan entdeckt.

Frühzeit in Asien und Amerika

Amerika – Valdivia-Kultur {ca. 3500 v. Chr.}

In den beiden Amerikas bleiben die Menschen viel länger Jäger und Sammler. Die älteste bekannte sesshafte jungsteinzeitliche Bauernkultur findet sich im heutigen Ecuador (ca. 3500–1500 v. Chr.). Die Siedler in den Flusstälern an der Küste betrieben Getreideanbau und Fischerei. Bemerkenswert sind Venusfigurinen von der Art, wie sie schon in der europäischen Altsteinzeit vorkamen.

China – Hemudu {5000–4000 v. Chr.}

Auf chinesischem Boden finden sich archäologische Spuren verschiedener, lokal begrenzter Bauern- und Keramikkulturen, die rund 7000 Jahre bis in die Jungsteinzeit zurückreichen. Die Menschen lebten an den großen Flüssen Huang-ho und Jangtsekiang, kannten Reisanbau, Wasserbüffel-, Schweine- und Seidenraupenzucht und fertigten neben Tongefäßen auch Holzschalen mit Lacküberzug. Datierungen zufolge bestand die Hemudu-Kultur jahrtausendelang mit einem Höhepunkt zwischen 5000 und 4000 v. Chr., also zur Zeit der mesopotamischen Obed-Kultur. Am Huang-ho kennt man aus der gleichen Zeit die Yangshao-Kultur.

China – Longshan {3200 v. Chr.}

Aufbauend auf der früheren Yangshao-Kultur verwendeten ab 3200 v. Chr., etwa zur Ötzi-Zeit, erstmals die Chinesen der Longshan-Kultur eine Töpferscheibe. Sie stellten Keramiken her, deren Wände so dünn wie Eierschalen waren. Besonders charakteristisch für die Longshan-Keramik sind Gefäße mit glänzender schwarzer oder grauer Oberfläche und einer Ästhetik wie aus einem reinen europäischen Klassizismus. Die Kultur ist nach dem „Drachenberg“ Long-shan benannt, der auch durch die taoistischen Höhlenheiligtümer aus dem chinesischen Mittelalter berühmt ist.

Indus-Kulturen – Harappa und Mohenjo-Daro {2600–1900 v. Chr.}

Erst durch archäologische Ausgrabungen nach 1922 im Industal hat man überhaupt eine Kenntnis von der hochstehenden Harappa- oder Indus-Kultur. Ihr Gebiet liegt überwiegend im heutigen Pakistan, das seinerzeit üppig bewaldet und sehr viel grüner gewesen war als heute. Die Indus-Kultur blühte um 2600 v. Chr. sehr rasch auf. Sie kannte eine Schrift und ein verfeinertes Handwerk. Die erstaunlichste zivilisatorische Leistung war die planvolle, streng geometrische Anlage großer Städte mit Wasserversorgung und Kanalisation. Die Ausgrabungsstätten von Harappa und Mohenjo-Daro gelten als die bekanntesten.

Die flächenmäßige Ausdehnung der Indus-Kultur war größer als die von Ägypten und Mesopotamien zusammen. Die Herkunft ihrer Träger ist nicht bekannt. Möglicherweise entstand sie sehr rasch aus der eingesessenen Bevölkerung. Um 1800 v. Chr. setzte ein Niedergang ein, der zum vollständigen Verlöschen führte. Obwohl ein gewisser Handelsaustausch mit den sumerischen Stadtstaaten bestand, erhielten sich in Mesopotamien und erst recht in der jüngeren Antike keine Hinweise oder Erinnerungen an die Indus-Kultur.

Amerika – Caral {2600 v. Chr.}

Die heute als älteste Stadt Amerikas bezeichnete Siedlung in Peru wurde 1996 entdeckt. In Caral gibt es rätselhafte Monolithen aus Granit sowie sechs Pyramiden in etwa aus der Zeit der ägyptischen Bauwerke um 2600 v. Chr. Die höchste von ihnen ist sogar höher als die Cheops-Pyramide. Die Bewohner von Caral hatten topografische, mathematische und astronomische Kenntnisse. Die Besiedlung der Stadt dauerte rund 1000 Jahre, wobei ein Höhepunkt in die letzte Phase ab 1800 v. Chr. fällt, als die dort bis dahin unbekannte Töpferkunst aufkam.

METALL VERÄNDERT DIE WELT

ca. 2600 bis 1200 v. Chr.

So wird eine historisch sicher ganz anders verlaufene Geschichte vom Zusammenwachsen mehrerer Nomadenclans zu einem „Volk" als geradlinige Abstammungsgeschichte erzählt. Geschichte als Familiengeschichte kann man sich leichter merken. Den Juden gilt Abraham als Urvater. Die von ihm ebenfalls auf Gottes Geheiß vorgenommene Beschneidung der Knaben ist das Zeichen der Zugehörigkeit zu seinem Volk.

Wegen ihrer gemeinsamen „Abstammung" aus der monotheistischen biblischen Tradition werden alle – Judentum, Christentum und Islam – auch „abrahamitische" Religionen genannt. Die Namensversion auf Arabisch lautet „Ibrahim".

Hethiter {ab ca. 2000 v. Chr.}

Neben Babyloniern, Assyrern, der minoisch-kretischen Kultur und Ägypten gab es im Vorderen Orient ab etwa 2000 v. Chr. noch das Großreich der Hethiter. Es umfasste einen Teil der heutigen anatolischen Türkei. Bereits bei den Griechen der klassischen Antike war das Hethiter-Reich gründlichst in Vergessenheit geraten. Erst im späten 19. Jahrhundert wurde es von Archäologen und Sprachforschern wiederentdeckt, und man erkannte sehr schnell, dass es sich um ein Volk mit indoeuropäischer Sprache handelte.

Die Hethiter nannten ihr Reich „Hatti". Die Ägypter, mit denen sie in diplomatischem und zuweilen auch feindlichem Kontakt standen, nannten sie *Ht'*, die hebräische Version lautet *Hittim*. Die Hauptstadt Hattusa (gesprochen: *hattusch*) ist noch immer nicht vollständig ausgegraben. Sie hatte unter anderem ein „Löwentor" und vermutlich auch Königsgräber.

Die Hethiter schufen ausgedehnte Steinbauten, besaßen ein hochstehendes Kunsthandwerk und schrieben ihre Sprache in Keilschrift. Hauptsächlich über die benachbarten Assyrer trieben sie Handel mit ganz Mesopotamien. Ihr Regierungssystem war eine Art Feudalsystem mit einem König an der Spitze. Sie gehörten zu den Rrsten, die Eisen verarbeiten konnten, was ihnen im Konzert der vier Großmächte der Bronzezeit eine herausragende Stellung verlieh. König Muršili plünderte Babylon 1530 v. Chr. und besiegelte damit das Ende der Dynastie Hammurapis. Die berühmteste Verbindung aber bestand zu einem Ort, den die Hethiter „Wilusa" nannten. Es könnte ein Vasallenstaat, ein bronzezeitliches Kleinkönigtum oder ein Handelspartner gewesen sein. Womöglich handelte es sich bei diesem „Wilusa" um das griechische *Wilios/Ilios/Ilion*, den Namensgeber für die *Ilias*, zu Deutsch: Es handelte sich um Troja.

Der Schatz des Priamos {ca. 2500 v. Chr.}

Auf oder eher in (!) einem Hügel beim heutigen westtürkischen Hisarlik entdeckte Heinrich Schliemann (1822–1890) auf der Suche nach dem Troja der *Ilias* eine eindrucksvolle Ruinenstadt. Gleich zu Beginn der Ausgrabungen 1871 war klar: Es waren mehrere Siedlungsschichten, die von der Antike über die Bronzezeit bis hinunter in die Jungsteinzeit übereinandergelagert waren.

Die ältesten fünf Schichten der Stadt stammen nach den gegenwärtigen archäologischen Befunden aus der Zeit nach

Sophia Schliemann, die zweite Ehefrau des Archäologen Heinrich Schliemann. Das Foto aus dem Jahr 1873 zeigt sie mit üppigem Goldschmuck aus dem von ihrem Ehemann entdeckten „Schatz des Priamos".

3000 v. Chr. Der sogenannte „Schatz des Priamos" gehört eindeutig zur Schicht Troja II (2600–2300 v. Chr.). Damit ist er rund 1000 Jahre älter als die Schicht, die man mit dem legendären Untergang der Stadt im Trojanischen Krieg in Verbindung bringt. Diesen ordnet man der von offensichtlich starken Zerstörungen gekennzeichneten Schicht VIIb zu, also einer wesentlich jüngeren – falls der homerische Krieg um Troja tatsächlich vor dem Hisarlik-Hügel stattfand.

Auf jeden Fall aber war Troja II ein frühbronzezeitlicher Nachbar von Hattusa. Der aus rund 8000 Edelmetall-Stücken bestehende Schatz ist ein eindrucksvoller Beleg für die Bedeutung und den Reichtum der Stadt. Sie lag schon damals strategisch günstig an wichtigen Fernhandelswegen genau gegenüber der Meerenge der Dardanellen. Über sie sollten noch viele Einwanderungs- und Eroberungswellen hinweggehen.

Übrigens: Der am 31. Mai 1873 gefundene „Schatz des Priamos" befand sich bis 1945 in Berlin und wurde als Kriegsbeute nach Russland verschleppt. Noch immer befindet er sich in den Gewölben des Puschkin-Museums in Moskau.

Der älteste Friedensvertrag: Kadesch {1274–1260 v. Chr.}

Nach dem frühen Tod des später weltberühmt gewordenen ägyptischen Pharaos Tutenchamun schickte dessen Witwe eine Gesandtschaft nach Hattusa und machte dem hethitischen König Schuppiluliuma I. einen Vorschlag. Sie wolle einen seiner Söhne heiraten und ihn zum Pharao machen. Die Nachricht über den diplomatischen Austausch hat sich erhalten und zeigt, dass sich Hatti und Ägypten als gleichrangig betrachteten.

Schuppiluliuma hatte Nordsyrien erobert. Das ägyptische Großreich war bereits seit 100 Jahren im benachbarten Libanon präsent. Wenige Generationen später kam es zur ersten welthistorischen Auseinandersetzung zweier Großmächte: Hatti und Ägypten rangen um die Vorherrschaft in der Levante.

Der hethitische König Muwatalli trat um 1280/1270 v. Chr. weiteren Expansions-

ENTDECKUNGEN UND ERFINDUNGEN

Bronzeguss {ab 3000 v. Chr.}

Die Legierung aus Kupfer und Zinn lässt sich leichter gießen als Kupfer, und das Metall ist wesentlich härter: Bessere Werkzeuge, bessere Waffen und Rüstungen. Die Kombination wurde vor 3000 v. Chr. im Karpaten-Kaukasus-Steppengebiet entdeckt oder erfunden. Um 2500 v. Chr., seit der Bronzezeit, begann die kontinuierliche Produktion von Bronzegegenständen in China, am Indus und in Mesopotamien.

Problematisch war die Beschaffung des seltenen Zinns. Der dafür entwickelte großräumige Handelsverkehr revolutionierte die eher egalitären Bauernkulturen: Zinnhändler wurden reiche und mächtige Herren und Herrscher, vor allem in Europa.

Sonnenkalender {etwa 3000 v. Chr.}

Der ägyptische Sonnenkalender war bereits seit der Reichseinigung durch den eher mythischen Pharao Menes in Gebrauch, also seit dem Beginn der ägyptischen Kultur. Die Ägypter teilten das Jahr in 12 Monate zu je 30 Tagen plus fünf Schalttage am Jahresende. Seine Weltgeltung bis heute hat der ägyptische Sonnenkalender wegen der Übernahme dieses Systems durch die Römer auf Anordnung von Julius Cäsar und die spätere Verbreitung durch die Europäer in der Kolonialzeit.

Papyrus {nach 3000 v. Chr.}

Der Beschreibstoff, von dem aus sich unser Wort Papier herleitet, wird aus dem Stengelmark hochwachsender Zypergräser (Cyperus papyrus) gewonnen, das in Ägypten üppig wächst. Längliche Streifen des Marks werden neben- und quer übereinandergelegt und verleimt. So entstanden Blätter bzw. die in der gesamten Antike gebräuchlichen Schriftrollen.

Zum flüssigen Schreiben erfanden die alten Ägypter gleichzeitig eine schwarze Tinte: Dazu wurde das klebrige Baumharz Gummi arabicum in Wasser gelöst und mit Ruß versetzt. Auch die Chinesen erfanden um 2500 Rußtinten.

Lastwagen {nach 2800 v. Chr.}

Zweiachsige, vierrädrige Karren aus Holz mit Scheibenrädern, die von Ochsen oder Pferden gezogen wurden, waren seit 2800 v. Chr. in Sumer in Gebrauch.

Zweirädrige (Streit-)Wagen {ab ca. 2000 v. Chr.}

Die Kombination von einachsigem Wagen mit einem Zugtier ist eine Erfindung der eurasischen Steppe. Die ältesten Funde stammen aus Gräbern der Sintaschta-Kultur im Südural; sehr wahrscheinlich das oder ein indoeuropäisches „Urvolk". Dort gab es Kupfervorkommen und Bronzemetallurgie. Diese frühen Indoeuropäer produzierten auch schon die leichteren Speichenräder im Gegensatz zu Scheibenrädern.

Richtig kampfgeeignet waren diese Wagen allerdings nicht, auch nicht bei den alten Ägyptern, wo sie oft dargestellt wurden. Sie dienten eher als repräsentative Dienstfahrzeuge für Herrscher und Generäle.

bestrebungen der Ägypter unter Ramses II. entgegen. Im heutigen syrisch-libanesischen Grenzgebiet, nahe der Festung Kadesch, boten beide Seiten die für damalige Verhältnisse ungeheure Anzahl von 20000 Kämpfern für eine Schlacht auf. Die pharaonische Propaganda feierte einen großen Sieg. Ramses' Tempelbauten, zumal in Abu Simbel, sind bedeckt mit Darstellungen des kämpfenden Pharao – dabei musste er froh sein, dass die Schlacht unentschieden ausgegangen war und Muwatalli nicht weiter vordrang. Um 1260 v. Chr. schlossen der neue hethitische König Hattusili III. und Ramses den ältesten schriftlichen Friedensvertrag der Welt. „Kopien" des Ägyptisch-Hethitischen Vertrages von Kadesch in akkadischer Keilschrift für die Hethiter und als Hieroglyphen-Text vom Tempel in Karnak befinden sich heute im UNO-Gebäude in New York.

Kreta, Minos und die Minoische Kultur {3000/2000 v. Chr.}

Die Anfänge der kretischen Zivilisation gehen zurück bis in die sumerisch-akkadische Zeit und die ersten Dynastien in Ägypten um 3000 v. Chr. Sie ist nicht griechisch und kennt keine Zeus-Religion. Im Mittelpunkt der religiösen Vorstellungen der Kreter stand offenbar ein Stierkult. Die einzige bekannte Figur ist „König Minos", der legendäre Erbauer des ebenso legendären Labyrinths, in dem der stierköpfige Minotaurus hauste. „Minos" war aber eher ein Königstitel und nicht der Name einer historischen Person. Die „Minosse" kann man etwas großzügig als Zeitgenossen Hammurapis bezeichnen. Sie beendeten irgendwann in der langen Zeitspanne zwischen 3000 und 2000 v. Chr. im Ostmittelmeer das Piratenwesen und ermöglichten so einen sicheren Handel in der Region. Schon damals bestanden enge Handels- und Kulturkontakte zu den Kykladen, zur hethitisch-phönizischen Levante und zu Ägypten.

Um 2000 v. Chr. begann der Palastbau auf Kreta. Der britische Archäologe Sir Arthur Evans (1851–1941) entdeckte und ergrub 1900 bis 1903 die Paläste von Knossos (minoisch *ku-nŭ-ša*). Er verband sie mit dem

Der Palast von Knossos gehört zu den größten minoischen Palästen auf Kreta.

aus der Sage bekannten Königsnamen und bezeichnete die kretische als „minoische" Kultur.

Der Palast von Knossos {2100–1700 v. Chr.}

Etwa gleichzeitig mit Hammurapi und der 12. Dynastie in Ägypten setzte die „Palastkultur" in Kreta ein. Wie im Alten Orient und später in Mykene war der „Palast" (oder ein Tempel) Herrschafts- und Wirtschaftszentrum zugleich. Knossos stieg zur stärksten Macht Kretas auf. Sein Palast mag als Vorbild für das sagenhafte Labyrinth des Minotaurus gedient haben. In der – griechischen – Sage liegt der Ursprung von Redewendungen wie der vom Ariadnefaden (der sprichwörtliche „rote Faden") und vom Flug des Ikarus, bei dem abstürzt, wer leichtsinnig zu hoch hinaus will. Die Hochblüte der minoischen Kultur setzte um 2000 v. Chr. dramatisch schnell ein, da ihr die Bronzeverarbeitung einen enormen technisch-wirtschaftlichen Schub verlieh.

In den Palästen gab es jede denkbare Art von Wohnluxus, komplett mit Toilette, Badewanne, Balkon und Kühlräumen. Höhepunkte der minoischen Kunst waren Wandmalereien von schlanken jungen Männern, die über Stiere springen, und jungen Frauen mit bemerkenswert schmaler Taille sowie von Delfinen aus dem ebenfalls zum minoischen Kulturbereich gehörenden Santorin.

Die höfische Kultur in den minoischen Palästen war die erste urbane Zivilisation auf europäischem Boden. Um 1700 v. Chr. wurde sie durch eine Naturkatastrophe, womöglich die vulkanische Explosion der Insel Thera (Santorin) oder ein Erdbeben, vorübergehend zerstört.

➡ ***Was danach geschah:*** Der Wiederaufbau erfolgte rasch. In den beiden Jahrhunderten um 1600 v. Chr. erlebte Kreta eine zweite, noch glanzvollere Blütezeit mit diplomatischen Beziehungen zu den Hyksos in Ägypten; minoische Handwerker bauten sogar Paläste für die Hyksos. In einem Erdbeben und nachfolgender Flutwelle ging die Flotte und damit die Vorherrschaft auf See verloren. Diese übernahmen fortan die griechischsprachigen Achäer. Tontafelzeugnisse weisen darauf hin, dass seit etwa 1450 v. Chr. achäische Griechen aus Mykene die herrschende Schicht in Kreta bildeten. Beide Kulturen beeinflussten sich gegenseitig, und es entstand eine mykenisch-minoische Mischkultur, kurz bevor die Seevölker gerade in der Ägäis besonders zerstörerisch wirkten. Mykene, Knossos, Troja – alles ging unter.

Die ersten Griechen und ihre Götter

Hellenen hießen die Gefolgsleute des Achilleus aus Thessalien, bevor Hesiod um 700 v. Chr. alle Griechen so nannte. Noch Homer verwendet nur einzelne Stammesnamen: Achäer, Danaer, Argiver, genauso wie man in der Frühzeit der deutschen Geschichte nie von „Deutschland", sondern von Franken, Sachsen, Baiern sprach. Die Ionier, Achäer, Äolier, Dorer sind die ersten indoeuropäischen Griechen, die seit 2000 v. Chr. auf die Halbinsel einwandern, hier endgültig sesshaft und die Träger der griechischen Kultur werden. Die Invasion muss sehr gewaltsam verlaufen sein. Bei Ausgrabungen findet sich zwischen der helladischen und der archaischen griechischen Schicht sehr viel Asche.

Zeus

ist der Hauptgott, den die hellenischen Stämme mitbringen. Andere wie Apollon, Athene, Artemis sind orientalischen oder altmediterranen Ursprungs.

Der bei uns geläufige indogermanische Name des griechischen Hochgottes ist wortgeschichtlich identisch mit griechisch *theós* und lateinisch *deus* oder *jovis*; („Jupiter" ist eine Zusammensetzung aus *jovis* und *pater* und heißt nichts anderes als „Vater der Götter"). Die Grundbedeutung von *deus* ist „der strahlende Himmel". Das Wort ist eng verwandt mit lateinisch *dies* für „Tag",

Die wahrscheinlich bekannteste hinduistische Gottheit Shiva verkörpert das zerstörerische Prinzip. Er gilt auch als Meister des Tanzes.

Sanskrit {vor 1500 v. Chr.}

war nie eine Volkssprache, sondern die Hoch- und Gelehrtensprache Indiens und darüber hinaus eine der ältesten und wichtigsten indoeuropäischen Sprachen, verwandt mit dem Lateinischen, Griechischen, Altpersischen und den germanischen Sprachen. Die eingesessene Bevölkerung Indiens sprach kein Sanskrit, es war die Sprache der heiligen Schriften. Die Inder sprachen – und sprechen bis heute – viele verschiedene Idiome. Eine gemeinsame Sprache „Indisch" gibt es bekanntlich nicht.

Veden {vor 1500 v. Chr.}

In die Übergangsperiode von der Bronze- zur Eisenzeit in Europa und im Orient fällt in Indien die Entstehung der ältesten religiösen Texte der Menschheit, der Veden. Das Wort ist eng verwandt mit lateinisch *videre* („sehen" im Sinne von „erkennen", „Wissen", „Einsicht"). Die Veden, in einer Vorläuferform des Sanskrit geschrieben, entstanden über einen langen Zeitraum hinweg, von etwa 1750 bis 1200 v. Chr. Ziemlich genau zur selben Zeit entwickelte sich unser Alphabet in Phönizien.

Die Rigveda sind in erster Linie hymnische Liedtexte, in denen bereits von den Kasten (*Varna*) die Rede ist, die noch heute für die indische Gesellschaft eine große Bedeutung haben. Ursprünglich gab es vier Kasten, die weiße, die rote, die gelbe und die schwarze. So bedeutet auch *Varna* so viel wie „Farbe". Die jüngsten Veden, die Upanishaden (700–550 v. Chr.), sind Sammlungen religiös-philosophischer Schriften des Hinduismus. Hierin spielen Begriffe wie Brahman und Atman eine zentrale Rolle.

Jahrhunderte-, wenn nicht jahrtausendelang wurden die Veden nur mündlich weitergegeben. Aufgeschrieben wurden sie erstmals um 500 n. Chr.

Brahmanen {nach 1500 v. Chr.}

sind heute die oberste Kaste der Hindugesellschaft in Indien, waren aber ursprünglich einmal ein Volk am oberen Ganges. Von dort breiteten sie sich früh über den ganzen Subkontinent aus. Bei den Brahmanen entwickelte sich die auf der vedischen Überlieferung beruhende Religion zum Brahmanismus und daraus wiederum der Hinduismus. Der höchste Rang in der Brahmanen-Kaste kommt den Gelehrten zu, den Pandit. Sie genießen unabhängig von ihrer finanziellen Situation die größte Hochachtung und den höchsten sozialen Rang. Die niederrangigeren Priester praktizieren Opferhandlungen und Leichenverbrennungen. Viele Brahmanen sind auch als Richter, Beamte, Kaufleute oder Politiker tätig. (Auch der erste Premierminister nach der Unabhängigkeit Jawaharlal Nehru, der das Land von 1947 bis 1964 regierte, stammte aus einer Brahmanenfamilie.) Es schadet einem Brahmanen für sein hohes Ansehen nichts, reich zu sein, aber er braucht es nicht.

DER BEGINN DER GESCHICHTE

ca. 1200 bis 500 v. Chr.

Welt der Antike

Durch den Seevölkersturm in den Jahrzehnten um 1177 v. Chr. war die bronzezeitliche Hochkulturphase im gesamten östlichen Mittelmeer zu Ende: Das Hethiter-Reich und die inzwischen mykenisch-minoische Mischkultur verschwanden vollständig, in Babylonien gewannen die Assyrer die Vorherrschaft. Ägypten blieb intakt, mehr aber nicht. Auf die Bronzezeit folgt die Eisenzeit. Im nordalpinen Europa ist das vor allem die Epoche der Kelten und der Germanen. In den Jahrhunderten von 1200–500 v. Chr. bildete sich dann die Mittelmeerwelt der Antike: Ägypter, Griechen, Römer, Assyrer und Perser, Israel. Mit den ersten gesicherten Daten beginnt nun die bekannte Weltgeschichte.

Der Trojanische Krieg {ca. 1177 v. Chr.}

Die gewaltigen Donnerschläge aus den Jahrzehnten um 1177 v. Chr. mit unüberhörbarem Nachhall bis in die Sprache der Gegenwart werden für unser historisches Gedächtnis durch den Untergang Trojas markiert – falls die Annahme stimmt, dass die archäologisch gesicherte Zerstörung von Troja VII den „historischen Hintergrund" für Homers *Ilias* abgibt.

Ilion lautet der Name der sagenhaften Stadt, gegen die die Griechen in der *Ilias* in einen zehnjährigen Krieg ziehen. Die erste epische Dichtung des Abendlandes hat ihren Namen von dieser Bezeichnung für „Troja". Nach der sensationellen Auffindung und Ausgrabung „Trojas" durch Schliemann seit 1871 glaubte man sich gewiss, nun tatsächlich den Ort des Trojanischen Krieges gefunden zu haben. Immerhin scheint wenigstens für

Die Ruinen der legendären antiken Stadt Troja in der Nähe von Canakkale (Türkei)

den Hisarlik-Hügel der Name *Ilion* (hethitisch *Wilusa*) durch einen Tontafel-Vertrag aus der Zeit um 1300 v. Chr. gesichert zu sein. Möglicherweise war Wilusa ein vom mächtigen Hethiter-Reich abhängiger Vasallenstaat.

Doch beim weiteren Forschen und Graben stellte sich schnell heraus, dass es mehrere „Troja" gab. Immer wieder war der strategisch zweifellos günstig in Sichtweite der Dardanellen gelegene Siedlungshügel erobert, gebrandschatzt, durch Erdbeben zerstört oder verlassen und immer wieder neu aufgebaut worden.

Wilusa muss also nicht „Troja" gewesen sein. Denn es gibt auf dem Hisarlik-Hügel nur eine nachweislich mit starken Zerstörungen verbundene Schicht VIIb, die auf ungefähr 1200 v. Chr. datiert wird. Wer jenes „Troja" VIIb zerstört haben könnte, ist damit noch nicht gesagt. War es eine panhellenische Streitmacht, waren es brandschatzende eisenzeitliche Indogermanen aus Ostmitteleuropa oder wandernde Volksstämme vom Balkan oder räuberische Expeditionen in Wikinger-Manier unbekannter Herkunft? Wer weiß.

Dorische Wanderung {ca. 1100 v. Chr.}

Seit etwa 1100 v. Chr. wanderten aus dem nördlichen Balkan erneut griechisch sprechende Stämme nach Griechenland ein. Sie werden etwas pauschal als „Dorer" bezeichnet. Das ist die zweite – und letzte – große griechische Einwanderungswelle in die Ägäis nach jenen Hellenen, die mehr als 500 Jahre zuvor die „mykenische" Palastkultur aufgebaut hatten. Die etwas herben eisenzeitlichen Dorer sahen allerdings nur noch deren rauchende Trümmer.

Sie verdrängten ortsansässige Frühgriechen aus vielen Regionen auf die Kykladen-Inseln und auf die andere Seite der Ägäis, die Westküste der heutigen Türkei. Durch eine dieser Gruppen erhält diese Küste die Bezeichnung „Ionien".

Etrusker I {um 900 v. Chr.}

Die Etrusker erschienen um 900 v. Chr. in Italien. Ihre Herkunft ist ungeklärt, obwohl schon die Antike sie als aus Kleinasien stammend bezeichnete. Sie vermittelten eigene sowie Kulturelemente der archaischen Griechen auf italischem Boden, am nachhaltigsten natürlich das (west-)griechische Alphabet.

Italiker {1000 – 900 v. Chr.}

Gleichzeitig mit der riesigen indoeuropäischen Wanderung am Beginn der Eisenzeit und der Dorischen Wanderung der Griechen über den Balkan sickerten die Italiker (Latiner, Falisker, Umbrer, Osker, Samniten) auf die Apennin-Halbinsel ein und stießen hier auf eine nicht-indoeuropäische Vorbevölkerung (Ligurer, Sikanen).

Die Italiker stammten definitiv aus der nordalpinen Urnenfelderkultur, vermutlich aus mitteleuropäischen Siedlungsräumen an Elbe, Oder, Weichsel. Ihre Sprachen, vor allem das später so wichtige Latein, sind germanischen und möglicherweise auch keltischen Sprachen näher verwandt als dem Griechischen. Der Stamm der Latiner drang bis an den Unterlauf des Tiber vor und wurde auf sieben Hügeln über einer sumpfigen Flusssenke sesshaft. Dort wurden sie Nachbarn eines etruskischen Familienclans, der die Gegend beherrschte. Diese neuen Nachbarn waren die Rumlinna. Von ihnen hat Rom seinen Namen.

Polis {900 v. Chr.}

Da Griechenland sehr gebirgig ist und keine großen zusammenhängenden Flusssysteme hat, wäre hier eine Reichsbildung schwierig gewesen und sie hat bekanntlich auch nicht stattgefunden. Die Hellenen bildeten keine politische, sondern nur eine sprachliche und kulturelle Einheit mit den panhellenischen Kultzentren in Delphi und Olympia.

Die neu zugewanderten dorischen Griechen knüpften in nichts an die Kultur ihrer mykenischen Vorgänger an. Die Mykener hatten eine Palastkultur, wo der Fürstenpalast eine Art markt- und landbeherrschendes Großunternehmen war. Ganz anders die dorischen Griechen. Sie entwickelten schon kurz nach ihrer Einwanderung eine Art Selbstverwaltung der öffentlichen Angelegenheiten, das Polis-System.

Der Tempel des Herkules Victor ist der älteste erhaltene Marmorbau in Rom. Die Form des römischen Rundtempels im Bereich des Forum Boarium nahe des Tiberufers soll sich von den ersten Wohnhütten auf den sieben Hügeln ableiten.

Ab urbe condita

bedeutet „seit der Gründung der Stadt" und ist der Titel eines Geschichtsbuches von Titus Livius (ca. 60 v. Chr. – 17 n. Chr.). Dieser gehörte zum Literatenkreis um Maecenas (dem Ur-Mäzen!); auch Kaiser Augustus sponserte den Geschichtsschreiber Livius persönlich. Im Rahmen der Reichspropaganda und sicherlich auf „Anregung" des Kaisers ging es Livius darum, *Exempla maiorum*, die Taten der tugendhaften römischen Vorfahren, in Erinnerung zu rufen – als Kontrastprogramm zu den sittlich verlotterten und politisch zerrütteten Verhältnissen nach fast 100 Jahren Bürgerkrieg in Rom.

Eingeführt worden war die Zeitrechnung *ab urbe condita* erst eine Generation zuvor durch den Universalgelehrten und Staatsmann Varro (116–27 v. Chr.), eine Art Goethe der ganz frühen römischen Kaiserzeit. Die fixe Geschichtsidee der Römer war, von den Trojanern abzustammen: Sie stellten sich vor, die überlebenden Trojaner seien unter Führung des Äneas in die Gegend von Rom ausgewandert und hätten sich hier neu angesiedelt. Wie die meisten Römer seiner Zeit hielt Varro das Jahr 1193 v. Chr. für das Jahr der Eroberung Trojas. Gemäß den damaligen astrologischen Vorstellungen betrug die Spanne bis zu einer Wiedergeburt 440 Jahre. Daher legte Varro den Zeitpunkt des Beginns der Geschichte Roms auf 753 v. Chr. fest – also eine rein symbolische Zahl.

Die historisch auch nicht ganz zuverlässige, aber in der römischen Republik praktizierte Zeitrechnung war die Liste der jährlich wechselnden Konsuln seit dem Sturz der etruskischen Stadtherren angeblich im Jahr 510 v. Chr. Schon seit pharaonischer und akkadischer Zeit war diese Art von Zeitzählung die einzig bekannte: „Im sechsten Jahr der Regierung des Königs / Pharao ..." Demnach läge der Beginn der römischen Republik etwa in der Zeit, als in Kleinasien die ionischen Städte den Aufstand probten und den Marsch der Perser gegen Griechenland provozierten, der 490 und 480 v. Chr. in Marathon und Salamis endete. Diese Zeitangabe dürfte eher der historischen Realtität entsprechen als *ab urbe condita*.

Übrigens: Als reine Fantasy erscheint hingegen der Gründungsmythos um die beiden von der kapitolinischen Wölfin gesäugten Zwillinge Romulus und Remus. Zumal überhaupt nicht klar ist, auf welche Symbolik, welchen Hintergrund sich die Kombi von Wölfin und Zwillingen bezieht.

Die Juden in Babylon

In den Jahrhunderten der archaischen und homerischen Epoche (ca. 850–650 v. Chr.) in Griechenland waren die Assyrer mit ihren despotischen Herrschern im Osten die Herren der Welt. Sie hatten sogar um 650 v. Chr. zeitweise Ägypten erobert. Die phönizisch-kanaäischen, die israelitischen und alle übrigen Gebiete des Nahen Ostens waren seit 720 v. Chr. fest in assyrischer Hand. Das blieb 100 Jahre lang so. Dann eroberten die südmesopotamischen Chaldäer 625 v. Chr. dieses Weltreich, zerstörten alle assyrischen Städte, machten Babylon größer denn je zur Hauptstadt, komplett mit Ischtar-Tor, neuem Babel-Turm und vielleicht auch mit Hängenden Gärten.

Chaldäer {600 v. Chr.}

Die historischen Griechen lernten eigentlich nur diese Chaldäer als Bewohner Babyloniens kennen. Da die Geschichtswissenschaft und das Geschichtsbewusstsein damals noch nicht so exakt waren wie heute, nahmen sie einfach an, alles Mesopotamische und Babylonische sei „chaldäisch". Damals versachlichte sich auch die altbabylonische Himmelsbeobachtung. Die über lange Zeiträume gesammelten empirischen Daten über Himmelserscheinungen wie Sonnen- und Mondfinsternisse, Planetenbewegungen und dergleichen dienten nun nicht nur der überkommenen Wahrsagung, sondern auch präzisen Voraussagen. Das fanden die aufgeweckten Griechen natürlich sehr faszinierend. Die Voraussage einer Sonnenfinsternis durch den Griechen Thales für den 23. Mai 585 war sicher nur aufgrund der chaldäischen Gelehrsamkeit möglich.

Die Griechen haben vom Namen der regierenden Dynastie „Kaldäer", dieser allerletzten babylonischen Dynastie, den Allgemeinbegriff für die gelehrten Sternendeuter „Chaldäer" abgeleitet. Auch die drei Weisen *magoi* aus dem Morgenland, die dem Stern von Bethlehem folgten, werden deswegen als „chaldäisch" bezeichnet.

Babylonische Gefangenschaft

{587–540 v. Chr.}

Nebukadnezar II. war von 604 v. Chr. bis 562 v. Chr. der bedeutendste Feldherr und Staatsmann seiner Epoche (übrigens der *Nabucco* der bekannten Verdi-Oper). Sein Herrschaftsbereich umfasste den gesamten Nahen Osten von der Euphrat-Mündung bis zum Mittelmeer. Jährliche Feldzüge in aufständische Regionen waren an der Tagesordnung, um vor allem die Randgebiete unter Kontrolle zu halten. So eroberte Nebukadnezar 587/586 v. Chr. nach zweijähriger Belagerung Jerusalem, nachdem der von ihm selbst eingesetzte jüdische Vasallenkönig Zedekia eine antibabylonische Koalition zu schmieden versucht hatte. Zedekia wurde geblendet und 40 Jahre lang in Gefangenschaft gehalten. Nebukadnezar zerstörte den Tempel Salomons, raubte die Tempelschätze und nahm die Angehörigen der jüdischen Oberschicht als Geiseln mit, eine damals gängige politische Praxis. Von dieser Babylonischen Gefangenschaft des Volkes Israel berichtet die Bibel ausführlich im „Buch Daniel".

Der Verlust des Jahwe-Tempels war für die Juden wie das Auslöschen ihrer Religion. Kein Tempel, kein Kult – ihre Antwort

Bei einem vom babylonischen König Belsazar veranstalteten Festmahl, von dem das Alte Testament berichtet, erscheint plötzlich das berühmte Menetekel an der Wand, das den Untergang seines Reiches vorhersagt (Gemälde von Rembrandt, 1635)

war die Wandlung von der Kultreligion zur Buchreligion. In Babylon begannen sie die jüdische Überlieferung aufzuschreiben. Daraus entstand in einem jahrhundertelangen Prozess der intellektuellen Verarbeitung und Verinnerlichung das Alte Testament – die Manifestierung des Monotheismus. Bis in die Gegenwart ist das Alte Testament Grundlage für Judentum, Christentum und Islam, und damit für die rund 4 Milliarden Menschen der monotheistischen Religionen.

Das Gastmahl des Belsazar

{ca. 540 v. Chr.}

Die bekannteste Episode jener Jahre ist die vom Gastmahl des Belsazar. Dabei war der Sohn Nebukadnezars schon so betrunken, dass er befahl, jüdische Kultgeräte aus der Tempelbeute herbeizuschaffen, um daraus weiterzutrinken. Da erschien das Menetekel, das berühmte Zeichen an der Wand: *Mene, mene tekel u-parsim*. Keiner der babylonischen Magier und Zauberer vermochte die Worte zu deuten. Nur der jüdische Prophet übersetzte: „Gezählt, gewogen und geteilt." Heute sagt man: „Gezählt, gewogen und zu leicht befunden." Die Prophezeiung war eindeutig: Die Tage des Königs waren gezählt. Er wurde gewogen und zu leicht befunden. Belsazars Reich wurde geteilt zwischen den Medern und den Persern – es wird von ihnen erobert.

Perser {um 540 v. Chr.}

Ungefähr im Todesjahr Zarathustras hatte Kyros II. (persisch *Kurusch*; um 585 bis 529 v. Chr.) die zeitweilige Vorherrschaft der Meder abgeschüttelt und Persien und Medien vereinigt. 542/541 v. Chr. eroberte Kyros das kleinasiatische Reich des Krösus („Wenn du den Halys überschreitest, wirst du ein großes Reich zerstören") und stand damit an der ionischen Küste der Ägäis. Wenig später eroberte der Perserkönig Babylon und entließ die Juden in ihre Heimat. (Viele der Geiseln waren allerdings mittlerweile sehr erfolgreiche Kaufleute und kehrten aus ihrer Babylonischen Gefangenschaft gar nicht zurück. So blieb Babylon bis ins Mittelalter, also für rund 1500 Jahre, ein blühendes Zentrum jüdischer Kultur.) Der Rückkehr der Juden in ihre Heimat folgte 515 v. Chr. der Bau des zweiten Tempels in Jerusalem mit Genehmigung von Kyros' Nachfolger Dareios I. Es war dieser zweite Tempel, den dann die Römer im Jahr 70 n. Chr. zerstörten.

Die Perser herrschten mit einer völlig anderen Mentalität als die grausamen assyrisch-babylonischen Unterdrücker, die ganze Völker verschleppten und Kulte zerstörten, wobei die Babylonische Gefangenschaft nur das bekannteste Beispiel ist. Kyros nahm nach der Eroberung Babylons sogleich die Stellung und Zeremonien der dortigen Könige ein und huldigte deren Göttern. Die unterjochten Völker erhielten ihre Götterstatuen zurück, die Juden ihre Tempelgeräte.

Wer waren jene Perser? Ursprünglich bezog sich ihr Name auf einen einzigen indoarischen Stamm aus der Landschaft Persis im iranischen Hochland oberhalb des Persischen Golfes. Etwa um die Zeit, als die Dorer in Griechenland einwanderten, waren die Perser in den assyrischen Raum eingedrungen und hatten zeitweilig unter der Vorherrschaft der Meder gestanden. Kyros und seine Nachfolger, die das erste persische Weltreich beherrschten, gehörten zur Dynastie der Achämeniden.

➥ ***Was danach geschah:*** Mit genau diesen Persern mussten sich die Griechen bei Marathon und Salamis 70 Jahre nach der Befreiung der Juden aus der Babylonischen Gefangenschaft auseinandersetzen.

DIE GESCHICHTE DER ANTIKE

ca. 500 v. Chr. bis 300 n. Chr.

„Erklärung" der Zusammensetzung der materiellen Welt und hielt es nicht weiter für nötig, über Erscheinungen der Natur nachzudenken oder sie gar systematisch zu erforschen.

ENTDECKUNGEN UND ERFINDUNGEN

Die Erde ist eine Kugel {um 500 v. Chr.}

Jeder kennt den Lehrsatz des Pythagoras. Dieser legendäre griechische Naturgelehrte und Mathematiker postulierte die Kugelgestalt der Erde. Sein Gedanke: Weil der Kosmos Abbild einer perfekten göttlichen Schöpfung sei, müssen auch Sterne und Planeten „vollkommen" sein – und die vollkommenste geometrische Form ist ein Kreis bzw. die Kugel. Seit der Antike gingen alle Naturgelehrten davon aus, dass die Erde eine Kugel ist. Auch im Mittelalter, wie man am Weltsymbol des Reichsapfels sehen kann.

Archimedisches Prinzip {um 250 v. Chr.}

Archimedes (287 – 212 v. Chr.) gilt als einer der bedeutendsten theoretischen Mathematiker und praktischen Erfinder der Antike. Er lebte in einer von den Griechen kulturell geprägten Welt auf Sizilien, noch bevor die Insel von den Römern erobert wurde. Der von ihm entdeckte Zusammenhang von Gewicht und Auftrieb ist Gegenstand vieler populärer Darstellungen, wie der Gelehrte aus der Badewanne springt und „Heureka!" ruft („Ich hab's gefunden").

Berechnung des Erdumfangs {um 240 v Chr.}

Mithilfe von genauen Messungen der Schattenlängen von Sonnenuhren an zwei weit entfernten Orten in Ägypten, Alexandria und Assuan, gelang dem griechischen Gelehrten Erathostenes um 240 v. Chr. eine bemerkenswert genaue Berechnung des Erdumfangs. Dies gilt als eine der größten wissenschaftlichen Leistungen der Antike, die bis heute Bestand hat.

Festlegung eines Null-Meridians {um 150 n. Chr.}

Neben dem damaligen Bibliotheksleiter von Alexandria Erathostenes gilt der 400 Jahre später lebende Klaudius Ptolemäus als der bedeutendste Gelehrte jener berühmten Bibliothek. Er war ein lebenslanger Sammler von geografischen und astronomischen Daten und erstellte ungeheure Kataloge davon. Sie waren bis ins Mittelalter die wichtigste Quelle geografischen Wissens. Sein wichtigster Beitrag ist das Koordinatennetz von Längen- und Breitengraden. Weil Ptolemäus den schon früher als westlichen Rand der Welt festgelegten Ferro-Meridian als Null-Meridian für dieses Koordinatennetz übernahm, blieb er bis heute als Null-Meridian für alle Weltkarten erhalten. Die nach der kanarischen Insel Ferro (heute: Hierro) benannte Linie entspricht in etwa dem späteren Greenwich-Meridian, der heutigen Null-Linie.

Israel nach der Babylonischen Gefangenschaft

Das oftmals in Ekstase vorgebrachte Wahrsagen oder Weissagen war im Alten Orient weit verbreitet. Orientalische Sternendeuterei, Orakeltum und dergleichen war aber gerade nicht die Sache der jüdischen Propheten. Sie verkündeten und offenbarten JHWH, Sein Wort und Seinen Willen. Seine Gesetze und Seine Gebote waren zu befolgen, damit Sein Heil erlangt wurde. Es ging den Propheten darum, nur IHM und keinen anderen „Götzen" wie den Baal, El und Moloch der phönizisch und babylonisch geprägten Umgebung zu folgen. Sie prangerten Fruchtbarkeitskulte und Sexualriten an, aber auch soziale Missstände und obrigkeitliche Missbräuche innerhalb des Judentums.

Propheten

Im Alten Testament nehmen die „Prophetenbücher" breiten Raum ein. In ihnen spiegelt sich die Entwicklung der jüdischen Religion in den Jahrhunderten von etwa 800 bis 200 v. Chr. wider. Bekannte Propheten sind Elias (9. Jahrhundert im nördlichen Nachfolgereich nach Salomon), Jesaja (8. Jahrhundert, die Zeit der akuten Bedrohung Israels durch die Assyrer unter Tiglatpileser III.), Jeremias (7. Jahrhundert), Ezechiel (6. Jahrhundert, bereits in Babylon). Die biblischen Propheten waren es, die den monotheistischen Glauben bei den Israeliten durchsetzten, die Abkehr von den naturreligiösen Kulten des Alten Orients. Deswegen zählt man auch sie zu den geistigen Erneuerern der Achsenzeit.

Nicht alle „Propheten" sind historische Personen und nicht alle ihnen zugeschriebenen Aussagen stammen von ihnen. Es sind eher legendäre Gestalten, ähnlich wie „Homer". Ihre biblischen Texte wurden teilweise erst Jahrhunderte später schriftlich fixiert und redigiert. Die Quellenlage ist sehr komplex und in der Wissenschaft teilweise umstritten.

Die Bibel

Die Niederschrift der Bibel begann in der Babylonischen Gefangenschaft und wurde dann jahrhundertelang fortgesetzt. Das von den Christen sogenannte Alte Testament war erst gegen 200 v. Chr. fertig – 100 Jahre nach Alexander dem Großen. (Zur Alexanderzeit lagen die Endfassungen der homerischen Epen in Alexandria bereits vor.)

Die Abbildung zeigt die Handschriftenrolle mit dem Buch Esther aus der Hebräischen Bibel der Juden, dem *Tanach*.

Die Hebräische Bibel der Juden heißt natürlich nicht Altes Testament, sondern *Tanach*. Das ist ein Akronym aus *Tora* („Lehre", „Fünf Bücher Mose"), *Neviim* („Propheten"), *Ketuvim* („Schriften"). Die griechische Bezeichnung für Tora ist *Pentateuch*; das heißt wörtlich „fünf Gefäße", weil die Schriftrollen in Tongefäßen aufbewahrt wurden. Das Fassungsvermögen der Tonkrüge bestimmte im Übrigen auch den Umfang der Schriftrollen („Bücher").

Pharisäer

In den antiken Religionen stand der rituelle Kult als „Gottesdienst" viel stärker im Vordergrund des religiösen Lebens als der „Glaube". Gerade in der monotheistischen Jahwe-Religion bildete der Jerusalemer Tempel mit der Bundeslade den Mittelpunkt: der einzige Ort, wo JHWE gegenwärtig war. Für die Juden hatte sich daher nach der Tempelzerstörung Nebukadnezars 587 v. Chr. die Frage gestellt, wie die Religion ohne Tempel, also ohne Gottesdienst, weiterexistieren konnte. Die Antwort der Pharisäer lautete: Durch Gehorsam gegenüber Jahwe und das Einhalten der biblischen Ritualvorschriften, die den jüdischen Alltag außerhalb des Tempeldienstes regelten. Diese Form von Gottesgehorsam – von der Sabbatruhe bis zu den Essensvorschriften – konnte jeder Einzelne leisten. Die Pharisäer waren volkstümliche Fromme und beschäftigten sich viel mit der heiligen Schrift, daher auch die Bezeichnung „Schriftgelehrte". Das Wort „Pharisäer" (hebräisch *peruschim*) bedeutet „die Abgesonderten", weil sich diese priesterlichen Schriftgelehrten durch besonders aufmerksame Einhaltung der Ritualvorschriften absonderten.

Nach dem Ende der Babylonischen Gefangenschaft bauten die Juden ab 515 v. Chr. mit persischer Genehmigung einen neuen Tempel in Jerusalem. Diese Periode in der jüdischen Geschichte bis zu dessen völliger Zerstörung durch die Römer 70 n. Chr. ist die Zeit des „Zweiten Tempels". Der Jahwe-Kult konnte von den Hohepriestern fortgeführt werden. Aber auch die Tradition der frommen Pharisäer blieb bestehen. Aus ihren Reihen gingen später die Rabbis („Lehrer") hervor. Jesus von Nazareth regte sich 500 Jahre später über diejenigen Pharisäer auf, die die Religionsgebote nur rein äußerlich, mit frömmlerischem Getue befolgten, aber nichts davon verinnerlicht hatten.

Griechen und Perser

Alt-Athen

Sklaverei gehörte zum Alltag überall in der Antike. Sklavenhandel war ein normaler Erwerbszweig. Der „Markt" rekrutierte sich seit jeher aus Kriegsgefangenen, Beutesklaven (Piraterie und Plünderei) und weiträumigem Sklavenhandel.

Ein weiterer verbreiteter Grund für das Absinken auf den Status eines Unfreien war die Schuldknechtschaft ehemals freier Bauern. Es war ein permanentes Problem der antiken Wirtschaft, dass kleinbäuerliche Betriebe wegen der fortgesetzten Erbteilung zu klein und damit unrentabel wurden – ganz abgesehen von den Folgen von Misswirtschaft oder Missernte. Weil es keinerlei entwickelte Finanzwirtschaft, also keine „Banken“ und kein geordnetes Kreditwesen gab, wurde Geld nur direkt in Münzen und dann zu Wucherzinsen ausgeliehen. Das wurde fatal, wenn ein Bauer seine Schulden nicht mehr bezahlen konnte. Er war persönlich haftbar: Der Gläubiger konnte den Schuldner in die Sklaverei verkaufen. Gerade in Attika waren die Dinge so weit gediehen, dass durch diesen Schuldnerverkauf der Kleinbauern sogar der Heeresbestand an Soldaten und damit die Wehrfähigkeit des Gemeinwesens bedroht war. Dies war der soziale und politische Zündstoff der Solon-Zeit.

Solons Reform {594 v. Chr.}

Der von allen Seiten als Schlichter anerkannte Staatsweise Solon (640–560 v. Chr.) verfügte eine allgemeine Schuldentilgung und die Abschaffung der Schuldknechtschaft. Auf dieser gesünderen wirtschaftlichen Grundlage gliederte er die Bürgerschaft nach ihren Ernteerträgen (modern gesprochen: nach ihrem Einkommen) in vier Klassen. Die Staats- und Rechtsreform stärkte auch die Rechte der Einzelnen im Sinne einer staatsbürgerlichen Gleichstellung. Selbst die Theten, die einfachen Lohnarbeiter ohne eigene Ernteerträge, erhielten nun immerhin das aktive Wahlrecht. Theoretisch stand damit auch einfachen Bauern der Zugang zu politischen Ämtern offen, sofern sie denn ausreichende Einkünfte hatten. Bis dahin war dies ein Privileg der Adelsklasse gewesen.

Damit nahm Athen eine andere Entwicklung als Sparta, wo eine kleine Oberschicht von den Erträgen der Masse der Untertanen, der Heloten, lebte, deren allfällige Aufstände stets im Keim erstickt wurden. „Helot“ („der Eroberte“, „der Gefangene“) bezeichnete die Beutesklaven. Das war die eingesessene Bevölkerung, die die Spartaner bei ihrer Landnahme in die Knechtschaft gezwungen hatten.

Solons Gesetze wurden auf Tafeln öffentlich ausgestellt, und jeder Bürger erhielt ein Klagerecht. Die Einklagbarkeit von Rechten wird somit schon früh als Teilaspekt des demokratischen Prinzips sichtbar.

Der athenische Staatsmann Solon, der tiefgreifende Reformen durchführte, diktiert einen Gesetzestext (Illustration aus dem Jahr 1894).

Was danach geschah: Noch zu Lebzeiten Solons riss der Adelige Peisistratos um 560 v. Chr. unter nicht ganz klar überlieferten Umständen die Alleinherrschaft (*tyrannis*) über Athen an sich. Athen erlebte eine wirtschaftliche und kulturelle Blüte. Peisistratos führte das Münzwesen ein (die Münzen mit Athena und der Eule) und stiftete 566 v. Chr. das Panathenäen-Fest, dessen Umzug auf den berühmten Elgin-Reliefs des späteren Parthenon dargestellt ist, sowie die Dionysien, aus denen die antike Tragödie hervorging. Seine Regierungszeit galt als Goldenes Zeitalter. Die Söhne Hippias und Hipparch konnten sich 527 bis 510 v. Chr. als Tyrannen halten. Letzterer wurde im Zusammenhang mit einer höchst pikanten homoerotischen Affäre schon 514 v. Chr. ermordet. Hipparch wollte eine Männerbeziehung auseinanderbringen, einen der beiden Lebensgefährten ausspannen und für sich gewinnen. Die beiden Freunde erschlugen den Hipparch und wurden als „Tyrannenmörder“ in einer Doppelstatue in klassisch-griechischer Nacktheit auf der Agora verewigt.

Die Tyrannis der Peisistriden fand um 510 v. Chr. mithilfe Spartas in rochadenreichen Aktionen durch den zweiten großen athenischen Reformer Kleisthenes ein Ende. Sogar das delphische Orakel wurde durch Schmiergeld von Kleisthenes in seine Bestrebungen, die Macht in Athen zu gewinnen, verwickelt: Er erwirkte einen Spruch, der dem spartanischen König die Pflicht auferlegte, die Tyrannis in Athen zu stürzen. Nur zehn Jahre nach der Reform des Kleisthenes (510 v. Chr.) kam es zum Ionischen Aufstand und danach zu den Perserkriegen. Kleisthenes stammte aus der Aristokratenfamilie der Alkmeoniden. Der spätere Staatsmann Perikles war übrigens sein Neffe.

Übrigens: Etwa zur selben Zeit schüttelte Rom die etruskische Königsherrschaft ab und wurde Republik.

Die attische Demokratie {510 v. Chr.}

Nach seiner Rückkehr aus dem Exil und der Vertreibung des Hippias unterteilte Kleisthenes (ca. 570–507 v. Chr.) das attische (athenische) Staatsgebiet in Stadtgebiet, Küstenland und Binnenland; diese bestanden aus jeweils zehn Selbstverwaltungsgemeinden. Durch Los wurde jeweils eine der Gemeinden mit zwei anderen aus den anderen beiden Gebieten zu einer „Phyle" zusammengeschlossen. Das ergab zehn Phylen. So wurde die Bevölkerung staatsrechtlich neu gemischt und alten Oberschichten der Einfluss genommen. Jede Phyle entsandte 50 Abgeordnete in den Rat der 500. Dieser repräsentierte die Bürgerschaft, den *demos*. Bei seiner Reform war es Kleisthenes keineswegs um ein idealistisches Verfassungskonzept mit der Leitidee größerer Bürgerbeteiligung gegangen. Er suchte lediglich die Unterstützung des *demos*, um selbst mehr Einfluss zu gewinnen. Er verstarb bald nach seiner Reform auf einer Reise.

Satrapen {520 v. Chr.}

Wie im „Menetekel" vorausgesagt, überwanden die Perser die babylonischen Chaldäer. Die Perserarmee war besonders gut im Pfeil- und Bogenschießen gedrillt, den wichtigsten Fernwaffen der Zeit. Die Gegner gingen im Pfeilhagel unter.

Der Herrscher des Persischen Großreiches konnte nicht überall gleichzeitig sein. Daher setzte Dareios I. (ca. 550–486 v. Chr.) in einer Reichsreform die Satrapen ein.

Satrapen waren, mittelalterlich gesprochen, Vögte oder, modern gesprochen, Präfekten: oberste Verwaltungsbeamte eines bestimmten Distrikts mit relativ großer Selbstständigkeit. Wie Landesherren waren sie mit eigenen Truppen und eigenem

Blick von der Pnyx – einem Hügel, wo die Volksversammlungen der attischen Demokratie stattfanden – auf die Akropolis in Athen.

Tempel für eine Vielzahl altlatinischer Götter wie den Ackergott Saturn, die Ernte- und Fruchtbarkeitsgöttin Ops Consiva oder die Herdgöttin Vesta. Die schlichte runde Form des Vesta-Tempels erinnert an die einfachen Behausungen, als die latinischen Stämme noch in Hütten auf den Hügeln lebten. Die ursprüngliche Religion der Römer war sehr „agrarisch" geprägt und viel eigenständiger, als die spätere Übernahme des griechischen Götterhimmels suggeriert.

Das Forum diente auch als Marktplatz. Erst als Rom zur Vormacht in Italien aufgestiegen war, wurden der Hühner-, Fisch- und Gemüsehandel und ähnlich profane Geschäfte vom Forum verbannt und weitere repräsentative Bauten hochgezogen. Natürlich war das Forum das Zentrum von Politik und Rechtsprechung. Hier hielt Cicero seine großen Reden. Hier endeten die Triumphzüge. Die Triumphbögen stammen aus der Kaiserzeit. Im Frühmittelalter verfiel das Forum Romanum allmählich. Die Marmorplatten wurden zum Kalkbrennen verwendet. Das mittelalterliche Rom entstand als eng bebaute Stadt im Tiberbogen. Einige Forumsbauten wurden zu Kirchen umfunktioniert. Die Natur überwucherte die Ruinenlandschaft, und auf Barockgemälden sieht man das Forum als idyllisch-romantische Ziegen- und Kuhweide.

➡ ***Was danach geschah:*** Erst in den Jahrzehnten vor 300 v. Chr., während der Alexanderzeit in Griechenland, wandte sich die römische Politik auch nach außen. Die

Das Forum Romanum war Mittelpunkt des Stadtlebens im alten Rom.

Römer unterwarfen die umliegenden Stämme in Mittelitalien. Um 280 v. Chr. griffen sie erstmals in das Geschehen im griechisch besiedelten Unteritalien ein. Das ist verbunden mit dem Namen Pyrrhus.

Kelten – Latène-Kultur

Während Rom sich noch in altrepublikanischen Verfassungsbräuchen übte und sich Griechenland in Rivalitäten zwischen den Stadtstaaten selbst ruinierte, breitete sich an den Oberläufen von Donau und Rhein die keltische Latène-Kultur aus.

War die Hallstatt-Kultur noch gemischt bronzezeitlich-eisenzeitlich, so sind in der Latène alle Werkzeuge und Waffen aus Eisen. Dies war der Höhepunkt der eisenzeitlichen Kelten-Kultur in ganz Europa.

In La Tène, am Neuenburger See in der Westschweiz gelegen, entdeckten Archäologen 1857 einen der bis heute reichsten keltischen Fundorte. Man zog dort innerhalb einer Stunde 40 Eisenwaffen aus dem schlammigen Ufergelände. Dann tauchten im Zuge einer „Gewässerkorrektur" Siedlungsreste auf. Der Ort lag im eigentlichen Zentrum der Latène-Kultur im Donau-Oberrhein-Gebiet. Gemeint ist mit dem Begriff aber die gesamte Epoche der späten Kelten-Kultur, die von Spanien und Britannien über ganz Frankreich, Süddeutschland, Böhmen und die Alpenländer die Donau entlang bis ans Schwarze Meer reichte.
Die Kelten pflegten einen noch viel intensiveren Kulturaustausch mit der Mittelmeerwelt und siedelten auch südlich der Alpen in Oberitalien.

Es war diese europaweite, höchst lebendige, in viele Stämme zersplitterte, aber vermutlich religiös einigermaßen einheitliche keltische Kultur, die Cäsar später in Gallien antraf – und vernichtete.

Vae victis! {387 v. Chr.}

Die Römer bekamen die Kampfeskraft der Kelten schon früh zu spüren. Sie wurden von ihnen 387 v. Chr. in der Schlacht an der Allia, nur zehn Kilometer nördlich von Rom, besiegt. Anschließend nahmen die Kelten unter ihrem Heerführer Brennus die Stadt ein, belagerten sieben Monate lang das Kapitol, wo sich die Römer verschanzt hatten, und zogen erst nach der Zahlung eines enormen Lösegeldes wieder ab. Als sich die Römer beim Abwiegen des Lösegeldes beklagten, die Kelten hätten nun genug bekommen, soll Brennus mit dem Ruf *Vae victis*! („Wehe den Besiegten!") zusätzlich sein Schwert in die Waagschale geworfen haben, um noch mehr Beute zu erhalten. Danach musste Rom praktisch neu aufgebaut werden, dieses Mal mit einer Mauer um die sieben Hügel.

➥ ***Was danach geschah:*** Erst in ihrer letzten Phase gelangten die Kelten mit ihren stadtartigen, befestigten Siedlungen, den Oppida, an den Rand einer Hochkultur. Bekannte Oppida sind Alesia und Bibracte in Frankreich, Manching in Niederbayern, die Heuneburg auf der Schwäbischen Alb, Bregenz am Bodensee, die Leopoldsburg oberhalb Wiens und viele andere.

Durch die Eroberungen der Römer und die Migrationszüge der Germanen kam es um die Zeitenwende zum völligen Zusammenbruch der keltischen Kultur. Auch wenn die Schauplätze der Auseinandersetzungen in Gallien lagen, verschwanden die Kelten offenbar auch in Süddeutschland, Böhmen und Mähren still und lautlos aus der Weltgeschichte. Wir kennen außer Vercingetorix keinen Namen, keine Herrschergestalt, keine authentischen Ereignisse, es gibt keine Aufzeichnungen, keine literarischen Hinterlassenschaften, keine architektonischen Zeugnisse. Allerdings gilt dies auch für die nördlich an die Keltenkulturen angrenzenden Germanenkulturen jener vorchristlichen Jahrhunderte.

Der keltische Heerführer Brennus wirft sein Schwert auf die Waage, um für den Abzug der siegreichen Kelten aus Rom noch mehr Lösegeld in Form von Gold zu erhalten.

Hellenismus

Alexander gelangte so jung auf den makedonischen Thron, weil sein Vater Philipp mit Mitte fünfzig Opfer eines Attentats wurde. Vielleicht war daran Alexanders Mutter Olympias beteiligt, um ihrem Sohn die Thronfolge zu sichern. Denn Philipp hatte sich anderen Frauen zugewandt.

Alexander verwirklichte umgehend den schon vom Vater geplanten Rachefeldzug gegen die Perser – Rache für deren Invasion in Griechenland. Alexander wusste immer, was er wollte, handelte schnell und kurz entschlossen. Sein Bild mit dem wilden Haarwirbel auf der Stirn, wie es auf Münzen und Büsten überliefert ist, betont sein jugendliches Ungestüm. Auf derart offiziellen Bildmedien wurde nichts dem Zufall überlassen, sie waren Teil einer wohldurchdachten Propaganda.

Alexander der Große {356–323 v. Chr.}

Mit 30 000 Makedonen überquerte Alexander 334 v. Chr. die Dardanellen und schleuderte seinen Speer an den kleinasiatischen Strand zum Zeichen der Besitzergreifung Asiens. Die griechischen Städte in Ionien und die phönizischen Städte in der Levante begrüßten ihn als Befreier vom persischen Joch. Zwei Schlachten gegen das riesige persische Reichsheer unter Führung des Kaisers

Dareios II. gewann Alexander als taktisch überlegener Feldherr. Die Schlacht bei Issos 333 v. Chr. öffnete den Weg in die Levante, Gaugamela 334 besiegelte den Untergang der über zweihundertjährigen persischen Achämeniden-Dynastie.

Der Rest, die Besetzung der persischen Königsstädte bis ins Hochland von Iran, war ein Spaziergang. Als Erstes erfolgte in Weihrauchwolken der Einzug in Babylon durch das Ischtar-Tor. Der Palast in Persepolis wurde zu der Ruine niedergebrannt, die sie heute noch ist. Der immense Thronschatz, Tausende von Tonnen Gold und Silber, wurde eingeschmolzen und zu Münzen – natürlich mit Alexanders Profil: der Beginn einer Weltwirtschaft.

Wirklich strapaziös und allein Alexanders Weltherrschaftsidee geschuldet war die Unterwerfung Ostpersiens, der widerspenstigen Berg- und Steppenvölker am Hindukusch. Erst 326 v. Chr. wurde über Kabul und den Khaiber-Pass das Indus-Tal erreicht. Erst hier bekamen Alexander und seine Makedonen eine Ahnung von Himalaja und Ganges – darauf hatte sie kein griechisches Weltbild vorbereitet. Nach 18000 Kilometern weigerten sich die Soldaten weiterzuziehen. Alexander kehrte um und starb nach seiner Rückkunft in seinem 32. Lebensjahr am 13. Juni 323 v. Chr. an einer akuten fiebrigen Erkrankung in Babylon.

Diadochenkämpfe {nach 323 v. Chr.}

Nach dem Tod Alexanders kämpften mehrere seiner Generäle in mehreren Kriegen um die Nachfolge und die Alleinherrschaft. „Diadochen" heißt: „Nachfolger". Im Ergebnis konnten sich die Ptolemäer in Ägypten, die Seleukiden im Nahen Osten sowie in Persien und die Antigoniden in Makedonien behaupten. Vor allem die Ptolemäer und die Seleukiden verschleuderten die gewaltige politische und ökonomische Macht des Alexanderreiches in immer neuen Rivalitätskämpfen um die Vorherrschaft in Syrien und Palästina – nach dem Muster der ägyptisch-assyrischen Auseinandersetzungen während des Neuen Reiches, damals, in der Bronzezeit.

➡ ***Was danach geschah:*** Ungefähr im Jahr 200 v. Chr. gewannen die Seleukiden von den Ptolemäern die Oberherrschaft über Judäa, einen von Hohepriestern gelenkter Kleinstaat. Sie versuchten hier den kulturellen griechischen Einfluss zu verstärken, wogegen sich die Juden mit einem Aufstand zur Wehr setzten. Das Ptolemäer-Reich am Nil wurde unter der letzten Pharaonenkönigin Kleopatra (VII.) durch Cäsar und Augustus in einem dramatischen (Shakespeare), opernhaften (Händel) und filmreifen (Elizabeth Taylor) Finale dem römischen Weltreich eingegliedert.

Die Bibliothek von Alexandria

{nach 320 v. Chr.}

Durch den Alexanderzug verbreiteten sich griechisches Denken und griechische Sprache im gesamten Nahen Osten. Berichte und Erkenntnisse strömten nun zurück nach Griechenland und nach Alexandria, wo Kultur und Wissenschaft blühten.

Auf dieser Silbermünze (ca. 300 v. Chr.) ist der wilde Haarwirbel Alexanders des Großen gut zu erkennen.

Die Ptolemäer herrschten ganz nach Art der Pharaonen, um in dem Land am Nil als Herrscher akzeptiert zu werden. Sie ließen ägyptische Tempel bauen, wie etwa den Isis-Tempel auf der Nil-Insel Philae, und vollzogen die Zeremonien der ägyptischen Kulte. Das reiche Nilland verwalteten sie vorbildlich. Ihre Residenz Alexandria, Weltkultur- und Welthandelshauptstadt wie heute New York, wurde zu einem hochbedeutenden Wissenschaftsstandort ausgebaut. Wegen seiner legendären Bibliothek war Alexandria das geistige Zentrum des Hellenismus auch noch Jahrhunderte nach der Zeitenwende.

Das wichtigste welthistorisch-zivilisatorische Ergebnis des Alexanderzuges war die Verbreitung der griechischen Sprache als Handels- und Gelehrtensprache im gesamten Osten, im ägyptischen Alexandria, im syrischen Antiochia, in Jerusalem (und später auch in Rom). Das Christentum entstand inmitten dieser hellenistischen, kosmopolitischen Kultur, das Neue Testament wurde auf Griechisch geschrieben. Das griechische Schrifttum pflegten insbesondere die Araber bis weit ins Mittelalter hinein. Auf diesem Umweg gelangte die griechische

Gelehrsamkeit im Spätmittelalter und in der Renaissance wieder nach Europa zurück.

Pergamon {ab 280 v. Chr.}

in der heutigen Westtürkei war ein kleines, aber kulturell bedeutendes Reich während des Hellenismus. Hier entstanden herausragende Kunstwerke wie der Pergamon-Altar, die Laokoon-Gruppe, der Sterbende Gallier und der Barberinische Faun. In Pergamon befand sich nach der alexandrinischen die zweitgrößte Bibliothek jener Zeit.

Pergamon wurde von 281 bis 133 v. Chr. von der Attaliden-Dynastie regiert. Der erste Herrscher Philetairos wurde von dem makedonischen Diadochen Antigonos zum Burghauptmann von Pergamon ernannt, unter seinen Nachfolgern wurde Pergamon immer unabhängiger und größer und ein verlässlicher Verbündeter Roms, das im 2. Jahrhundert im benachbarten Griechenland Fuß zu fassen begann. Der letzte Herrscher, Attalos III., vererbte sein Reich 133 v. Chr. testamentarisch an Rom.

Seidenstraße I {um 120 v. Chr.}

Etwa 140 v. Chr. nahmen die Parther, ein Teilstamm der Skythen, den Seleukiden das Kerngebiet zwischen Euphrat und Tigris ab. Mithridates I. war der König, dem dies gelang. Er nannte sich sowohl „Freund der Griechen" und ließ sich auf Münzen in typisch griechischer Haar- und Barttracht abbilden als auch „Schah-in-Schah", anknüpfend an die Tradition der persischen Großkönige. Unter dem Partherherrscher Mithridates II. (124–88 v. Chr.) wurde die schon länger bestehende Ost-West-Karawanenroute durch Mittelasien intensiver genutzt als je zuvor. Eine Delegation des chinesischen Han-Kaisers Wu-ti (140 bis 87 v. Chr.) erschien 120 sogar bei Mithridates. Wu-ti hatte die Hunnen besiegt und deren Blockade der Karawanenstraße beseitigt. So erweiterte er den chinesischen Einflussbereich nach Westen und machte den Weg frei für einen Austausch der Kulturen.

Seide war schon im Rom jener Zeit bekannt, allerdings hatte man dort keine Vorstellung von ihrer Herkunft. Den Begriff „Seidenstraße" prägte erst der deutsche Geograf und Forscher Ferdinand von Richthofen (1833–1905) nach einer ausgedehnten China-Reise. Die so benannte Route aber verlief schon zu Partherzeiten ungefähr von der alten chinesischen Hauptstadt Sian auf vielen verschiedenen Wegen nördlich um den Himalaja herum, mit Samarkand als wichtiger Etappe. Von dort aus ging es durch das heutige Afghanistan, Persien, den heutigen Irak und Syrien bis ans Mittelmeer.

➥ ***Was danach geschah:*** Auch 300 Jahre später kamen chinesische Kaiserdelegationen in den Westen, dann sogar bis nach Rom zu Kaiser Marc Aurel. Die Parther blieben bis weit in die römische Kaiserzeit die gefürchtete Großmacht im Osten. In den fortwährenden Auseinandersetzungen mit ihnen verloren die Römer nach der Zeitenwende wertvolle Ressourcen, die ihnen im Kampf gegen die germanische Völkerwanderung fehlten.

Weihrauchstraße I

ist eine uralte Handelsroute im Westen der Arabischen Halbinsel parallel zum Roten Meer. Nur im Süden Arabiens, heute noch vor allem in Oman, gedeiht der Weihrauchbaum *Boswellia sacra*, dessen Harz zu den begehrtesten Handelsgütern der antiken Welt zählte. Mit diesem Duftrauch wurde in allen antiken Tempeln des Nahen Ostens mindestens so eifrig hantiert wie heute noch in katholischen und orthodoxen Kirchen. Man schrieb ihm desinfizierende und reinigende Wirkung zu, denn alles Heilige musste ja immer „rein" und „unbefleckt" sein. Die Weihrauchstraße war schon seit der Mitte des 2. Jahrtausends in Betrieb, seit man Dromedare als Karawanentiere domestiziert hatte. Andere wichtige Handelsgüter waren Gewürze und Edelsteine sowie Baumwolle aus Indien. In der Gegenrichtung wurde Öl und Wein transportiert. Die Weihrauchstraße war auch später das Herzstück des kaiserzeitlichen römisch-indischen Fernhandels.

Kaiser in China und Indien

China – Der erste Kaiser {221 v. Chr.}

8000 Terrakotta-Krieger bewachen die letzte Ruhestätte des ersten Kaisers von China. Diese legendäre Armee, die mittlerweile überall auf der Welt bekannt ist, wurde erst 1974 zufällig von Bauern entdeckt. Der eigentliche Mausoleums-Hügel von Kaiser Ch'in ist noch unangetastet.

Shao Sheng (geboren 259 v. Chr.) nannte sich als Kaiser Ch'in Shi Huang ti. Der Namensteil Ch'in ist von seinem Herkunftsland Ch'in abgeleitet. Ch'in war eines von den sieben Streitenden Reichen, die damals auf chinesischem Boden existierten, und es war das größte und wohlhabendste. Ab 230 v. Chr. unterwarf Shao Sheng innerhalb von neun Jahren alle Nachbarreiche. 221 v. Chr. war „alles unter dem Himmel" unter seiner Herrschaft vereint. Dieses erste gesamtchinesische Ch'in-Reich umfasste aber bei Weitem nicht das ganze heutige China, sondern lediglich das nördliche Kernland rund um den Gelben Fluss und südlich etwa bis zum Jangtsekiang. Shao Sheng nahm den Titel „Erster erhabener Gottkaiser von Ch'in" an und regierte bis zu seinem Tod 210 v. Chr. Mit einem „Mandat des Himmels" legitimierten die chinesischen Kaiser ihre Herrschaft, ähnlich wie die europäischen Kaiser und Könige „von Gottes Gnaden" regierten.

Den großen Mausoleumsbau gab Kaiser Ch'in gleich nach seiner Thronbesteigung in Auftrag, als er selbst erst 40 Jahre alt war. Natürlich wurde an der Langen Mauer gearbeitet, alles verbunden mit Zwangsrekrutierungen und Umsiedlungen in den eroberten Gebieten. Ohne Gewaltpolitik wäre eine solche Reichseinigung nicht möglich gewesen. Dazu gehörte auch eine groß angelegte Bücherverbrennung, um einen kulturellen Neuanfang, eine Art Kulturrevolution, zu markieren. Kaiser Ch'in wollte das kulturelle Gedächtnis der Unterworfenen auslöschen und sich keine gelehrte Kritik mit Begründungen aus der Vergangenheit anhören.

➥ ***Was danach geschah:*** Ch'in begründete die 2311-jährige Kaisertradition in China, die erst mit der Abdankung von Pu Yi, des letzten Kaisers, 1912 endete. Die Chinesen selbst nennen ihr Land allerdings nicht China, sondern *Dschung-guo*, Reich der Mitte. Seine eigene Dynastie überdauerte Ch'in nur zehn Jahre lang. Dann blühte das Land in der vierhundertjährigen Han-Dynastie in Frieden und prosperierender Wirtschaft auf wie das teilweise gleichzeitige Römische Reich.

Indien – Das Löwenkapitell im Staatswappen {um 250 v. Chr.}

In Indien fasste Kaiser Aschoka (300 bis 232 v. Chr.) erstmals den Subkontinent unter einer Herrschaft zusammen. Der zum Buddhismus bekehrte Kaiser regierte nach seinen Eroberungen ausgesprochen friedfertig und „sozial". Er schickte Gesandtschaften zu den

Auch heute noch findet man im Riesenreich China Landschaften mit nahezu unberührter Natur.

römischer Sicht abgelegenen Provinzen am Rhein. Wegen der ungeschickten römischen Besatzungspolitik vor allem im Zusammenhang mit der Durchsetzung des Kaiserkultes formierte sich der Widerstand der jüdischen Glaubenseiferer. Ein griechisches Wort dafür ist „Zeloten“. Als solche werden sie bereits im 4. Buch Mose erwähnt. Schon zur Jugendzeit Jesu schürten die Zeloten den Aufruhr, vor allem gegen die Vermögensschätzung, verübten Attentate und terroristische Überfälle gegen römische Amtsträger. Damit provozierten sie das harte Durchgreifen der Römer unter Titus.

Diaspora

Der spätere Kaiser Titus eroberte im Jahr 70 n. Chr. nach langer Belagerung Jerusalem und 73 n. Chr. die letzte zelotische Widerstandsfestung Masada am Toten Meer. Unmittelbar vor der Erstürmung der schwer einnehmbaren Bergfestung begingen alle 900 jüdischen Kämpfer Selbstmord.

Titus' Eroberung von Jerusalem ist für die jüdische Geschichte ein epochaler Einschnitt. Der letzte Mauerrest des zerstörten Tempels des Herodes ist heute die Klagemauer. Die überlebenden Juden zerstreuten sich über die ganze Mittelmeerwelt. Viele flüchteten nach Babylon, wo nach der Befreiung durch die Perser eine große, blühende jüdische Gemeinde zurückgeblieben war. Größere Gruppen gingen nach Kleinasien, vor allem nach Ephesos, nach Spanien, von wo sie nach der Eroberung Granadas durch die Katholischen Könige und Kolumbus-Sponsoren Isabella und Ferdinand 1492 erneut vertrieben wurden. Manche siedelten sich auch in den Römerstädten am Rhein an. Diese Diaspora (griechisch: „Zerstreuung“) ist die Ursache für die starken jüdischen Minderheiten in Spanien und Westdeutschland im Mittelalter und in der ganzen Welt bis in die Gegenwart.

➡ ***Was danach geschah:*** Die Eroberung Jerusalems und die Zerstörung des Zweiten Tempels bedeutete das endgültige Ende des jüdischen Staatswesens, bis unter ganz anderen Voraussetzungen mit einem Mandat der UNO 1948 der moderne Staat Israel in Palästina neu begründet wurde. Das aufkommende Christentum war in den ersten beiden Jahrhunderten nach Christus aus römischer Sicht noch kein Thema, die kurzzeitige Christenverfolgung unter Nero, der auch Petrus und Paulus zum Opfer fielen, eher ein stadtrömisches, also lokales Problem.

Der Ausbruch des Vesuv {79}

79 n. Chr. kam es zu einem katastrophalen Ausbruch des Vesuvs. Die wohlhabenden Villenstädte Pompeji und Herkulaneum wurden binnen kürzester Zeit verschüttet und mit einer Asche- und Schlammschicht bedeckt. Um 1750 begann deren Wiederentdeckung und Ausgrabung, die bis heute nicht abgeschlossen ist. Trotz des tragischen Ereignisses geben uns keine anderen Bauwerke ein authentischeres Bild einer Stadt der antiken römischen Zivilisation. Erhalten

Diese Darstellung der Eroberung Jerusalems durch Titus befindet sich auf dem Flügelaltar der St.-Bavo-Kathedrale in der belgischen Stadt Gent.

Der Hadrianswall war eine der beeindruckendsten von den Römern errichteten Grenzbefestigungen, um das Römische Reich gegen Einfälle von außen zu schützen. Noch heute markiert der Wall die Grenze zwischen England und Schottland.

haben sich neben den Tempeln, Amtsgebäuden, Theatern und Thermen auch die mit Wandmalereien, Mosaiken und Skulpturen geschmückten Villen sowie die Handwerksbetriebe und Läden mit ihren Gerätschaften bis hin zu den Gemeinschaftslatrinen. Eindrucksvoll und erschütternd gleichzeitig sind die mit Gips ausgegossenen Gestalten von Mensch und Tier im Augenblick des Untergangs.

Limes {ab ca. 80}

bedeutet „Grenze". Seit etwa 80 n. Chr. wurde der antigermanische Wall zum Schutz der Rhein-Donau-Grenze errichtet.

Nach neuen archäologischen Funden gab es aber auch jenseits des Limes-Walles schon florierende römische Gutshöfe und damit schon eine stärkere Durchmischung mit der eingesessenen keltischen oder germanischen Bevölkerung. Diese wurde also nicht nur hinter dem Limes „romanisiert": Die Übernahme der römisch-mediterranen Zivilisation lässt sich an einer Fülle entlehnter Alltagswörter erkennen, die mit den dementsprechenden Alltagsgegenständen in den Norden kamen: „Mauer" (*murus*; die Germanen kannten keine Steinmauern, nur Holzfachwerk, Palisaden oder Erdwälle), „Straße" (*via strata*, „gepflasterter Weg"), „Mühle" (*molina*) und sehr viele Wörter aus dem Obst- und Gemüseanbau: „Pflanze" (*planta*), „Frucht" (*fructum*), „Wein" (*vinum*) und die Namen vieler neu eingeführter Pflanzenarten.

Hadrianswall {um 120}

Die Römer hatten unter Cäsar erstmals englischen Boden betreten, aber erst 100 Jahre später unter dem vierten Kaiser Claudius wurden Teile der Britischen Insel auch Teil des Römischen Reiches.

Die historische Trennlinie zwischen England und Schottland wurde um 120 unter Kaiser Hadrian zum Schutz gegen die Pikten errichtet. Diese waren keine Schotten, sondern vermutlich eine vorindogermanische Bevölkerung, die bis zur Ankunft der Römer bereits keltisch beeinflusst war. Ihr Name (lateinisch *Picti* = „Bemalte") kommt von der verbreiteten Sitte, sich zu tätowieren. Der Hadrianswall war als Steinmauer wesentlich stärker befestigt als der Limes.

Die frühen Christen

Damaskuserlebnis

Saul (lateinisch *Saulus*) war ein hellenistisch (griechisch) gebildeter Jude aus der kleinasiatischen Stadt Tarsus nahe der Grenze zu Syrien. Als strenggläubiger Pharisäer fühlte er sich dazu berufen, die in seinen Augen vom wahren Judentum abtrünnige christliche Sekte zu verfolgen. Die sprichwörtliche Wandlung vom Saulus zum Paulus vollzog sich um 40 n. Chr. Der Legende in der Apostelgeschichte nach hatte Saul noch kurz zuvor an der Hinrichtung des Stephanus in

Das Triumphrelief im heutigen Süd-Iran zeigt den Sassanidenherrscher Schapur I. auf dem Pferd mit den gefangenen römischen Kaisern Philippus Arabs (knieend) und Valerian.

Sassaniden I {um 250}

Nach einem Aufstand, bei dem der letzte Partherkönig getötet wurde, übernahmen die Sassaniden die parthische Hauptstadt Ktesiphon am Tigris und bauten sie zur prächtigen Residenz aus. In vieler Hinsicht ähnelte ihre neue Dynastie der Rittergesellschaft des Hochmittelalters mit einer Vorliebe für Turniere und höfischen Prunk. Auch ihr Staatsaufbau war ein Feudalsystem.

Die Sassaniden, die erst dem Ansturm des Islam erlagen, gaben ihrer Herrschaft ein eigenes, betont neupersisches Gepräge, indem sie bewusst an die Achämeniden, die alten Gegner der Griechen anknüpften und dem Zoroastrismus als Staatsreligion besondere Geltung verschafften.

In der späten Kaiserzeit akzeptierten die Römer dieses neupersische Sassaniden-Reich als ebenbürtige Zivilisation – im Unterschied zu den germanischen Barbaren an ihrer unruhigen Nordgrenze am Rhein. Die Rivalität am Euphrat band erhebliche militärische Kräfte, die den Römern bald an Rhein und Donau fehlten. Die Sassaniden ihrerseits mussten sich an ihrer Nordostgrenze zur Steppe und zum Hindukusch hin während des 3. und 4. Jahrhunderts gegen die Einfälle von Reiternomaden wehren. Es waren Völker ungeklärter Herkunft, aber keine Hunnen. Zur Zeit der Machtübernahme durch die Sassaniden begann um 250 der Druck der germanischen Völkerwanderung auf die römische Nordwestgrenze, zunächst durch die Alemannen und Goten. Im Vergleich zur hoch entwickelten Panzerreiterei der Sassaniden waren die germanischen Stämme aber militärisch gesehen primitiv und konnten von den Römern in Schach gehalten werden. Vorläufig.

Völkerwanderung I – Alemannen und Goten {um 250}

Weder die Alemannen noch die Goten waren ein einheitliches „Volk" oder ein einheitlicher Stamm, sondern eine Stammesföderation, die sich erst im Laufe ihrer Wanderung herausbildete.

Die alemannischen Vorläufer saßen ursprünglich an der mittleren und unteren

Elbe. Diese elbgermanischen Sippen verließen ihre angestammten Siedlungsplätze, formten sich auf ihrem relativ kurzen Weg von Nord- nach Süd„germanien" zur Stammesföderation der Alemannen, durchbrachen um 250 die Grenzbefestigungen der Römer im Gebiet des Mains und wurden im Rhein-Neckar-Raum angesiedelt. Die erste zuverlässig verbürgte Erwähnung der Alemannen datiert auf 289.

Den Ursprung der Goten lokalisierte man früher auf der Ostseeinsel Gotland, was sich aber nicht beweisen lässt. Die ostgermanischen Goten waren Ostseeanrainer in der Umgebung der Weichselmündung (nahe des heutigen Danzig). Sie zogen zunächst langsam weichselaufwärts Richtung Karpaten.

Christenverfolgung {seit 300}

In Rom starb 192 Kaiser Marc Aurels Sohn Commodus. Darauf folgten 100 Jahre lang eine Vielzahl von Kaisern und Gegenkaisern, zuerst aus der Dynastie der Severer, dann die sogenannten Soldatenkaiser. Der einzige kraftvolle Herrscher, der vor Konstantin noch einmal alle Autorität auf sich vereinigen konnte, war Diokletian. Unter ihm kam es zu den ersten harten Christenverfolgungen.

In seiner Regierungszeit von 284 bis 305 führte Diokletian eine umfassende Reichsreform durch, auch im Herrschaftssystem: Er ernannte offizielle Mitkaiser, 285/286 führte er einen zweiten Augustus für die Westhälfte des Reiches ein sowie in jedem der beiden Reichsteile noch zwei Caesarii als Stellvertreter. Diese vier waren die *Tetrarchen*. Einer von ihnen, Galerius im Osten, war stets in Abwehrkämpfe gegen die Sassaniden verwickelt – und die treibende Kraft hinter den Christenverfolgungen seit 303.

Erst 272 war der Sonnenkult des *Sol Invictus* als Staatsreligion in Rom eingeführt worden. Es waren dieser Kult und seine Riten, gegen die sich die Christen wandten. Der Kult des „unbesiegbaren Sonnengottes" hatte eine lange Tradition, teils in der altrömischen Religion, teils im Orient, und wurde nun in der Spätphase Roms mit dem Kaiser verknüpft. Die Kaiser ließen sich schon seit längerer Zeit „vergöttlichen". Die Christen verstanden derartig religiös verbrämte Bekundungen staatsbürgerlicher Gesinnung als Götzendienst.

Auf seinem Sterbebett erließ Galerius, inzwischen zum Augustus befördert, 311 das erste Toleranzedikt, das es den Christen erlaubte, sich friedlich zu versammeln.

Die Konstantinische Wende

Einige Jahre nach Diokletians Tod rangen Konstantin, (Mit-)Kaiser seit 306, und sein Rivale Maxentius, Sohn von Diokletians Mitkaiser Maximian, um die Vorherrschaft im Reich. Dieser Streit wurde im engsten Umfeld der tetrarchischen Herrschaftsspitze ausgetragen. In der Schlacht an der Milvischen Brücke, der unmittelbar am nördlichen Stadteingang von Rom gelegenen Tiberbrücke, siegte Konstantin 312. Maxentius fiel. Auf dem Marsch zur Brücke soll dem Kaiser und seinem Heer eine kreuzförmige Lichterscheinung aufgefallen sein. Und in der Nacht vor der Schlacht sei Jesus Christus dem Kaiser im Traum erschienen und habe ihm – in bestem Lateinisch – gesagt: *„In hoc signo vinces"* – „In diesem Zeichen wirst du siegen". Konstantin vertraute dem

Abbildung von Konstantin I., auch bekannt als Konstantin der Große, auf einem Mosaik in der Hagia Sophia in Istanbul

Olmeken-Kultur lebten, führten sie einige von deren kulturellen Errungenschaften fort, insbesondere die Schrift.

Teotihuacán {100–650}

Seit Jahrhunderten besiedelt, war die etwa 50 Kilometer nördlich von Mexiko City gelegene heutige Ruinenstadt von 100 bis 650 das politische und religiöse Zentrum einer mittelamerikanischen Kultur. Die Großbauten der nach einem ausgefeilten, schachbrettartigen Grundriss angelegten Riesenstadt mit ca. 150 000 Einwohnern entstanden zwischen dem 3. und dem 7. Jahrhundert. Am bekanntesten ist die aus ca. drei Millionen Tonnen Steinen errichtete, 75 Meter hohe, stufenförmige Sonnenpyramide, eines der größten Bauwerke der Erde. Am Tag der Sommersonnenwende geht die Sonne genau auf dieser Achse unter.

Teotihuacán war nicht mit Mauern befestigt. Wie andere Städte mittelamerikanischer Kulturen auch hält man Teotihuacán für ein religiöses Zentrum, Wohnort der Priesterschaft und der Kriegerkaste. Teotihuacán bedeutet „Ort, wo man zum Gott wird", aber das ist nicht der ursprüngliche Stadtname, sondern eine Bezeichnung in der Nahuatl-Sprache aus späterer Zeit. Wer die Erbauer waren, weiß man nicht.

Die Gründe für den späteren rapiden Untergang der Stadt und ihrer Kultur sind ebenfalls unbekannt. Teotihuacán war offenbar ein für ganz Mittelamerika bedeutendes, „internationales" Kult- und Pilgerzentrum mit großer Ausstrahlung, vor allem auf die gleichzeitige Maya-Kultur. Eine der Hauptgottheiten war Quetzalcoatl, dem vermutlich Menschenopfer dargebracht wurden. Eine andere wichtige Gottheit war Tlaloc, der Regengott.

Quetzalcoatl I

Die „gefiederte Schlange" war für mehrere mesoamerikanische Kulturen die Hauptgottheit. Quetzalcoatl ist ein Schöpfergott, Vegetationsgott (Pflanzen und Ackerbau), der Erde und dem Wasser verbunden, Beschützer der Priester und Handwerker, Stifter des Kalenders. Spätere Gottkönige nahmen das Wort als Titel an. Die mythologische Vorstellung, Quetzalcoatl habe sich nach Yucatan zurückgezogen und würde als eine Art Erlöser aus dem Osten zurückkehren, soll von den Azteken auf den Konquistador Hernan Cortez bezogen worden sein.

Darstellung des Gottes Quetzalcoatl als Kopf der gefiederten Schlange in Teotihuacán

NEUE WELTMÄCHTE – NEUE ZEITRECHNUNGEN

ca. 300 bis 650

Ein neuer Prophet

Mit dem Propheten Mohammed („der Vielgelobte") aus Mekka erschien im arabischen Raum eine neue monotheistische Religion, die auch einen neuen Gottesnamen verbreitete: Allah. *Alaha* war das Wort der syrischen Christen für „Gott", und natürlich war „Allah" kein „neuer Gott" (wie vielleicht die Römer in Mithras einen „neuen Gott" kennengelernt hatten). So etwas kann es in einer universalen, monotheistischen Religion nämlich nicht geben: Gott war schon immer und wird immer sein und ist für alle Menschen da, im Christentum wie im Islam.

Mohammed {um 570–632}

Als jüngster unter den großen Religionsstiftern ist Mohammed (um 570–632) mit Sicherheit eine historische Person. Er stammte aus dem Clan der Koreischiten, die zur Oberschicht der Stadt Mekka zählten. Durch seine Heirat mit der 15 Jahre älteren Kaufmannswitwe Chadidscha wurde er wohlhabend. Als Karawanenunternehmer lernte er die Welt des Nahen Ostens bis hinauf nach Syrien kennen. Mit Chadidscha hatte er eine Tochter, Fatima, die Stammmutter aller Nachfahren des Propheten.

Mohammed verabscheute die polytheistischen Kulte seiner Heimat, erkannte nur das uralte Kaaba-Heiligtum in Mekka an und verkündete die Lehre vom einen einzigen Gott. Nach dem Tod Chadidschas hatte er in Mekka nicht mehr genügend einflussreiche Beschützer und floh 622 ins benachbarte Medina. Diese „Hedschra" ist der Beginn der islamischen Zeitrechnung (nach dem Mondkalender). Aktuell (2023) leben wir im Jahr 1444/45 des islamischen Kalenders.

In Medina schwang sich Mohammed zum politischen Führer der Stadt auf und nannte sich nun „Prophet" und „Gesandter Gottes". Als politischer, militärischer und geistlicher Führer kehrte er 630 nach Mekka zurück.

Die Stadt wurde ohne viel Blutvergießen erobert. Von hier aus leitete Mohammed als geistliches und weltliches Oberhaupt die Expansion seiner Herrschaft wie seiner Religion. Bei seinem Tod beherrschte er schon Arabien.

Islam

bedeutet „Unterwerfung" im Sinne von „Gehorsam gegenüber Gottes Willen" und ist das oberste Gebot Gottes, wie es Mohammed offenbart wurde. Konkret bezieht es sich auf Abrahams Gehorsam gegenüber Gottes Befehl, seinen Sohn Isaak zu opfern. Von Abrahamas unbedingtem Gottesgehorsam zutiefst beeindruckt machte Mohammed dies zum Ausgangspunkt seiner Gottesvorstellung.

Im Gegensatz zum Christentum sieht die islamische Religion den Menschen nicht als von der Erbsünde belastet und daher von Grund auf verdorben an. Der Mensch bedarf also auch keiner Erlösung oder eines Aktes der Befreiung von allen Sünden, wie ihn der christliche Gott mit dem Kreuzestod vollzog – das Opfer, an das täglich in der Messe erinnert wird. Der Islam sieht kein prinzipielles Hindernis für den Menschen, in die Seligkeit Gottes einzugehen, sofern er sich an die Gebote des Korans hält.

Koran

Das ursprünglich syrische Wort für die Heilige Schrift des Islam bedeutet „Lesung, rezitierender Vortrag". Wie alle Religionsstifter hinterließ Mohammed keine eigenhändigen Schriften. Die Texte sind nach islamischem Glauben Gottesworte, dem Propheten durch den Erzengel Gabriel eingegeben. Sie dürften aber aus unterschiedlichen Quellen stammen, wurden gesammelt, „redigiert" und ungefähr 20 Jahre nach Mohammeds Tod unter dem dritten Kalifen Osman in kanonischer Form herausgegeben. Der Koran besteht aus 114 Suren in arabischer Sprache. Er enthält historische Teile, Glaubensgrundsätze, Vorschriften und Rechtsgrundsätze.

Araber

Bis zu ihrer Islamisierung hatten die semitischen Beduinen der Arabischen Halbinsel nur eine bescheidene, lokale Rolle gespielt. „Araber" ist verwandt mit dem hebräischen Wort *ereb*, „gemischte Menge". Die Araber überrannten und verwandelten die gesamte südliche Mittelmeerwelt und den Osten zunächst bis ins Hochland von Iran. Das Arabische wurde die Handels-, Verwaltungs- und Gelehrtensprache bei Aramäern, Persern, Ägyptern und es ist natürlich die heilige Sprache des Koran. Die Araber verwandelten als erobernde neue Oberschicht zwar das äußere Erscheinungsbild der orientalischen Zivilisationen, nicht aber die jahrtausendealten kulturellen Traditionen und die gewachsene, in sich ruhende, hochentwickelte Zivilisation dieser Länder und Völker. Da auch keine Zwangsbekehrungen stattfanden, funktionierten diese bruchlos weiter. Treibende Kraft der islamischen Expansion zu einer Großmacht waren die Nachfolger des Propheten, die sogenannten Kalifen. Der zweite Kalif Omar (592–644) rang den Byzantinern den Nahen Osten ab und brachte das persische Reich der Sassaniden ganz unter islamischen Einfluss.

Koreischiten

Mohammed und Abu Bakr (573–634) – er war der erste Kalif, Freund und Schwiegervater des Propheten – gehörten beide zum Stamm der Koreischiten, einem Clan von Fernhändlern, der die Kontrolle über die Stadt Mekka und das Kaaba-Heiligtum innehatte. Das waren keine nomadischen Beduinen, sondern städtische Aristokraten, die sich in den syrischen, mesopotamischen und persischen Metropolen auch sogleich wie zu Hause fühlten. Nur ihre Krieger rekrutierten sich aus den Wüstennomaden und übertrafen wie alle Nomadenvölker die sesshaften

Das Foto vom Ende des 19. Jahrhunderts zeigt Pilger vor der Kaaba in Mekka.

Scharia und Dschihad

Scharia
Diejenigen Passagen des Korans, die sich mit den Verhaltensweisen der Menschen beschäftigen, sind Grundlage der Scharia, des islamischen Rechts. Ausdrücklich verboten sind: Diebstahl, Unzucht, Unzucht zwischen Männern, Verleumdung wegen angeblicher Unzucht und Alkohol. Als göttliches Recht ist das islamische Recht unveränderbar.

Dschihad
ist ein vieldeutiger Begriff, bedeutet wörtlich „Anstrengung", „Kampf" und daher nicht nur „Heiliger Krieg". Gemeint ist vielmehr das moralische Gebot, Gutes zu tun, und die innere Anstrengung, sich tugendhaft zu verhalten.

Buchseiten aus einer Prachtausgabe des Koran

Bauernkulturen und gewachsenen Stadtzivilisationen an Kampfgeist.

Die Zugehörigkeit zum Koreischiten-Stamm gilt bis heute in der islamischen Welt als sehr prestigeträchtig. Dazu gehören als Teilzweig beispielsweise auch die Haschemiten, das heutige jordanische Königshaus, aber auch der in von einem Pakistaner abstammende englische Schriftsteller Hanif Kureishi (*Mein wunderbarer Waschsalon*). Auch die erste richtige arabische Dynastie, die das Kalifenamt in Familienerbfolge weitergab, die Umaijaden, stammte noch aus diesem Umfeld der mekkanischen Aristokratie und bestand ursprünglich aus Koreischiten.

Arabische Expansion {634}

Abu Bakrs Nachfolger war der Koreischite Omar, der von 634 bis 644 regierte. Omar hatte das Kriegshandwerk gelernt und war ein erfahrener Kaufmann. Unter Omars Führung und der seiner Gefährten, alles Freunde des Propheten aus dem Stamm der Koreischiten, eroberten die Araber 634 Palästina, 635 Syrien, 636 Irak, 638 Jerusalem und 639 bis 642 Ägypten. Die persischen Sassaniden wurden 642 endgültig bezwungen. Die Expansion wurde aber nicht immer durch Kriege und Schlachten erreicht, sondern auch durch Verhandlungen und Verträge. All das innerhalb der ersten zehn Jahre nach Mohammeds Tod!

Die arabische Expansion verlief auch deswegen so schnell und relativ unblutig, weil die Araber in den von ihnen eroberten Gebieten nicht, wie die Byzantiner oder die Sassaniden, als Fremdherrscher empfunden wurden. Die Araber erwiesen sich als religiös tolerant. Sie zwangen den Völkern den Islam nicht auf, allerdings wurde den Menschen der Übertritt durch das Steuersystem erleichtert: Nicht-Muslime mussten eine Kopfsteuer entrichten, Muslime nicht. Ansonsten ließ man die Andersgläubigen in Ruhe. Omar war es, der die heute gültige islamische Zeitrechnung im Jahr der Hedschra 622 beginnen ließ. Er wurde 644 ermordet.

Schiiten {656}

Die Zeit des dritten Kalifen, des Koreischiten Osman, von 644 bis 656 war von Streitigkeiten innerhalb des arabischen Führungskerns gekennzeichnet, an denen sich auch Aischa, die zweite Frau und Witwe des Propheten beteiligte. Es ging um die Verteilung der Beute, um Statthalter- und Heerführerposten. 24 Jahre nach Mohammeds Tod kam es zur Spaltung des Islam. Osman wurde von seinen Gegnern ermordet.

Schon bei dessen Wahl hatte sich Ali, der Schwiegersohn des Propheten, übergangen gefühlt. Er hatte Fatima, die Tochter Mohammeds, geheiratet und war überhaupt der treueste aller Gefährten. Es ist nicht klar, ob Ali an dem Mordkomplott gegen Osman beteiligt war, nun aber wurde er zum vierten Kalifen gewählt.

Ali nahm den Titel nicht an, sondern nannte sich nur „Emir" („Anführer", „Befehlshaber" der Gläubigen). Noch im selben Jahr 656 kam es zur Kamelschlacht bei Basra (einem der Hauptkampforte im letzten Golfkrieg der Amerikaner im Irak). Ali siegte, wurde aber dennoch nicht vom koreischitischen Wortführer Muawiya anerkannt. Noch einmal spaltete sich eine Glaubensgruppe ab (die Charidschiten). Diejenigen, die Ali als einzigen wahren Nachfolger des Propheten akzeptieren, werden *Shi'at Ali* genannt, Anhänger Alis, oder „Schiiten".

Ali wurde 661 von einem Charidschiten ermordet, sein Grab wird in Nadschaf im Irak verehrt und ist bis heute ein Wallfahrtsort der Schiiten.

Nun wurde Muawiya fünfter Kalif und vereinbarte mit dem älteren Sohn Alis, Hassan, einen Verzicht auf dessen Ansprüche. Doch weil Muawiya entgegen der Vereinbarung seinen eigenen Sohn Yazid zum Nachfolger machen wollte, nahm der jüngere Sohn Alis, Hussein, den Kampf wieder auf. Die Brüder Hassan und Hussein waren durch ihre Mutter Fatima immerhin Enkel des Propheten. Hussein wurde 680 in der Schlacht bei Kerbala von Yazid getötet. Er gilt den Schiiten als Märtyrer. Sein Grab wird in Kerbala verehrt, wo die Schiiten das alljährliche Gedenken beim Aschura-Fest mit Prozessionen, Bußritualen und Selbstgeißelungen begehen. Aufgrund dieser Tradition sind Iran und Teile des Irak traditionell schiitisch.

Omaijaden {660}

Muawiya hatte als junger Mann dem Propheten als Sekretär gedient. Im Zuge der arabischen Expansion war er Statthalter in Syrien mit Sitz in Damaskus geworden und der Anführer des omaijadischen Familienzweigs der Koreischiten. Ali erkannte er nicht an, weil er ihn für mitbeteiligt an der Ermordung Osmans hielt. Durch Muawiyas Wahl zum fünften Kalifen wurde Damaskus nun das Zentrum der islamischen Welt, und das Kalifenamt wurde fortan bis 750 innerhalb der Omaijaden-Familie weitergegeben. Sie bildeten also eine Dynastie.

Der sechste Omaijaden-Kalif al-Walid regierte von 705 bis 715. Er errichtete den größten und bedeutendsten frühislamischen Sakralbau, die Moschee in Damaskus – nach dem Vorbild der Hagia Sophia. Al-Walid trieb auch die zweite große Expansionswelle voran, diesmal nach Westen bis nach *al-Andalus.*

➡ ***Was danach geschah:*** Die Omaijaden werden 750 von den Abbasiden abgelöst, die umgehend Bagdad gründen. Ein Omaijaden-Spross errichtet das Emirat von Córdoba. Beide Städte werden die blühenden Zentren der arabischen Gelehrsamkeit im Mittelalter.

China – Tang-Dynastie

Trotz bürgerkriegsähnlicher Wirren und des regelmäßig wiederkehrenden Zerfalls in einzelne Staaten wurden die Dynastiewechsel in China erstaunlich oft sozusagen ordnungsgemäß durchgeführt. Dies war auch so beim Übergang von der Sui- zur Tang-Dynastie, obwohl es sich um einen Umsturz handelte und der vorletzte Sui-Kaiser Yangdi von seinen eigenen Beamten erdrosselt worden war. Dessen Enkel bot dem Begründer der Tang-Dynastie nach altem Ritual dreimal die Herrscherinsignien an, die dieser stets ablehnte, bevor er annahm. Dann wartete man noch sechs Tage einen neuen Mondzyklus ab, bevor der erste Tang-Kaiser den Thron bestieg. Unter den Tang erreichte das alte China seine größte Ausdehnung.

Während der Tang-Dynastie erlebte China eine Zeit der kulturellen Blüte, die zahlreiche Kunstwerke hervorbrachte – wie diese Figur einer sitzenden Frau aus unglasierter Keramik.

Gegen die sich rasch ausbreitende Macht der Araber fiel China die Stellung einer Schutz- und Großmacht in Zentralasien zu. Sowohl eine Gesandtschaft aus Byzanz (643) wie eine des Kalifen Osman (651) sind in den Hofannalen vermerkt. Es gab regen Handelsaustausch zwischen Südchina und dem Persischen Golf sowohl auf chinesischen Dschunken wie auf arabischen Dhaus. Auf dem Landweg gelangten Missionare persischer Christen (Nestorianer) und iranische Manichäer ins Reich der Mitte. Den größten dauerhaften Einfluss gewann der Islam. Heute gibt es 20 bis 30 Millionen chinesische Muslime.

Trotz der zwischenzeitlichen „Schreckensherrschaft" der Kaiserin Wu (660–705) und trotz blutiger Palastintrigen und Aufstände erlebte China vor allem nach 700 eine kulturelle Hochblüte und eine Phase äußerer Expansion nach Westen Richtung Hindukusch. Die wurde erst von den Arabern am Talas gestoppt.

Amerika – Maya II

Selbst in ihrer Hochkulturphase von etwa 600 bis 900 bildeten die Maya nie ein „Reich" unter einer Dynastie. Die Maya-Kultur glich immer einem Commonwealth unabhängiger Stadtstaaten mit jeweils eigenen Herrschern. Einige ihrer Städte, die teilweise durch Prozessionsstraßen miteinander verbunden waren, hatten bis zu 10000 Einwohner: Tikal, Copán, Palenque im Tiefland der Halbinsel Yucatan. Politisch waren sie und einige andere teils Rivalen, teils Verbündete. Nach 700 war Tikal führend, eine Stadt mit über Tausenden von Tempelanlagen und Palästen, Opferschreinen, Observatorien, Ballspielplätzen und Wohngebäuden.

Auch die Maya kannten kein Rad, keinen Pflug, keine Töpferscheibe, keine Hartmetallverarbeitung. Die Samenkörner für Mais und andere Anbaupflanzen wurden einzeln in den Boden eingegraben.

Maya-Kalender

Die Maya haben ihren berühmten, sehr genauen Sonnenkalender nicht selbst erfunden, sondern von der Olmeken-Kultur übernommen. Dieser Kalender ist deswegen berühmt, weil die meisten alten Gesellschaften, außer den Ägyptern, mit dem Mondkalender hantierten. Die Maya teilten die 365 Tage des Sonnenjahrs in 18 Abschnitte

Steintafel eines Kalenders, der von der Maya-Kultur in Guatemala und Mexiko verwendet wurde

zu je 20 Tagen ein. Die überzähligen fünf wurden angehängt. So astronomisch ausgefeilt der Maya-Kalender und einige damit im Zusammenhang stehende, kompliziert zu berechnende Zyklen waren, praktischen Zwecken diente er kaum, sondern lediglich kultischen Zwecken wie dem Bestimmen eines günstigen Tages für Kriegszüge. Daher lag das Kalenderwissen in den Händen der Maya-Priesterschaft.

Nach 900 ging die Maya-Kultur binnen kurzer Zeit in einem Teufelskreis von Raubbau, Überbevölkerung, Hunger, damit einhergehendem Kontrollverlust und Anarchie unter. Die genauen Gründe sind nicht bekannt. Denkbar sind äußere Einflüsse, eventuell durch die Tolteken.

PAPST, KAISER – MITTELALTER

ca. 650 bis 1300

in Zentralasien ein wichtiger Rivale des Tang-Reiches wurde. Nach einem Feldzug gegen China stimmte Kaiser Taizong einer Heirat Songtsen Gampos mit einer chinesischen Prinzessin zu, um den Frieden zu erhalten. Songtsen Gampo hatte bereits eine nepalesische und eine westtibetische Prinzessin geheiratet – das war Teil seiner Großmachtpolitik. Bis dahin gab es in Tibet, traditionell ein Nomadenvolk, keine feste Residenz, aber nun wurde für ihn und seine Gemahlinnen die Stadt Lhasa gegründet. Diese Königsresidenz bildete dann den Kern des Potala-Palastes, der im 17. Jahrhundert ausgebaut wurde. Durch die chinesischen und nepalesischen Gemahlinnen des Herrschers wurde der Buddhismus in Tibet bekannt und vom ihm gefördert.

Tibet – Padmasambhava {770/780}

Sehr heilig ist den Tibetern bis heute der „Lotusgeborene“: Padmasambhava, auch Guru Rinpoche genannt. Diese historisch wenig gesicherte, legendäre Gestalt soll auf einem Lotus in einem See erschienen sein (selbst eine Jungfrauengeburt wäre noch als zu „menschlich“ erschienen). Er soll übernatürliche Kräfte besessen haben und eine Art Buddha-Inkarnation gewesen sein. Jedenfalls stammte er nicht aus Tibet, auch nicht aus Indien, war aber von dort zugewandert. Auf seinen Einfluss wird die Errichtung des ersten buddhistischen Klosters Samye um 770 durch den tibetischen König Trisong Detsen zurückgeführt. Dieser veranlasste auch die ersten Übersetzungen buddhistischer Schriften aus dem Sanskrit ins Tibetische. Tibetisch und Chinesisch gehören zur gleichen Sprachfamilie, sind aber sehr verschieden und werden in vollkommen unterschiedlichen Schriften geschrieben.

➡ ***Was danach geschah:*** Das erste tibetische Königtum blockierte für lange Zeit den Zugang Chinas zur Seidenstraße und seine Ausdehnung im Südwesten. Es endete mit der Ermordung des antibuddhistischen Königs Glang-dar-ma 842.

Japan – Nara {ca. 730–750}

In dieser Periode in der Geschichte Japans (710 –794) orientierte sich das Inselreich unter dem Tenno Shomu (reg. ca. 725–750) kulturell sehr intensiv an China. Die neue Hauptstadt Nara wurde nach dem Muster der chinesischen Hauptstadt Changsha

angelegt. Die Japaner übernahmen die chinesischen Schriftzeichen und passten sie der japanischen Sprache an. Diese chinesisch-japanische Schrift heißt *Kanji*. Kaiser Shomu war selbst tiefgläubig und förderte die Verbreitung des Buddhismus, der in Japan als Zen-Buddhismus von noch größerer Bedeutung wurde als in China.

Das Goldene Zeitalter des Islam

Um 800 waren die chinesische Hauptstadt Changsha, die byzantinische Hauptstadt Konstantinopel und die neue Hauptstadt des Kalifenreiches Bagdad die mit Abstand bevölkerungsreichsten Metropolen auf dem eurasischen Kontinent. Blickt man auf die gleichzeitigen karolingischen Pfalzen, die Landstadt Rom, innerhalb deren Mauern Ackerbau betrieben wurde, oder auf die auf Pfählen errichtete Wassersiedlung am Rialto, wird klar, wie entwicklungsbedürftig Europa damals war und wie sehr es buchstäblich am Anfang stand. Um 750, zur selben Zeit als Pippin III. im Frankenreich den letzten Merowingerkönig absetzte und sich zum ersten Karolinger-König krönen ließ, kam es auch zu einem Dynastiewechsel im islamischen Kalifenreich.

Abbasiden {750}

Marwan II. war von 746 bis 750 der 14. Kalif und letzte Herrscher der Omaijaden. Bei den Persern, die sich innerhalb des Vielvölkerreichs der Kalifen zweitklassig behandelt fühlten, formierte sich der Widerstand. Sie warfen den Omaijaden Geldverschwendung und Verweltlichung vor. Thronstreitigkeiten innerhalb der Dynastie und die Ermordung des elften Kalifen 744 setzten deren Ansehen binnen kürzester Zeit rapide herab.

Abu Muslim, heute noch in Persien als Nationalheld verehrt, führte seit 747 die abbasidische Widerstandsbewegung. 749 wurde Abu al-Abbas zum Kalifen ausgerufen; er war ein Haschemit, stammte also aus einer Seitenlinie der Familie des Propheten. Abbas besiegte die Omaijaden und rottete sie mit bestialischer Grausamkeit aus (bis auf den zufällig nicht anwesenden Omaijaden-Prinzen Abd ar-Rahman, den Begründer des Emirats von Córdoba).

Der Potala-Palast in Tibet. Bei seinem Bau wurden die Überreste der von Songtsen Gampo im 7. Jahrhundert gegründeten und später zerstörten Königsresidenz integriert.

Auf den Abbildungen sieht man die Krone des Königsreichs Böhmen, die Wenzelskrone (links), und die Krone des ehemaligen Königsreichs Ungarn, die Stephanskrone (rechts). Merkmal der Stephanskrone ist das seitwärts schräg geneigte Kreuz.

böhmischen Fürsten aber an das Reich an. Noch zur Zeit der Ungarneinfälle unterstellte sich Wenzel um 930 der Oberherrschaft des ersten Liudolfingers König Heinrich. Das Bistum Prag gehörte bis zum Spätmittelalter zum Erzbistum Mainz. Der von seinem Bruder erschlagene Wenzel ist der Nationalheilige Tschechiens, der größte Platz in Prag ist der Wenzelsplatz.

Zwei Generationen später wurde der heilige Adalbert von Prag die zentrale Figur der christlichen Mission in allen drei Ländern. Dieser Fürstensohn hatte schon bei den Ungarn missioniert, wurde 982 Bischof in Prag und sollte ab 996 auf Bitten des polnischen Herzogs Boleslaw bei den Pruzzen im Norden des Landes das Evangelium verbreiten. Er und sein Vater Miesko hatten in der Zeit der ersten Ottonen das erste polnische Herrschaftsgebilde geschaffen – Polen war durch Miesko seit 966 katholisch; die Herzöge strebten nach Anerkennung durch das Reich. Seit gemeinsamen Tagen in Rom waren der heilige Adalbert und der junge deutsche Kaiser Otto III. enge Freunde. Nachdem Adalbert bei seiner Pruzzen-Mission erschlagen worden war, pilgerte Otto im Jahr 1000 ins polnische Gnesen und betete barfuß und in Tränen aufgelöst am Grab seines erschlagenen Freundes. Er erhob Boleslaw zum König, Gnesen wurde das erste Erzbistum Polens. Der Erzbischof ist bis heute Primas von Polen.

Im gleichen Jahr 1000 wurde auch Ungarn ein christliches Königreich. Keine 50 Jahre nach der Schlacht auf dem Lechfeld ließ sich der bereits christlich erzogene Arpadenfürst Stephan (Istvan) von Adalbert von Prag katholisch taufen und erhielt dafür im Einverständnis mit Kaiser Otto III., dem Enkel des Lechfeld-Siegers, von Papst Silvester II. die Königskrone (Stephanskrone). Papst Silvester, einer der gelehrtesten Männer seiner Zeit, war, wie der heilige Adalbert, ein Ratgeber und enger Freund Kaiser Ottos.

Stephan hatte zuvor die Herzogstochter Gisela aus der Familie der Liudolfinger geheiratet, also eine Verwandte Ottos III. Gisela, eine vom heiligen Wolfgang, Bischof von Regensburg, ausgebildete Fürstin, setzte sich tatkräftig für die Christianisierung Ungarns ein – trotz einiger Rückschläge. Die Ottonen betrieben also eine sehr auf Ausgleich bedachte Politik, und die jungen Dynastien in Ungarn, Böhmen und Polen strebten ihrerseits nach Anerkennung durch das mächtige Reich. So traten diese Völker um 1000 in den Kreis der lateinischen Christenheit und orientierten sich nach Westen – eine Art hochmittelalterliche Osterweiterung Europas.

Übrigens sind die Kronen nicht die damaligen Originale. Das ursprünglich von Papst Silvester an Stephan übersandte Diadem ging 1074 verloren. Das heute berühmte Exemplar mit dem schrägen Kreuz war ursprünglich eine byzantinische Frauenkrone, die im Hochmittelalter in mehreren Etappen umgearbeitet wurde. Sie wurde von 1555 bis 1918 immer von einem Habsburger getragen.

Die Wenzelskrone wurde erst 1347 im Auftrag von Kaiser Karl IV. für dessen Krönung geschaffen. Karl residierte in Prag. Böhmen wurde erst in staufischer Zeit ein erbliches Königtum im Heiligen Römischen Reich. Das Land war wegen seines Reichtums und seiner kulturellen Ausstrahlung sozusagen das Juwel in der deutschen Kaiserkrone, der König von Böhmen ebenfalls spätestens seit der Zeit Karls IV. der vornehmste unter den weltlichen Kurfürsten. Seit 1526 trugen die Habsburger auch die Wenzelskrone, bis 1918.

Die Kapetinger in Frankreich {987}

Ähnlich wie im Ostfrankenreich (nunmehr Deutschland) kam es 987 im Westfrankenreich (nunmehr Frankreich) zu einem Dynastiewechsel. Bis dahin hatten hier ebenfalls Nachfahren Karls des Großen regiert. Nun griff Hugo Capet nach der Macht, indem er den vorletzten Karolinger ermordete und dessen Sohn, den letzten Karolinger, beerbte, als dieser kurz darauf in jungen Jahren starb. Seinen Beinamen *Capet* verdankte er seinem Amt als Laienabt des Klosters des heiligen Martin in Tours, des wichtigsten französischen Nationalheiligtums. Dort wird der halbe Kapuzenmantel (*capet*) aufbewahrt, den der Heilige Martin mit dem Bettler teilte. Seit Hugo waren alle französischen Könige Kapetinger, bis zum letzten König Ludwig, dem der Kopf während der Französischen Revolution mit der Guillotine abgetrennt wurde.

Die Schlacht bei Hastings {1066}

Seit der Eroberung des Klosters Lindisfarne durch die Wikinger im Jahr 793 war die ohnehin nur aus kleinen Königreichen bestehende britische Insel ein Schlachtfeld. Erst mit dem angelsächsischen König von Wessex, Alfred dem Großen, kehrte eine gewisse Ruhe ein. Alfred eroberte 886 London und machte es zum Zentrum des englischen Königreiches. Der letzte Angelsachse auf dem englischen Thron war Eduard der Bekenner

Der am Ufer der Themse gelegene Tower of London wurde nach der Schlacht bei Hastings auf Befehl von Wilhelm dem Eroberer errichtet.

von 1042 bis 1066. Durch seine Mutter war er ein halber Normanne, und dieser Umstand bestimmte den weiteren Verlauf der Geschichte Britanniens.

Als Eduard im Januar 1066 kinderlos starb, gab es mehrere Anwärter auf den englischen Thron, darunter den Normannenherzog Wilhelm in der Normandie. Er sammelte Rittertruppen aus ganz Frankreich und setzte mit einer Flotte über. Bei Hastings kam es zur letzten entscheidenden Schlacht zwischen ihm und seinem einzig noch verbliebenen Gegner, dem angelsächsischen König Harald. Am Weihnachtstag wurde „Wilhelm der Eroberer" in Westminster Abbey gekrönt, wie nach ihm alle englischen Könige. William befahl den Bau des Tower of London – um seine Normannen vor den Londonern und diese wiederum vor den Normannen zu schützen. Verewigt ist die Schlacht bei Hastings auf dem fast 70 Meter langen bestickten Teppich von Bayeux.

Sizilien {1060/1130}

Auch in Unteritalien und Sizilien bildeten die Normannen eigene Reiche, 1060 formal als päpstliche Lehen. Deren Herrscher Roger II. vereinigte die verschiedenen normannischen Staaten und wurde 1130 König. Sein Enkel, der Stauferkaiser Friedrich II., sollte sehr viel später das sizilische Königreich erben.

Spanische Königreiche {1035}

Im Spannungsfeld zwischen Córdoba und dem Karolingerreich existierte ab 826 das Königreich Navarra mit der Hauptstadt Pamplona. König Sancho III. von Navarra vereinte um das Jahr 1000 Navarra mit den übrigen christlichen Königreichen auf der iberischen Halbinsel. Nach seinem Tod 1035 entstanden aus dessen Erbe Navarra, Kastilien und Aragón. Sie gewannen allmählich die Kraft zur Reconquista, deren Beginn den Kreuzzügen zeitlich etwas vorausgeht.

Byzanz unter den Makedonen

Einige Zeit nach den Wirren des Bildersturms war in Byzanz Kaiser Michael III. der letzte Kaiser der sogenannten phrygischen Dynastie. Michael war es, der die Slawenapostel Kyrill und Method um 860 mit ihrer Mission beauftragt hatte. Michael III. wurde von seinem früheren Stallknecht, dem Makedonen Basileios, 867 ermordet. Mit diesem Basileios I. übernahm eine neue Dynastie die Herrschaft in Byzanz. Die Makedonen-Herrscher führten das Reich zu hoher Blüte.

Der Bulgarentöter {976–1025}

Kaiser Basileios II. (976–1025) war der bedeutendste Feldherr auf dem byzantinischen Kaiserthron. Über das Hauptziel seiner außenpolitischen Aktivitäten sagt sein Beiname alles. Basileios ging 15 Jahre lang Jahr für Jahr mit seinen Soldaten ins Feld gegen die Bulgaren, die sich in einem Partisanenkrieg in den Bergen nicht so einfach besiegen ließen wie in einer offenen Feldschlacht. Mithilfe von Söldnertruppen gelang es Basileios, erfolgreicher gegen die Bulgaren vorzugehen und sie in einer Einkesselungsschlacht 1014 zu besiegen. Angeblich ließ er 14 000 Gefangene blenden; nur jeder Hundertste behielt ein Auge, damit er eine Hundertergruppe heimführen konnte. Beim Anblick seiner rückkehrenden Soldaten soll den bulgarischen Zar der Schlag getroffen haben. Basileios dehnte durch diesen Sieg das Territorium von Byzanz im Nordwesten

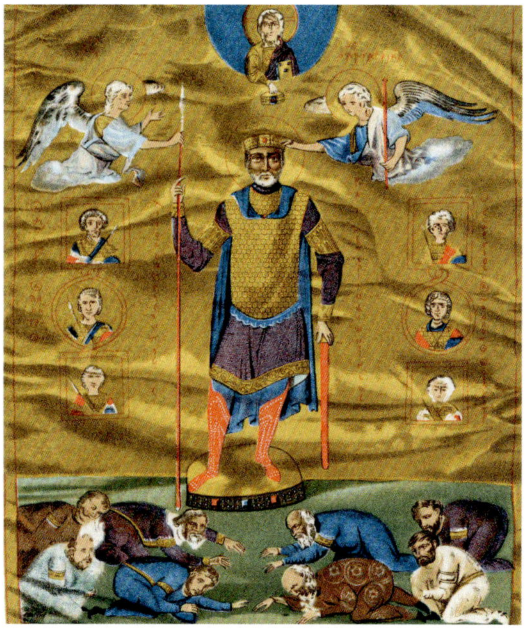

Um den Widerstand der Bulgaren endgültig zu brechen, befahl Kaiser Basileios II., fast alle der Gefangenen zu blenden, was ihm den Beinamen „Bulgarentöter" eintrug (Farblithographie einer byzantinischen Buchmalerei aus einem Psalter, 11. Jahrhundert).

noch einmal erheblich aus. Es sollte die letzte Expansion des byzantinischen Reiches sein. Im Osten war die Grenze im syrisch-palästinensischen Raum gesichert, sodass Byzanz wieder eine Ausdehung wie unter Kaiser Heraklios um 600 n. Chr. hatte. Wegen dieser militärischen Erfolge und seiner Rolle als Geburtshelfer Russlands, das so viel von der byzantinischen Kultur übernahm, gilt der Bulgarentöter als einer der bedeutendsten Herrscher von Byzanz.

Makedonische Renaissance

Das sächsische Kaiserhaus der Ottonen und das byzantinische Kaiserhaus waren dynastisch miteinander verbunden, denn Otto II. hatte eine byzantinische Prinzessin geheiratet: Theophanu war nach dem frühen Tod ihres Gatten eine kraftvolle Regentin für ihren unmündigen Sohn Otto III. Eine noch stärkere Verbindung bestand zu den Kiewer Rus. Byzanz hat die russische Kultur bis heute deutlich sichtbar geprägt.

Als Mäzene der „Makedonischen Renaissance" standen das Kaiserhaus und der Hof im Kulturleben von Byzanz an vorderster Stelle. Lehrstühle wurden neu besetzt und die Professoren besser besoldet, Stipendien vergeben. Das vorhandene Wissen enzyklopädisch zu erfassen und dabei neu zu bearbeiten, war eine der wesentlichen Aufgaben. Darstellungen mit mythologischen Szenen aus der Antike, etwa die Entführung der Europa oder von Nymphen- und Nereidenreigen, waren wieder sehr beliebt und wurden gemalt oder in Elfenbein geschnitzt. Die Bewältigung technisch-gestalterischer Probleme wie die Darstellung von bildhaften Szenen in Gewölbemosaiken musste – nach Bilderstreit und Bilderverbot – erst neu gelernt werden.

ENTDECKUNGEN UND ERFINDUNGEN

Alkohol-Destillation {um 900}

Das Prinzip der Destillation, der Trennung verdampfbarer Flüssigkeiten durch Erhitzen und anschließendes Abkühlen war schon in der Antike bekannt. Angeblich gelang dem persischen Arzt und Naturgelehrten ar-Razi (865–925) um 900 mithilfe eines von ihm konstruierten Alembik die Destillation von höher konzentriertem Alkohol aus Wein. Der wesentliche technische Fortschritt war der Deckel über dem Kolben mit einem Ableitrohr für das Destillat. Der Alembik wurde zum Paradegerät der Alchimisten des Mittelalters, die gern alle möglichen „Essenzen" destillierten. Auch die heutige Destillation aller hochprozentigen alkoholischen Getränke beruht auf diesem Verfahren.

Spinnrad {seit 1000}

Spinnräder zur Herstellung von Garn waren womöglich schon lange vor der Zeitenwende in Indien und China in Gebrauch – mit Sicherheit aber seit etwa 1000 im arabischen Kalifatreich. Es gelangte im 13. Jahrhundert, also im Hochmittelalter, nach Europa.

Schwarzpulver und Raketen {in China um 1000}

Die Mischung aus Salpeter (ca. 75 %), Schwefel und fein gemahlener Holzkohle, auch Böllerpulver genannt, wurde wohl während der Song-Dynastie in China erfunden. Verwendung fand sie hauptsächlich bei Begräbnisritualen, aber auch schon früh für militärische Zwecke als „Feuerpfeile" (Raketen) – in erster Linie, um Feinde zu erschrecken. Die Verbreitung erfolgte durch die mongolische Expansion im 13. Jh. in den arabischen Raum und nach Europa.

Ankunft der Türken

Etwa zur Zeit der Kaiserkrönung Ottos I. eroberten die Ogusen unter der Führung der Fürsten-Dynastie der Seldschuken die alte Seidenstraßenmetropole Buchara, südöstlich des Aralsees. Die Ogusen waren ein Stammesverband von Turkvölkern aus der kasachischen Steppe, Seldschuk war um das Jahr 1000 der Häuptling eines ogusischen Stammes.

Seldschuken {um 1000}

Ebenfalls um 1000 traten Seldschuk und seine Krieger zum Islam über. Sie lösten sich aus dem Stammesverband und drangen schnell nach Süden und Westen vor. Seit der Eroberung der nordpersischen Provinz Chorasan 1034 und Bagdads 1055 beherrschten die Seldschuken die gesamte persisch-arabische islamische Welt.

Wären die Seldschuken nicht aufgetaucht, wäre die islamische Welt in Kleinstaaterei zerfallen und der Islam hätte niemals die Rolle

besonders feierliche liturgische Formen wie prachtvolle Prozessionen, Chorumgänge, liturgische Gesänge. Auf diesen Grundlagen konnte die Kirche im nunmehr beginnenden Hochmittelalter ihre bedeutende Stellung in Europa festigen und ausbauen.

Synode von Sutri {1046}

Um 1045 war das cluniazensische Denken aber noch nicht bis nach Rom vorgedrungen. Seit 15 Jahren war Papst Benedikt IX. im Amt, ein bei seiner Wahl minderjähriger römischer Adelsspross, der wegen seines ausschweifenden Lebenswandels und seiner Gewalttätigkeit selbst bei den Römern verhasst war. Deswegen wurde 1045 mit Silvester III. das Mitglied einer konkurrierenden Adelsfamilie auf den Stuhl Petri gesetzt, gleichzeitig verkaufte Benedikt sein Amt an einen gewissen Pierleoni (Preis: 1000 Pfund Silber), der als Gregor VI. zu amtieren versuchte. Derartige Possen beschädigten das Ansehen des Papsttums zutiefst. Seit karolingischer Zeit war der Papstthron in dieser oder ähnlicher Weise ein Spielball italienischer Feudalherren.

Kaiser Heinrich III. übergibt den *Codex Aureus*, ein prächtig gestaltetes Evangeliar, an die Kirchenpatronin von Speyer, die heilige Maria. Kaiserin Agnes erkennt man rechts im Bild.

Herbeigerufen wurde der deutsche König, um dem Spuk ein Ende zu bereiten, und er erschien in der Person des Saliers Heinrichs III. Dieser setzte auf einem Konzil im mittelitalienischen Sutri die drei Prätendenten ab. Neuer Papst wurde für knapp zwei Jahre der Deutsche Suitger von Bamberg als Clemens II. Er krönte sogleich Heinrich III. und dessen Gemahlin Agnes zu Kaiser und Kaiserin. Agnes von Poitou stammte aus der Familie des Cluny-Gründers Wilhelm. Das Kaiserpaar war streng religiös im Sinne der Reform. Auch die drei unmittelbaren Nachfolger Clemens' auf dem Papstthron waren Deutsche, die den cluniazensischen Reformgeist in Rom umsetzten. Der bedeutendste unter ihnen war der elsässische Adelssohn Bruno von Egisheim, ein Verwandter des salischen Kaiserhauses. Als Leo IX. regierte er von 1049 bis 1054. Er war derjenige, der die Orthodoxen exkommunizierte und das führte zum:

Schisma {1054}

1054 „spaltete" sich die bis dahin noch einheitliche Christenheit auf. Die Westkirche (in Rom) und die Ostkirche (in Konstantinopel) „trennten" sich (griechisch *schizeín*). Das war das sogenannte „Morgenländische Schisma" – der Höhepunkt eines jahrhundertelangen Prozesses, in dessen Verlauf sich die (lateinisch sprechende, abendländische) Westkirche und die (griechisch sprechende, morgenländische) Ostkirche immer weiter entfremdet hatten.

Der Anlass war vergleichsweise banal. Wegen einer eher tagespolitischen Streitfrage um theologische Gepflogenheiten im neuerdings von den Normannen eroberten, ehemals byzantinischen Unteritalien wurde eine päpstliche Gesandtschaft nach Konstantinopel geschickt. In einem Anfall von Zorn legte der hitzige Kardinal Humbert, der die Verhandlungen provozierend führte, auf dem Altar der Hagia Sophia eine vom Papst unterzeichnete Urkunde nieder, in der dieser den Patriarchen exkommunizierte. Der Patriarch exkommunizierte seinerseits den Kardinal, der von der Bevölkerung beinahe gelyncht worden wäre. Damit war der Bruch zwischen Rom und Byzanz vollzogen.

Papstwahl {1059}

Erst durch die von Cluny angestoßene Reform wird die Wahl des Papstes durch die Kardinäle eingeführt. Bis dahin war das eher eine Angelegenheit des römischen Stadtadels. Formell ausschlaggebend war ein Dekret von Papst Nikolaus II. (1058–1061) im Zusammenhang mit dem Dritten Laterankonzil von 1059. Das Konzil übertrug die Prinzipien der Cluniazensischen Reform auf die Kirche insgesamt: Verbot der Laieninvestitur, Einführung des Zölibats für alle Priester und eben der Beschluss zur Papstwahl durch die Kardinäle.

Motor der Reformen in Rom war der Radikalreformer, „heiliger Satan", „Zuchtrute Gottes" (so die Zeitgenossen), der toskanische Adelige und ehemalige Mönch Hildebrand Aldobrandeschi, nunmehr Papst Gregor VII. (1073–1085); daher Gregorianische Reformen. In Deutschland wurde die Cluny-Reformbewegung als „Hirsauer Reform" bekannt. Papst Gregor VII. gilt als Symbolfigur für den unbeugsamen Machtwillen der Päpste im Hochmittelalter.

Investiturstreit {1075}

Im Mittelalter gab es keine Trennung von Kirche und Staat wie in der Moderne. Im Gegenteil – geistliche und weltliche Herrschaft waren machtpolitisch und institutionell aufs Engste miteinander verzahnt. Die Besetzung geistlicher Ämter wie Bischöfe und Äbte war als Machtfaktor für die Könige von allergrößtem Interesse, da sie nicht vererbbar waren, also wieder an die Krone zurückfielen. Die Reichsbischöfe und Reichsäbte waren ihrerseits bedeutende weltliche Herren mit oftmals großem Besitz und Rechtsprechungsbefugnissen. Es kam zu Missbräuchen durch Kauf, Tausch, Vererbung von Kirchenämtern: zur Simonie. Deren Bekämpfung stand ganz oben auf der Agenda der cluniazensischen Reformer. Die schärfste Kampfansage formulierte Gregor VII. 1075 in seinem *Dictatus Papae.*

Das berühmte Dokument besteht aus einem einzigen Blatt Papier mit genau 27 Sätzen, die in aller Deutlichkeit den universalen Herrschaftsanspruch des Papstes zum Ausdruck bringen: „Dass alle Fürsten nur des Papstes Füße küssen", dass nur er Bischöfe und Äbte einsetzen darf, dass es nur ihm erlaubt ist, Kaiser abzusetzen, dass nur er exkommunizieren darf, dass nur er kanonisches Recht setzt, dass er unfehlbar ist. Jeder europäische Fürst musste dies als Kampfansage an seine herrscherlichen Rechte verstehen.

Anlässlich der Neubesetzung des Erzbischofssitzes von Mailand entbrannte 1075 dann ein Streit zwischen dem deutschen Kaiser Heinrich IV. und Papst Gregor. Heinrich hatte für den Mailänder Stuhl einen anderen Kandidaten als der Papst. Beide wurden eingesetzt: Erzbischof und Gegenerzbischof.

Von einem Reichstag in Worms sandte Heinrich IV. einen Brief an Gregor, in dem er ihn „nicht mehr Papst, sondern falscher Mönch" nannte und im Befehlston aufforderte: „Verlasse den apostolischen Stuhl!", „Steige herab, steige herab!"

Umgehend setzte Gregor seinerseits den Kaiser ab, belegte ihn mit dem Kirchenbann und exkommunizierte ihn. Die deutschen Fürsten gerieten ins Wanken und drohten Heinrich ebenfalls, ihn abzusetzen, falls er sich nicht mit dem Papst aussöhnte. Diesem blieb nichts anderes übrig, als der berühmt gewordene

Gang nach Canossa {nach 1076}

Canossa war eine der Stammburgen der Markgräfin Mathilde von Toskana, die eine wichtige Vermittlerrolle bei der Aussöhnung zwischen Kaiser und Papst spielte. Mathilde hatte Gregor auf ihre Burg eingeladen, um dort den Kaiser zu erwarten. Sie war eine hochgebildete, einflussreiche Fürstin, die über große Teile der Toskana und bis hinauf in die Po-Ebene herrschte. Canossa befindet

Die Ruine der Burg Canossa unweit von Parma

➡ ***Was danach geschah:*** Die Kreuzzüge hatten Europa einen intensiven Kulturkontakt mit dem „Morgenland" gebracht, aber politisch nichts erreicht. In zivilisatorischer Hinsicht wie in seiner politischen Dynamik war der Orient dem damals noch geistig schwerfälligen Okzident haushoch überlegen. Genau das sollte sich durch die „Horizonterweiterung", die die Kreuzzüge den Abendländern bescherte, allmählich ändern. Fast genau 200 Jahre nach dem Fall von Akkon (1291) setzten Europäer und eben nicht die Araber oder Türken den Fuß in die Neue Welt (1492).

Die tanzenden Derwische

Auch im „Morgenland" ergaben sich während der europäischen Kreuzfahrerzeit wichtige religiöse Reformen.

Seit ihrem kriegerischen Aufbruch von der Arabischen Halbinsel im 7. Jahrhundert hatten sich den Arabern neue Horizonte erschlossen; sie hatten Reiche und Dynastien gegründet und in der hochkultivierten Welt des Vorderen Orients eine ganz neue Stufe des Wohlstandes erreicht. Die religiöse Zucht pflegt unter solchen Umständen zu leiden. Wie im christlichen Bereich gab es daher auch in der islamischen Welt das Bedürfnis frommer Männer, sich aus dem weltlichen Treiben in die Askese zurückzuziehen.

Das geläufige und vereinfachende Bild der Sufi sind die „tanzenden Derwische", die einen wesentlichen Zug des Sufismus verdeutlichen: Die unmittelbare Gotteserfahrung durch Ekstase, durch Musikhören, Fasten, litaneiartiges Beten, Einsamkeit, Schlafentzug oder den Wirbeltanz war ihnen weit wichtiger als die rituelle Befolgung des Korans.

Der erste Sufi-Orden wurde um 1150 in Bagdad gegründet. Seine Mitglieder trafen sich einmal wöchentlich. Sie waren verheiratet, gehörten zu den Handwerkern und Händlern, und waren weit entfernt vom intellektuellen Gelehrtentum der arabischen Wissenschaft des Mittelalters. Überhaupt nahmen die arabischen Volksmassen nie am intellektuellen Diskurs der Gelehrtenzirkel teil. Dementsprechend weit verbreitet waren und sind im muslimischen Kulturkreis Aberglaube, Wunderglaube und Heiligenverehrung, gerade auch bei den Sufi.

Das Elixier der Glückseligkeit

{um 1150}

lautet der Titel eines Werkes des islamischen Theologen Al-Ghazzali (1058–1111). Er ist der Erneuerer des Islam und in der islamischen Welt so bekannt und bedeutsam wie Luther für Europa. Nach einer Zeit als Sufi

Die Postkarte (um 1905) zeigt tanzende Derwische in Konstantinopel. Sie gehören zur asketischen Ordensgemeinschaft der Sufi, die u.a. durch den Wirbeltanz zur unmittelbaren Gotteserfahrung streben.

entwickelte Al-Ghazzali in seinem Hauptwerk *Die Wiederbelebung der Wissenschaften von der Religion* aus der Verschmelzung mystischer Religionserfahrung und intellektueller Durchdringung der Lehren des Korans eine ethisch tiefgründige Auffassung seiner Religion. Er vertrat eine strikte Korangläubigkeit im Sinne eines vollkommenen Gottvertrauens. Natürlich gehören die „Pfeiler des Islam" (Glaubensbekenntnis, Gebet, Fasten, Almosen, Mekka-Pilgerschaft) zum gottgefälligen Leben.

Europäischer Machtkampf

Der Zeit der Salier in Deutschland entsprach in England in etwa die Zeit der normannischen Könige. Knapp 100 Jahre hatten die Söhne und Enkel Wilhelms des Eroberers geherrscht. Fast gleichzeitig mit dem Beginn der Staufer bekam auch England mit Heinrich II. 1154 nicht nur einen neuen König, sondern eine neue Dynastie. Die Tochter des letzten Normannenkönigs hatte 1128 in zweiter Ehe den Grafen von Anjou geheiratet; und Mathilde gelang es, die Thronfolge für ihren Sohn Heinrich aus dieser Ehe zu sichern. Der Graf von Anjou pflegte einen Ginsterzweig (lateinisch *planta genista*, englisch *plantagenet*) als Helmzier zu tragen. Die Plantagenets waren „die" englische Königsdynastie des Mittelalters.

In seiner Jugend war Heinrich nicht nur englischer Thronanwärter, sondern auch Herzog der Normandie in Frankreich. Kurz vor seiner englischen Thronbesteigung heiratete er bereits im zarten Alter von 19 Jahren seine wesentlich ältere französische Nachbarin Eleonore von Aquitanien. Diese berühmteste Frau des Mittelalters war die Erbin des reichen und kulturell strahlenden Troubadour-Herzogtums Aquitanien. Damit war Heinrich auch Herr über das heutige Westfrankreich, denn die Territorien Normandie, Anjou und Aquitanien gehörten nun zusammen. Dieser englische Kronbesitz auf französischem Boden, das „Angevinische Reich", war der Zankapfel zwischen Frankreich und England – jetzt und im Hundertjährigen Krieg ab 1340.

Staufer und Welfen {ab 1160}

Unter der Herrschaft der Staufer traten die deutschen Kaiser in Italien wieder stärker in Erscheinung: Friedrich Barbarossa regierte fast 40 Jahre von 1152 bis 1190 und versuchte in zähem Kampf gegen die selbstbewussten Städte der Lombardei die alten Reichsrechte wieder durchzusetzen. Viele Städte, die sich nicht fügen wollten, schlossen sich zur Lombardischen Liga zusammen, allen voran Mailand, unterstützt von Papst Alexander III. Als Friedrich die Reichsrechte mit Waffengewalt durchsetzen wollte, versagte ihm sein mächtigster Vasall, der Welfenherzog Heinrich der Löwe, die Gefolgschaft. Staufer und Welfen war sich in alter Rivalität verbunden. Auf einem Reichstag in Würzburg 1180 wurde die Reichsacht über Heinrich verhängt und seine beiden Herzogtümer Sachsen und Bayern eingezogen. Damals wurden die Wittelsbacher Herzöge in Bayern. Heinrich ging ins Exil zu seinen englischen Verwandten; seine Gattin Mathilde war eine Schwester von Richard Löwenherz und Tochter des englischen Königs Heinrichs II. Die bittere Auseinandersetzung zwischen Staufern und Welfen übertrug sich nach Italien. Siena, Pisa, Arezzo und Spoleto hielten stets zum Kaiser. Sie waren „Ghibellinen", benannt nach der kleinen staufischen Stammburg Waiblingen. Bologna, Genua, Mantua gehörten zur Partei der Welfen, italienisch: Guelfen. Städte wie Mailand, Florenz und Verona wechselten ihre „Parteizugehörigkeit" mehrmals. Auch die Päpste waren meist „Guelfen", sprich: Anti-Kaiser.

Staufisch-welfische Thronwirren {ab 1190}

Barbarossa ertrank 1190 auf dem Zweiten Kreuzzug in Kleinasien im Alter von 65 Jahren in dem Fluss Saleph (in der heutigen

Südosttürkei). Sein Sohn Heinrich VI. verstarb früh, 1189, im Alter von 33 Jahren. Nun wählten im Reich zwei Fraktionen unter den Fürsten zwei deutsche Könige: Die einen entschieden sich für den Staufer Philipp, den Bruder Heinrichs VI. Der eigentliche staufische Thronfolger, Heinrichs Sohn, der spätere Kaiser Friedrich II., war erst vier Jahre alt. Die anderen wählten Otto, den Sohn des Welfen-Herzogs Heinrichs des Löwen. Das war der Höhepunkt der staufisch-welfischen Feindschaft und eine Art Teilung in Deutschland. Fast zehn Jahre lang konnte sich keiner von beiden gegen den anderen durchsetzen. Dann wurde der Staufer Philipp 1208 in Bamberg ermordet und Otto im Jahr darauf zwar zum Kaiser gekrönt, doch als er mit der Eroberung von Unteritalien und Sizilien begann, wählten deutsche Fürsten auf Betreiben des Papstes 1211 den fünfzehnjährigen, soeben volljährig gewordenen Friedrich zum Kaiser. Die Verwirrung war komplett.

Otto war während des Exils seines Vaters in der Normandie geboren worden und am englischen Hof aufgewachsen. Richard Löwenherz und Johann Ohneland waren Ottos Jugendfreunde und nur wenig ältere Onkel. In der nun unmittelbar bevorstehenden europäischen Auseinandersetzung standen die Welfen auf der Seite der Engländer.

Der Sonntag von Bouvines {1214}

Der französische König Philipp II. wollte das Angevinische Reich zerschlagen, aber das gelang ihm nicht, solange Richard Löwenherz König von England und Herr in seinen Ländern in Westfrankreich war. Nach Richards frühem Tod 1199 im Alter von 41 Jahren übernahm dessen schwächerer Bruder Johann den englischen Thron und das Angevinische Reich. Philipp hatte schon die Normandie besetzt, der aquitanische Adel wechselte auf die französische Seite.

Im Sommer 1214 hielt sich Johann in seinen französischen Kronländern auf, um

Historische Gebäude in der Braunschweiger Altstadt. Die Stadt in Niedersachsen entwickelte sich unter Heinrich dem Löwen im 12. Jahrhundert zu einer bedeutenden Handelsstadt.

Verbündete gegen Philipp II. zu sammeln. Er finanzierte nicht nur seine eigenen englischen Truppen, sondern auch flandrische Grafen, die sich Unabhängigkeit von Frankreich erhofften, und den deutschen Kaiser Otto, seinen Neffen und Freund aus Kindertagen. Ottos Herrschaft in Deutschland war angezählt, er selbst exkommuniziert, weil er in Italien Papst Innozenz III. in die Quere gekommen war. Der junge Stauferkaiser Friedrich II. zog erstmals triumphal durch Deutschland. Friedrich hielt in alter staufischer Tradition zum Kapetinger Philipp.

An der Ritterschlacht bei dem flandrischen Örtchen Bouvines am 27. Juli 1214 nahm der englische Plantagenet Johann nicht selbst teil. Kaiser Otto IV. führte Johanns Koalitionstruppen. Er wurde von Philipps Reitern so hart bedrängt, dass ihm schließlich nichts anderes übrig blieb, als den Rückzug anzutreten oder zu fliehen – je nach Interpretationsstandpunkt. Nach Anzahl der Gefallenen, Geflüchteten und Gefangenen war die Niederlage Ottos und Johanns vollständig. Philipp sandte die auf dem Feld zurückgebliebene Standarte des Reiches an Friedrich.

Der Ausgang der Schlacht stellte die Weichen für Jahrhunderte europäischer Geschichte: Die Staufer behaupteten sich im Reich gegen die Welfen, da Otto nun seinen letzten Rückhalt verlor. Der Thronfolgestreit war damit entschieden. Die deutschen Fürsten bestätigten Friedrich, der ihnen allerdings erhebliche Zugeständnisse machen musste. Damit war im Reich der Grundstein zur Ausbildung relativ selbstständiger Fürstentümer gelegt. Deutschland wurde fortan (bis 1871 natürlich) nie mehr zentral regiert.

Fast der ganze Westen Frankreichs fiel an die französische Krone, und Frankreich wurde zur Vormacht in Europa. Genau im Gegensatz zu Deutschland entwickelte sich hier ein starkes dynastisches Zentrum mit der einen Hauptstadt Paris. Philipp wurde zum bedeutendsten französischen Herrscher des Hochmittelalters; der Sieg von Bouvines brachte ihm den Beinamen Augustus ein.

Johann musste Philipps Bedingungen zur vollständigen Rückgabe seiner Länder akzeptieren und kehrte „ohne Land" nach England zurück. Auch das hatte erhebliche Folgen.

Magna Charta {1214/1215}

Johann kehrte gedemütigt nach England heim. Damit er sich dort auf dem Thron halten konnte, trotzten ihm die englischen Barone die *Magna Charta libertatum* („Der große Freiheitsbrief") ab.

In der in ganz Europa und der westlichen Welt als erste Freiheits- und Verfassungsurkunde betrachteten Magna Charta ließen sich die englischen Adeligen althergebrachte Lehensrechte bestätigen und gegen willkürliche Übergriffe der Krone sichern. Sie betraf aber auch den Bauernschutz, Handelsfreiheiten mit auswärtigen Kaufleuten und ein Widerstandsrecht gegen unrechtmäßige Akte der Krone. Erst als Johann die Magna Charta am 15. Juni 1215 unterschrieben hatte, erneuerten die Barone am 19. Juni ihren Treueid. Noch die Verfassung der Vereinigten Staaten (1787) bezieht sich auf dieses Dokument.

Kirche und Ketzer

Im Jahr der Magna Charta hielt Papst Innozenz III. das Vierte Lateran-Konzil ab. Kurz zuvor waren im Süden Frankreichs die Katharerkriege entbrannt, angeführt von den französischen Königen Philipp II. und seinem Sohn Ludwig VIII. als Kreuzzug gegen die „Ketzer". Das war der große Auftakt zur Ketzerverfolgung im Spätmittelalter.

Viertes Lateran-Konzil {1215}

Sitz des Papstes in Rom war seit der Antike und während des gesamten Mittelalters nicht der Vatikan, sondern die am Rande des antiken und erst recht des mittelalterlichen Rom gelegene Basilika S. Giovanni in Laterano, St. Johannes im Lateran, kurz „Lateran".

Dort wurden mehrere Konzilien abgehalten, das bedeutendste war das vierte Lateran-Konzil 1215 unter Innozenz III., viele seiner Beschlüsse haben heute noch ihre Wirkung. Das Konzil war mit 1200 Äbten und Bischöfen stark besucht und Innozenz III., gelernter Kirchenrechtler, war bestens vorbereitet. Siebzig Dekrete und Dogmen lagen fertig formuliert bereit zum Abnicken. Die Zahl der Sakramente wurde auf sieben festgelegt; die Heiligen- und Reliquienverehrung bedurfte jetzt der päpstlichen Kanonisation; die Ehe wurde zum Sakrament erklärt. Vor allem aber gab es nun ein verbindlich formuliertes Glaubensbekenntnis – eine wichtige Voraussetzung zur Feststellung der Abtrünnigkeit.

Katharer {1208–1229}

Der Katharerglaube war ein asketisches, ethisch strenges Christentum: Die Welt galt ihnen als „böse", weil vom Teufel beherrscht. Nur durch gutes Verhalten und Reinheit lässt sich das Gottesreich gewinnen; griechisch *katharos* bedeutet „die Reinen". Von „Katharer" ist das Wort „Ketzer" abgeleitet. Die Aufnahme in die katharische Kirche, die sich durch presbyterhafte Züge mit flachen Hierarchien auszeichnete, erfolgte durch Handauflegen: die sogenannte Geisttaufe. Bei ihnen verband sich eine als häretisch angesehene Praxis erstmals mit einer Volksbewegung.

Der südfranzösische Adel stand gegen König Philipp und hinter den Katharern. Philipp und sein Sohn Ludwig VIII. führten die Kriege mit großer Grausamkeit. In Béziers wurde die Bevölkerung 1209 massakriert. Mit der dramatischen Belagerung der letzten katharischen Bergfestung Montségur und der Ausrottung der Katharer war Südfrankreich dann fest in französischer Hand und die katharische Ketzerei für die Kirche beseitigt.

Inquisition {ca. 1230}

Natürlich waren von der Kirche erfahrene Prediger, vor allem aus dem Zisterzienserorden, zur Bekehrung der Abtrünnigen entsandt worden. Unter ihnen auch der junge Dominikus, der Begründer des Dominikanerordens, in dessen Händen von da an die Inquisition lag.

Ein Konzil in Toulouse regelte 1229 im Wesentlichen das Verfahren der *inquisitio haereticorum,* der „Untersuchung der Häretiker". Die Beschuldigten hatten durchaus Rechte im Verfahren, das auf Verhör und Zeugenbefragungen hinauslief. Es gab sogar „Freisprüche", falls die häretische Gesinnung nicht erwiesen werden konnte. Man war nicht darauf aus, alle Ketzer auf dem Scheiterhaufen zu verbrennen, meistens genügten den Inquisitoren Bußübungen. Die Mitwirkung des „weltlichen Arms" bei der Ketzerverfolgung hatte der junge Kaiser Friedrich II. schon 1220 genehmigt und die Verbrennung als Todesstrafe für hartnäckige Ketzer verfügt. Die Folter im Inquisitionsprozess wurde erst 1352 durch Papst

Die ehemalige Katharerhochburg Carcassonne in der südfranzösischen Region Languedoc. Berühmt ist vor allem die auf einem Hügel gelegene Festung *Cité de Carcassonne.*

Innozenz VI. genehmigt. Die besonders krassen Autodafés (Ketzerverbrennungen) in Spanien und der Großinquisitor wurden erst 1478 eingeführt. In Deutschland spielte die Inquisition bis zum Beginn der Hexenprozesse um 1450 kaum eine Rolle.

Die Inquisition erscheint heute so gewaltsam, weil Strafprozesse über Glaubensfragen geführt wurden; das ist wegen der Religionsfreiheit mittlerweile undenkbar. Auch die Anwendung der Folter ist natürlich nicht mehr erlaubt. Andererseits war die Inquisition prozessrechtlich gesehen insofern „modern", weil erstmals Protokolle geführt und die Untersuchungsrichter sich an ein vorgeschriebenes Verfahren („Prozess") halten mussten. Erstmals wurde „von Amts wegen" ermittelt. Bisher hatte das mittelalterliche Prinzip gegolten: Gab es keinen Kläger, dann gab es auch keinen Richter – selbst bei schweren Verbrechen.

Bettelorden {um 1204}

Um das Jahr 1000 begannen die Städte rapide zu wachsen. Könige und Fürsten förderten dies durch die Verleihung von (Steuer-)Privilegien und „Freiheiten". Innerhalb dieser für das Mittelalter vergleichsweise großen Volksmassen entstanden die Bettelorden als Alternativbewegung gegen die Oberschicht. Die beiden ersten, Franziskaner und Dominikaner, sind nach ihren Gründern, Franziskus von Assisi (1182–1226) und Dominikus (1170–1221) benannt. Giovanni Bernadone, genannt Francesco, war ein reicher Tuchhändlersohn aus Assisi mit guter Ausbildung, in seiner Jugend ein ausgesprochener Partylöwe. Eine einjährige Kriegsgefangenschaft um 1204 legte den Grundstein für seine innere Umkehr. Weil er zu viel für wohltätige Zwecke spendete und Baumaterial für eine Kirchenrenovierung sammelte, klagte sein Vater ihn vor Gericht an. Der Legende nach zog sich Francesco während des Prozesses nackt aus und machte damit seinen Protest gegen seinen Vater und die „unchristlichen Sitten" seiner Zeit deutlich. Fortan zog er als Wanderprediger

Auf dem Stahlstich aus dem 19. Jahrhundert ist dargestellt, wie man sich eine Ketzerverbrennung durch die spanische Inquisition vorstellte.

terung des Mongolenreichs, die dieser mit schrecklicher Durchschlagskraft ausführte. Zuerst beendete er die Herrschaft der Seldschuken in Anatolien. Seine Absicht, die syrisch-palästinensische Levante zu erobern, vereitelten die Mameluken aus Ägypten. Sie konnten Syrien halten (und beherrschten den Nahen Osten anschließend jahrhundertelang). Hülegü wandte sich daraufhin nach Osten und nahm im Handstreich die „uneinnehmbare" persische Assassinen-Festung Alamut ein.

Das wirtschaftlich und innenpolitisch längst geschwächte Bagdad war wehrlos, aber der Abbasiden-Kalif verweigerte hochmütig die Unterwerfung. So wurde das mittelalterliche Bagdad, neben Konstantinopel die zweitgrößte Stadt der alten Welt, 1258 durch den Mongolensturm völlig zerstört, ja entvölkert. Hülegüs Truppen erschlugen 250 000 Menschen, die Bibliothek des Hauses der Weisheit wurde in den Tigris geworfen. Die Mongolen vernichteten das jahrtausendealte Bewässerungssystem im Zweistromland. Dies war der Beginn der Ver-Wüstung Mesopotamiens. Auch unter den Osmanen war Bagdad ab 1534 nie mehr als eine Provinzhauptstadt. Ein gewisser Aufschwung kam dann erst wieder im 19. Jahrhundert.

Unter der Oberhoheit des Großkhans errichtete Hülegü in den von ihm eroberten Gebieten das Reich der Ilchane (1256–1335). Obwohl das Ilchan-Reich politisch schnell instabil wurde, blühten im persischen Kernland Wirtschaft, Fernhandel, Kunsthandwerk (Architektur, Buchmalerei) und Kultur.

Mameluken {1250}

Ursprünglich waren Mameluken gekaufte Sklaven. Schon seit der Zeit der Abbasiden wurden sie in Bagdad als Elitesoldaten eingesetzt. Auch Saladins Leibgarde bestand aus Mameluken. Saladins Familie, die kurdischen Ajjubiden, beherrschte seit der Zeit des Zweiten Kreuzzugs Ägypten und den Nahen Osten. Nach dem Tod des letzten Ajjubiden-Sultans heiratete der Mameluken-General Aybak dessen Witwe und übernahm die Macht in Ägypten. Nach der Eroberung Bagdads durch Hülegü 1258 zog der nunmehr machtlose Abbasiden-Kalif nach Kairo um – ein beträchtlicher Prestigegewinn für die Mameluken in der islamischen Welt.

➡ ***Was danach geschah:*** Von den Ajjubiden Saladins übernahmen die Mameluken also die Herrschaft in Ägypten und die Vorherrschaft in Palästina und Syrien. Sie verbündeten sich sogar mit den Kreuzfahrern, um Syrien gegen die Mongolen zu behaupten. 1517 mussten sich die Mameluken der osmanischen Oberherrschaft beugen, de facto aber regierten sie in ihrem angestammten Gebiet weiter. Um 1680 schüttelten die Mameluken die Osmanen wieder ab und regierten Ägypten und den Nahen Osten – während der europäischen Barock- und Aufklärungszeit sogar Irak – bis weit ins 19. Jahrhundert hinein. Im Grunde also verharrt seit dem Spätmittelalter der heute so explosive Nahe Osten spannungslos, friedlich und selbstzufrieden im orientalischen Gleichmaß seiner Tage unter der mamelukischen oder osmanischen Glocke, allerdings auch ohne sich seither in irgendeiner Weise zu entwickeln.

WELT IM UMBRUCH

ca. 1300 bis 1500

Herbst des Mittelalters in Europa

In den 150 Jahren zwischen 1300 und dem Fall von Konstantinopel 1453 wirkt Europa besonders januskӧpfig. Offenbar hatte vor allem die kulturelle Berühung mit dem Orient in der Kreuzzugszeit wie ein Erweckungskuss gewirkt.

Im Orient hatte man erstmals Windmühlen gesehen, man hatte das indisch-arabische Zahlenrechnen übernommen, verfeinerte Textil- und Waffenverarbeitung sowie – ganz wichtig! – die Papierherstellung kennengelernt. Die an raues Klima gewöhnten West- und Mitteleuropäer sahen ganz neue Anbaupflanzen wie Reis und Zuckerrohr. Bereits die Kreuzfahrerstaaten finanzierten sich im Wesentlichen durch den von den Arabern abgeschauten Zuckerrohranbau. Diese hatten ihn im Frühmittelalter aus Indien übernommen.

Auch der Orient war im Umbruch: Durch den Mongolensturm war die Einheit des Kalifatreichs endgültig zersplittert. Der Nahe Osten wird von Kairo aus durch die Mameluken regiert, der Mittlere Osten bis auf Weiteres durch die mongolisch-stämmigen Ilchane; in Westanatolien beginnt der Aufstieg der türkischen Osmanen, und in China wird die „Fremdherrschaft" der mongolischen Yüan 1368 durch die einheimische Ming-Dynastie ersetzt.

Viele Kreuzfahrer hatten es mit eigenen Augen gesehen: Es gibt auch noch andere Kulturen, andere Landschaften, Klimaten, sogar andere Tiere und Früchte, also ganz andere Lebenswelten als im rückständigen feudalen Europa. Sie waren wie Provinzler, die nach jahrhundertelangem Dornröschenschlaf unter ihren Burg- und Kirchtürmen auf dem Land erstmals in eine quirlige Großstadt kommen.

Im Sinne des Wortes war Neugier geweckt. Das brachte Unruhe mit sich. Man hatte noch keine konkrete Vorstellung von neuen Lebens-, Kultur- oder gar Staatsformen, aber man begann danach zu suchen.

Die etablierten Kräfte spürten womöglich die unterschwellige Erosion. Noch hatte sich das „moderne" Europa der Renaissance nicht gefunden. Man verharrte noch in den aufs Höchste verfeinerten ritterlichen, spätgotischen Lebens- und Kunstformen. Aber man arbeitete daran. Außerdem erschütterten die Pest-Krisen jene Zeit des Umbruchs.

Im Laufe dieser 150 Jahre wird Italien zum kulturellen Impulsgeber Nummer eins in Europa: Literatur, Architektur, Malerei, Bildhauerei, Philosophie und nicht zuletzt Musik. Alles wird in Italien neu erdacht und neu erfunden und vor allem auch immer wieder weiterentwickelt.

Seit dem Spätmittelalter reisen die Scholaren und erst recht seit der Renaissance-Zeit auch die jungen Adeligen, Gelehrten und wohlhabende Bürger aus ganz Europa nach Italien, um Bildung im europäischen Sinn zu erwerben: Die *Grand Tour*; am Ende auch Goethes Vater und Goethe selbst. Im 19. und bis weit ins 20. Jahrhundert folgten ihnen die Studienräte.

Ablasshandel und Jubeljahr – Erstes „Heiliges Jahr" {1300}

Unter Papst Bonifaz VIII. (1294–1303) stand die Kirche auf dem Gipfelpunkt ihrer weltlichen Macht. Keine wesentliche politische Entscheidung in Europa wurde ohne den

Papst Bonifaz VIII. verkündet das „Heilige Jahr" 1300 (Fresko des italienischen Malers Giotto).

Segen des Papstes getroffen. Bonifaz legte das in einer Bulle ausdrücklich fest. Doch Hochmut kommt vor dem Fall. Fünf Jahre nach Erlass der Bulle zwang der französische König die Päpste ins französische Exil nach Avignon.

Um der Kirche eine neue Einnahmequelle zu erschließen, verkündete Papst Bonifaz VIII. 1300 erstmals ein „Heiliges Jahr": Allen Christen wurde ein Sündenablass in Aussicht gestellt, wenn sie nach Rom pilgerten. Der Erfolg war überwältigend. Das Gedränge auf der Engelsbrücke von der Altstadt zum Vatikan war so groß, dass man Linksverkehr einführen musste. Der schwunghafte Ablasshandel verbesserte nachhaltig die Lage der päpstlichen Finanzkassen. Schon im alten Israel hatte es die Tradition gegeben, in jedem fünfzigsten Jahr einen Schuldenerlass durchzuführen, angekündigt durch das Blasen des Schofars, eines Kultinstrumentes aus Widderhorn. „Widderhorn" heißt auf Hebräisch *jovel*. Die Verbindung von Jubel und Ablass ist also seit biblischen Zeiten sehr eng. Mit dem Ablasshandel betrieb die Kirche in den folgenden 200 Jahren einen derartigen Missbrauch, dass Martin Luther, davon angewidert, über Maßnahmen zu einer tiefgreifenden Reform der Kirche nachsann. Nachdem er sie per Thesenanschlag veröffentlicht hatte, entwickelte sich daraus die Reformation.

Unam sanctam {1302}

ist der Titel einer der berühmtesten Papstbullen. 1302 verkündete Bonifaz VIII. die Doktrin von der übergeordneten Stellung des Papsttums über alle weltlichen Gewalten. Anlass war ein jahrelanger Streit um eine Kleriker-Steuer mit dem französischen König Philipp IV., genannt der Schöne, der von 1285 bis 1314 regierte. Philipp IV. verhinderte den Transfer des Geldes nach Rom. Daraufhin exkommunizierte Bonifaz den König.

Aus dem triumphalen Veranstaltungserfolg des Heiligen Jahres folgerte Bonifaz, die ganze Christenheit läge ihm zu Füßen. Er hatte sich verschätzt. Die Bulle diente dazu, die Exkommunikation Philipps und seine Vorladung nach Rom theoretisch zu untermauern. Aus Bibelstellen wird sodann der weltliche Machtanspruch der Kirche mit dem Hinweis begründet, dass alle Menschen Sünder seien, auch die Könige, und folglich der Papst über allen stehe und alle ihm zu Gehorsam verpflichtet sind.

Die Illustration aus dem 19. Jahrhundert stellt das blühende Geschäft der katholischen Kirche mit dem Ablasshandel dar.

Mit dieser Auffassung hatte noch Papst Gregor VII. (*Dictatus Papae*) den deutschen Kaiser Heinrich IV. in Canossa auf die Knie zwingen können, mittlerweile wurde das als eine Einschränkung der Souveränität des französischen Königs empfunden. Philipp berief, erstmals in der Geschichte Frankreichs, im April 1302 eine Nationalversammlung ein, die „allgemeine Versammlung der Stände" (*Etats généraux*). Dadurch versicherte sich erstmals ein Monarch der Unterstützung der öffentlichen Meinung. Philipps persönliche Frömmigkeit war über jeden Zweifel erhaben. Im Canossa-Konflikt war noch der Papst der moralisch Stärkere gewesen.

Im Jahr darauf ließ Philipp IV. den Papst seine tatsächliche Macht spüren. Französische Söldner plünderten den Papstpalast. Der Achtzigjährige bekam drei Tage lang nichts zu essen und zu trinken. Guillaume de Nogaret, der französische Gesandte, ohrfeigte den Papst und verlangte dessen Abdankung. Bonifaz weigerte sich. Da die Franzosen den Papst nicht töten wollten, zogen sie nach drei Tagen wieder ab. Bonifaz starb nach diesem Schock im folgenden Monat.

Blick auf den Papstpalast in Avignon mit der Brücke von Avignon im Vordergrund

„Babylonische Gefangenschaft" der Päpste {1309}

Der unmittelbare Nachfolger von Bonifaz war nach kurzem Pontifikat verstorben. Nun beugte sich das Konklave dem Willen des damals mächtigsten Herrschers in Europa und wählte 1305 dessen verlängerten Arm in Rom, den französischen Kardinal Clemens V. zum Papst.

Clemens verlegte 1309 den Sitz des Papstes nach Avignon, ringsherum von französischem Territorium umgeben. Die Päpste waren dort praktisch Gefangene des französischen Königs. Damit war der universelle Anspruch des Papsttums den nationalen Interessen eines Monarchen untergeordnet, ein herber Ansehensverlust und ein Signal für das Ende des Mittelalters. Die Päpste blieben fast 80 Jahre, bis 1376, in der provenzalischen Stadt. Nach dem Triumph des Jubelfestes von 1300 war wenige Jahre später die mittelalterliche Vorherrschaft der Päpste unwiderruflich gebrochen.

Clemens begünstigte in schamloser Weise seine Verwandten und französischen Freunde, indem er sie zu Kardinälen ernannte. Avignon wurde in ganz Europa ein Inbegriff des Luxus, des Lasters und der Verschwendung, der Papsthof als „klementinischer Jahrmarkt" verspottet. Das Spätmittelalter schwankt extrem zwischen tiefster Frömmigkeit und Abgründen der Dekadenz.

Der Schatz der Templer

Papst Clemens erwies sich auch als willfähriges Instrument bei der Zerschlagung des Templerordens. Der Finanzbedarf, man kann auch sagen die Geldgier, des französischen Königs war ungeheuer. Er manipulierte nicht nur die Währung durch Münzverschlechterung und belastete die Juden außerordentlich, sondern besteuerte auch den Klerus, was bis dahin im Mittelalter noch nie vorgekommen war. Der Templerorden – von Steuern befreit – hatte ein großes Vermögen angehäuft. Seine Zentrale, der Temple von Paris, war so etwas wie eine Bank, wo bedeutende Vermögenstransaktionen abgewickelt wurden, auch für die französische Krone. In dieser stark befestigten Burg wurde ein Teil des französischen Kronschatzes verwahrt, neben den Geldern der Templer. Zumindest das war der Schatz der Templer. Philipp befand sich in einer gewissen Abhängigkeit vom Templer-Orden, der in Frankreich so etwas wie einen Staat im Staate bildete.

Die Vorwürfe gegen die Templer lauteten auf Teufelsanbetung und „Sodomie" (damals meinte man damit Homosexualität). Obwohl ein Konzil 1311 festgestellt hatte, dass die Vorwürfe der Ketzerei und Gotteslästerung unhaltbar seien, hob Clemens V. den Orden auf. Guillaume de Nogaret sorgte für die erbarmungslose Verfolgung der Tempelritter. Sein bester Komplize muss Papst Clemens gewesen sein. Mit seinen letzten Worten auf dem Scheiterhaufen verfluchte Jacques de Molnay, der letzte Großmeister des Ordens, „Papst Clemens! Ritter Guillaume de Nogaret! König Philipp! ... bis ins dreizehnte Glied!"

➡ ***Was danach geschah:*** In Frankreich wurde im 13. Jahrhundert das Territorium erweitert und die Zentralmacht des Königtums gestärkt: durch den Sieger von Bouvines, Philipp II., seinen Sohn Ludwig VIII., der den „Kreuzzug" gegen die Katharer beendete, Ludwig IX., den „Friedensfürsten", der dem Königtum einen beinahe sakralen Nimbus verlieh und den Papst-Bezwinger und Templer-Vernichter Philipp IV. Gleichzeitig vollzog sich in England im Anschluss an die Magna Charta eine andere Entwicklung des Königtums. Hier traten Vorformen des Parlaments neben den König.

Parlament {1237}

Erstmals im Jahr 1237 ist in England von einem *parliamentum* die Rede, damals eine Art Adelsversammlung aus Bischöfen und Grafen um König Heinrich III., Sohn von Johann Ohneland. Mehrmals musste er die Magna Charta bestätigen und dem Adel weitere Rechte einräumen. Einer Vereinbarung von 1258 zufolge sollten die Entscheidungen des Königs fortan von einem kleineren Kronrat gebilligt und dem *parliamentum* vorgelegt werden, das dreimal im Jahr tagte. Als Heinrich sich weigerte, war die Opposition gegen ihn so stark, dass es 1264 bei Lewes zu einer Schlacht kam, bei der die königliche Familie in Gefangenschaft geriet.

House of Commons {1264}

Um sein Königsamt weiter ausüben zu können, musste Heinrich erneut Zugeständnisse machen. 1264 und 1265 wurden erstmals Abgeordnete aus dem einfachen Ritteradel und Bürger aus den Städten zu den *parliamentum*-Versammlungen zugelassen. Diese Gruppe bezeichnete man als *Commons* („die gewöhnlichen, die einfachen Leute"). 1295 konstituierten sich die *Commons* als „dritter Stand" im englischen Königreich. Das war kein Parlament im Sinn der Neuzeit, aber hier liegen die Anfänge dafür.

Dieses Kreuz war das Zeichen des Templerordens.

Westminster {1295}

In einer sumpfigen Gegend nahe der Themse und westlich der City of London gab es schon seit angelsächsischer Zeit, also noch vor den Normannen, eine Königsresidenz. König Heinrich ließ diesen Palast im gotischen Stil ausbauen. 1295 tagte in der größten Versammlungshalle, in Westminster Hall, das *Model Parliament*, was man als Beginn der Parlamentsgeschichte in England bezeichnet. Im prachtvollen gotischen Neubau von Westminster wurden aber auch eine Hofkanzlei, ein Schatzamt und ein Königsgericht eingerichtet. Allmählich bildete sich aus diesen Verwaltungsinstitutionen „die Krone", also Körperschaften, die unabhängig vom jeweiligen König immer funktionierten. Das Amt konnte nun überdauern, auch wenn die Person des Königs schwach war.

Im selben Jahr kam in Frankreich der dritte Sohn Philipps des Schönen zur Welt, der letzte Kapetinger. Karl IV. von Frankreich regierte 1322 bis 1328. Dann starb er im Alter von 33 Jahren ohne männlichen Erben.

Pest-Zeit

Mitte des 14. Jahrhunderts wütete in Europa die Pest. Der Begriff „Schwarzer Tod" wurde damals nicht verwendet; er entstand erst um 1830. In Deutschland sprach man eher von „Pestilenz", damit eng verknüpft ist der sprichwörtliche „pestilenzialische Gestank". Dessen Bekämpfung mit Räucherwerk war denn auch eine der typischen hilflosen „ärztlichen" Maßnahmen der Zeit.

Die Pest wurde aus Asien wahrscheinlich mit Schiffen über das Schwarze Meer eingeschleppt. Konstantinopel mit seinen katastrophalen hygienischen Verhältnissen blieb einer der Hauptherde. Entlang der Schifffahrtsrouten breitete sich die Seuche demzufolge am schnellsten und am intensivsten aus. Teile Italiens und Südfrankreichs sowie Norddeutschland waren daher immer wieder stärker betroffen. In Florenz, wo die

Der flämische Maler Pieter Bruegel der Ältere stellt auf seinem um 1562 entstandenen Gemälde „Der Triumph des Todes" dar, wie der Tod über die Menschen siegt.

Das goldene Siegel Karls IV. zeigt den thronenden Kaiser mit Reichsapfel in der einen und Zepter in der anderen Hand.

Pest besonders heftig wütete, starben mehr als drei Viertel der Bewohner. Insgesamt tötete die Pest ein Drittel der europäischen Bevölkerung, rund 20 bis 25 Millionen Menschen, in Deutschland schätzungsweise zehn Prozent.

Totentanz – Geißlerzüge – Brunnenvergifter {ca. 1350}

Begleiterscheinung der Pest war ein übersteigertes Büßer- und Geißlertum, in der Kunst dargestellt als „Totentanz", in Frankreich als *Danse macabre*. Die Geißler- oder Flagellantenzüge hatten sich, ausgehend von Italien, blitzartig in ganz Europa verbreitet. Bis ins 19. Jahrhundert hielt man Krankheiten oft für eine „Strafe Gottes", so kam es zu dieser „religiösen" Bekämpfung der Seuche. Eine andere Begleiterscheinung waren teilweise massive Pogrome gegen Juden. In Deutschland fielen ihnen Tausende zum Opfer, noch mehr wurden vertrieben. Die Beschuldigung lautete meistens, Juden hätten Gift in die Brunnen geträufelt. Papst Clemens VI., der so willfährig nach Avignon übergesiedelt war, sah allerdings keinen Zusammenhang, da die Pest auch dort wütete, wo keine Juden lebten, und beschützte sie in seinem Machtbereich.

Goldene Bulle {1356}

Prag war einer der Orte, der von der großen Pestepidemie verschont blieb. Der spätere Kaiser Karl IV. aus dem Hause Luxemburg wurde 1316 hier geboren und ursprünglich auf den böhmischen Namen Wenzel getauft. Er wuchs am französischen Hof auf und war als junger Mann lange durch Italien gereist; der sehr gebildete junge Prinz sprach fünf Sprachen. In der Nachfolge seines Vaters wurde Wenzel als Karl IV. 1347 böhmischer König und 1349 deutscher Kaiser. Kurz nach seinem Regierungsantritt gründete er 1348 in Prag die erste Universität nördlich der Alpen. Er machte Prag zu einem Zentrum der spätmittelalterlichen Kultur. Mit der Goldenen Bulle erließ er eines der wichtigsten Grundgesetze, eine Art Verfasssung, für das Heilige Römische Reich.

Bullen waren die aus Wachs oder Blei bestehenden Siegel, mit denen man die Echtheit wichtiger Urkunden verbriefte. Sie sind der Vorläufer des Amtsstempels auf Führerschein, Baugenehmigung und dergleichen. Man bezeichnete aber auch das gesamte Dokument – hauptsächlich die Urkunden der Päpste – als Bulle. Im deutschsprachigen Raum bezieht sich „Goldene Bulle" eigentlich immer nur auf die von Karl IV. erlassene Bulle von 1356. Sie blieb bis zum Ende des Heiligen Römischen Reiches (1806) in Kraft, regelte endgültig die Wahl des „römischen" Kaisers und bestätigte vor allem die sieben Kurfürsten, die sich bis dahin herausgebildet hatten, in ihrem (alleinigen) Wahlrecht.

Die Goldene Bulle schuf im Wesentlichen kein neues Recht, sondern schrieb eine überkommene Praxis für die Zukunft fest. Neu war allerdings, dass die Berechtigung zum Führen des Kaisertitels nicht mehr von der Zustimmung des Papstes abhing. Endgültig seit der Goldenen Bulle war damit der deutsche König auch automatisch „römischer Kaiser". Dementsprechend verloren die Papstkrönungen an Bedeutung. Der letzte deutsche König, der von einem Papst gekrönt wurde, war Karl V.

Heiliges Römisches Reich deutscher Nation

Bis in die Zeit der Ottonen sprach man nur vom *Regnum Francorum* oder vom *Regnum Teutonicum*. Während der Zeit der Salier wird erstmals die Bezeichnung *Imperium Romanum* aktenkundig (1034). Im Zusammenhang mit den um das Jahr 1000 umlaufenden apokalyptischen Weltuntergangsszenarien gab es eine mittelalterliche Geschichts„theorie", die auf einer Bibelstelle im Buch Daniel beruhte und eine Abfolge von Weltreichen – Babylon, Perser, Alexander, Rom – postulierte. Durch die Übertragung der Kaiserwürde an Karl den Großen sei die römische Kaiserwürde bei den fränkischen Herrschern und letztlich bei den Deutschen angekommen. So wurde das *Regnum Francorum* begrifflich gesehen zum *Imperium Romanum*.

Als sich Friedrich Barbarossa in Italien in der Auseinandersetzung mit dem Lombardischen Bund und der *Sancta Ecclesia* des Papstes zu behaupten versuchte, überhöhte sein Kanzler das *Imperium Romanum* zum *Sacrum Imperium Romanum* (Heiliges Römisches Reich). Wesentlicher Bestandteil dieses Propagandafeldzuges war übrigens die Übertragung der Reliquien der Heiligen Drei Könige (Könige!) aus dem besiegten Mailand nach Köln. Für deren Aufbewahrung wurde der prächtige Dreikönigsschrein in Auftrag gegeben. Außerdem veranlasste die Reichskanzlei die Heiligsprechung Karls des Großen einschließlich einer feierlichen Umbettung von dessen Gebeinen. Bei dieser Zeremonie spielte Barbarossa die zentrale Rolle. So wurde das Kaisertum sakralisiert, „heilig" gemacht. Ähnliches hatte sich kurz danach in Frankreich vollzogen, wo man König Ludwig IX. (reg. 1226–1270) im Jahr 1297 heiligsprechen ließ (Saint Louis) und damit das französische Königtum sakral überhöhte. Unter Karl IV. trat bei der Ausfertigung der Goldenen Bulle ausdrücklich der Zusatz hinzu, dass es „deutsche Nationen", deutschsprachige Fürsten waren, die den „römischen" Kaiser wählten: das Heilige Römische Reich deutscher Nation.

Der Bau der Frauenkirche am Hauptmarkt in der Nürnberger Altstadt wurde von Karl IV. Mitte des 14. Jahrhunderts in Auftrag gegeben.

Abendländisches Schisma {1378–1417}

1376 erschien die heilige Katharina von Siena persönlich in Avignon, um den dort amtierenden Papst Gregor XI. zur Rückkehr nach Italien zu bewegen, denn dort und im Kirchenstaat waren die Verhältnisse mittlerweile völlig außer Kontrolle geraten. Inzwischen gab es zwei Päpste. Frankreich erkannte natürlich den Papst aus Avignon an, das Reich stand hinter dem Papst in Rom.

Gregor XI. starb 1378. Nachfolger wurden Urban V. auf der einen (römischen) Seite und Clemens VII. auf der Seite Avignons. Beiden fehlten Macht und Wille, die bürgerkriegsähnlichen Zustände in Italien zu beenden – im Gegenteil, man schürte sie teilweise noch. Das Schisma spaltete ganz Europa. Die Gegenpäpste aus Avignon hatten natürlich kein Interesse, es zu beenden. Der Papst aus Avignon wurde von den iberischen Königreichen Kastilien, Aragón, Portugal und von Neapel-Sizilien anerkannt. Hinter dem römischen Papst standen das Reich, England, Ungarn und Polen. Das Abendländische Schisma wurde erst auf dem Konzil von Konstanz (1414–1418) beigelegt. Inzwischen hatte man auch in Frankreich eingesehen, dass die Spaltung des Papsttums auf die Dauer nicht aufrechterhalten werden konnte und den deutschen König und späteren Kaiser Karl IV. um Vermittlung gebeten. Dessen Bruder, König Sigismund, war auf dem Konzil die treibende Kraft zum Ausgleich. Im Konstanzer „Konzilsgebäude“ wurde 1417 Martin V. als von allen anerkannter Papst gewählt. Der einigte sich 1429 mit dem letzten Gegenpapst über dessen Rücktritt.

Gutenberg-Denkmal in Straßburg, wo Johannes Gutenberg mehrere Jahre lebte

Hussiten {ca. 1415}

In Konstanz wurden auch die als ketzerisch verurteilten Lehren des Engländers John Wyclif (der bereits gestorben war) und des Böhmen Jan Hus verurteilt. Hus (1370–1415) hatte in seinen Schriften Wyclif ausgiebig zitiert. Auch kritisierte er, was später Luther gegen die Amtsträger der Kirche aufbrachte: „Die Priester predigen wohl gegen unsere Unzucht und unsere Laster, aber von den ihrigen sagen sie nichts.“ Priester und Mönche galten als Inbegriff der Heuchelei. In Böhmen war Hus sehr populär, er predigte auf Tschechisch und beflügelte das Nationalbewusstsein der Tschechen, die sich von der deutschen Oberschicht diskriminiert fühlten. (Prag war damals Residenz der Kaiser.) Hus war 1415 gegen die Zusage von freiem Geleit nach Konstanz gekommen, wurde aber festgenommen und als Ketzer verbrannt. Nach seinem Tod wurde die Hussiten-Bewegung eine bürgerkriegsähnliche Bedrohung von Brandenburg über Sachsen, Böhmen und Bayern bis Ungarn und Polen. Das Zentrum der hussitischen „Ketzer“ blieb Böhmen. Die Truppen von Kaiser Sigismund wurden bei ihren „Kreuzzügen“ regelmäßig von den hussitischen geschlagen, bis sich die Hussiten spalteten. Die Mischung aus „Religionskrieg“ und tschechischem Nationalaufstand war ein Vorspiel des Dreißigjährigen Krieges.

Buchdruck {ca. 1450}

Nach den schlimmsten Wellen der Pest im auslaufenden Spätmittelalter und fast schon an der Schwelle zur Renaissance auch nördlich der Alpen gelingt Johannes

Druckmaschinen wie diese sorgten dafür, dass man Bücher nun schnell, günstig und in großen Mengen produzieren konnte.

Gutenberg (ca. 1397–1468) zunächst in etwas mühsamer handwerklicher Erfinderarbeit, aber letztlich erfolgreich, die epochale Innovation des Buchdrucks. Jahrhundertelang hatte es keinen vergleichbaren technischen Fortschritt gegeben und es sollte lange dauern, bis eine ebenbürtige Neuerung folgte. Die kulturellen Folgen dieser technischen Erfindung können gar nicht überschätzt werden. 1962 pägte der einflussreiche kanadische Medientheoretiker Marshall McLuhan, der auch das Schlagwort „Globales Dorf" erfunden hat, das Wort von der Gutenberg-Galaxis für das seither in schriftlicher Form leicht zu vervielfältigenden Weltwissen.

Die gesamte Technik des Buchdrucks besteht nicht nur aus dem einzigen Vorgang des Pressens, deshalb ist die oft anzutreffende Bezeichnung Johannes Gutenbergs als „Erfinder der Druckerpresse" nicht besonders genau. Das Druckverfahren besteht aus mehreren Einzelschritten vom Herstellen bzw. Gießen der Lettern über das Einschwärzen mit Druckerfarbe bis zum Pressen. Gutenberg hat für alle Produktionsstufen entscheidende Verbesserungen vorgenommen. Bis dahin wurde auch schon gedruckt – Holzschnitte zum Beispiel –, aber auf umgebauten Most- oder Weinpressen. Das Entscheidende war die Kombination von in beliebiger Anzahl herstellbaren, „beweglichen" Lettern, die mit der Presse in einen Winkelrahmen "gesetzt" wurden.

Das Verfahren hatte unglaublichen Erfolg. Zwischen 1470 und 1490 erhöhte sich die Zahl der Druckorte in Europa von 17 auf 204. Die wichtigsten Druckwerke waren zunächst Ablassbriefe und Kalender. Man hat die schnelle Verbreitung der Reformation mit dem „neuen Medium" in Verbindung gebracht. Auch die Alphabetisierung der Bevölkerung in den nachfolgenden Jahrhunderten wäre ohne massenweise gedruckte Bücher nicht denkbar. Der Buchdruck ist das erste „industrielle" Herstellungsverfahren eines Produkts, das mehrmals vervielfältigt wird.

Mit seinem Hauptwerk, der 42-zeiligen Gutenberg-Bibel, einer lateinischen

ENTDECKUNGEN UND ERFINDUNGEN

Kompass {um 1300}

Die Eigenschaft der Magnetsteine, sich nach Nord-Süd auszurichten, war schon in der Antike und im alten China bekannt. Die Chinesen nutzen seit der Zeit um 1000 Nasskompasse, bei denen die Nadel in Flüssigkeit schwimmt. Um 1200 wurden erstmals in Südfrankreich Trockenkompasse beschrieben. Soweit bekannt hat erstmals ein Seefahrer in Amalfi die Kompassnadel in einem Gehäuse mit einer unterlegten Windrose kombiniert..

Astronomische Uhren {ab 1394}

Erste, nicht erhaltene Uhren nach 1300 zeigten zunächst alle Zahlen von I bis XXIV. Seit 1375 ging man zur Zwölf-Zahlen-Einteilung über. Die Feinmechanik von Taschenuhren beherrschte man noch lange nicht, aber große Uhrwerke entstanden 1394 im Straßburger Münster, 1405/1540 die Berner Zytglogge, 1410 die astronomische Uhr am Altstädter Ring in Prag. So entstand die exakte Messung der Zeit.

Karavelle {seit 14. Jh.}

Die Portugiesen entwickelten im 14. Jh. einen neuen Schiffstyp für die Hochseeschifffahrt mit geringem Tiefgang, hohem Heckkastell, durchgehendem Deck und reichlich Laderaum. Die meist zweimastigen Karavellen waren wendiger und leichter zu bedienen. Nur dank dieses Schiffstyps gelangen die Umrundung Afrikas und die Atlantiküberquerung.

Triangulation {1464}

Der Unterfranke Johannes Müller, bekannt unter dem Namen Regiomontanus, wirkte von 1471 bis 1475 als Astronom in Nürnberg. Dann ging er nach Italien und verfasste dort sein grundlegendes Werk über die Rechenkünste der Winkelmessung in Dreiecken (1464). Diese Methode wurde zur Grundlage der Triangulation, der mathematisch exakten Landvermessung seit der Spätrenaissance.

Trigonometrie {1533}

Die klassische Methode zur Erstellung exakt vermessener Landkarten entwickelte der friesische Arzt und Kartograf Gemma Frisius (1508–1555) in einem 1533 veröffentlichten Werk. Einer seiner Schüler war der Duisburger Kartograf Gerhard Mercator. Die allererste Umsetzung einer solchen Landvermessung bewerkstelligte der Holländer Willebrord Snellius um 1615 in Südholland.

Auf der vor allem für die Seefahrt sehr geeigneten Mercator-Projektion beruhen bis heute die gängigen Darstellungen der runden Erdkugel auf zweidimensionalem Papier.

Tulpen {1533}

Hyazinthen und Flieder waren ein Geschenk des türkischen Sultans Süleyman an den flandrischen Gesandten Busbecq (1522–1592), der im Auftrag des Habsburger-Kaisers Ferdinand I. ins Osmanische Reich gereist war. Bis dahin waren sie in Europa unbekannt.

Der chinesische Admiral Cheng Ho unternahm mit seiner Flotte von der Südküste Chinas aus mehrere Expeditionen, um Schätze einzutauschen und die Macht seines Kaisers zu demonstrieren.

gelangte nach Indien, Arabien und bis an die Ostküste Afrikas.

China hatte bislang so gut wie nie Kontakt nach außen gehabt. Das Reich der Mitte hielt sich in der Tat für den Mittelpunkt der Welt. Cheng Hos Expedition erregte denn auch bald den Argwohn konservativer Hofkreise. Die Kosten der allein „staatlich" finanzierten Flotte erschienen zu hoch, die „Erträge" mager. Der Überseehandel und die Expeditionen wurden wieder eingestellt, der Vorstoß des chinesischen Admirals blieb eine Episode. 1551 wurden in China aufgrund kaiserlicher Verfügung alle Dschunken mit mehr als drei Masten zerstört – der Beginn einer erneuten außenpolitischen Isolierung des Reiches.

Azteken und Inka

Von den fünf weltweiten Zentren der Neolithischen Revolution nach dem Ende der Eiszeit und dem Beginn der Sesshaftigkeit des Menschen lagen zwei in Südamerika: eines im Hochtal von Tehuacán in Südmexiko und das andere im Anden-Hochland. In Südmexiko gelang den dort allmählich sesshaft werdenden Bauerngemeinschaften um 7000 v. Chr. mit der Züchtung der Maispflanze aus der Teosinte der vermutliche größte Züchtungserfolg der Menschheitsgeschichte. Die ersten Maiskolben waren zwei Zentimeter lang – halb so lang wie ein Streichholz. Auch das enorme Wachstum der Maiskolben ist eine enorme Züchtungsleistung. Unter den Großen Drei der Getreidepflanzen (ansonsten noch Weizen und Reis) ist der heute weltweit angebaute Mais diejenige mit dem größten Ertragspotenzial.

Den Anden-Bauernkulturen verdanken wir in erster Linie die Kartoffel. Sie ist erst seit rund 250 Jahren ein Welternährungshit. Weitere bekannte Nahrungspflanzen aus der Neuen Welt sind *tomatl* (Tomate), *ahaucatl* (Avocado), *cacauatl* (Kakao), *naná* (Ananas, die einzige essbare Bromelienpflanze), *chilli* (die recht verschiedenen Paprikasorten), die grünen Gartenbohnen, Kürbis, Sonnenblumenkerne, die Hülsenfucht

Erdnuss sowie Vanille und als pflanzliches Genussgift und ebenfalls bedeutendes Welthandelsgut der Tabak.

Bis in die Zeit von Alexander von Humboldt dachten die meisten Menschen in Europa beim Stichwort „Amerika" in erster Linie an die viel stärker und dichter bevölkerten und kulturell entwickelteren Regionen Südamerikas und der Karibik. Dort tummelten sich ja seit Kolumbus auch die meisten Europäer. Nordamerika war zur Humboldt-Zeit unbekannt und unerschlossen, die riesigen Flächen von nomadisierenden Indianerstämmen dünnst besiedelt. Die holländischen, französischen und englischen Kolonien an der Ostküste spielten bis zur industriellen Revolution im Weltbewusstsein (und im Welthandel) kaum eine Rolle.

In den Tiefen des Amazonasgebietes soll es auch heute noch Stämme geben, die als Jäger und Sammler auf Steinzeitniveau leben. Überwiegend entwickelte sich aber durch den Ackerbau eine fast unüberschaubare Zahl regionaler und lokaler Bauernkulturen, die wohl kaum je zu größeren politischen Einheiten zusammengefasst wurden und deren Geschichte nur schwer zu erforschen ist.

Die Azteken- und Inkareiche sind eine historisch sehr späte Erscheinung. Die Maya-Kultur ist schon lange vor der Ankunft der Europäer untergegangen. Andere Stämme und Kulturen wie die Muisca, Tairona, Guaraní, Aymara, Chango, Toba oder die Karibenvölker der Arawak oder Taino, denen Kolumbus zuerst begegnete, sind kaum bekannt, waren natürlich nie in irgendeiner Weise mit der Weltgeschichte verknüpft und haben wenig hinterlassen.

Auch die entwickeltsten und kulturell hochstehendsten Völker der beiden Amerikas verharrten bei aller handwerklichen und landwirtschaftlichen Kunstfertigkeit und gelegentlicher komplexer politischer Organisation stets auf dem Niveau vorbronzezeitlicher Kulturen in Eurasien. Das heißt sie sind in vielerlei Hinsicht etwa mit den Bandkeramikern und den Pfahlbaukulturen Mitteleuropas vergleichbar, also mit der Kultur der Ötzi-Zeit oder mit den altmediterranen Kulturen der Ägais vor der Ankunft der Griechen.

In den präkolumbianischen Amerikas kannte man keine Metallverarbeitung, keine Töpferscheibe, keinen Pflug, kein Rad ..., und die meisten dieser Bauernkulturen waren schriftlos.

Das ist, neben einigen anderen, ein wesentlicher Grund für die hoffnungslose Unterlegenheit der Indios und Indianer angesichts der europäischen Aggression und Expansion.

Aber auch die Reiche der Azteken und der Inka beruhten bereits auf der bemerkenswerten Aggression dieser beiden winzigen

Panorama-Aufnahme der Ruinen der alten Inka-Stadt Machu Picchu in den peruanischen Anden, die erst im 19. Jahrhundert wiederentdeckt wurde

Stämme, die jahrtausendealte Bauernkulturen unterwarfen, tributpflichtig machten und sie brutal beherrschten.

Azteken {ca. 1350}

Die Azteken nannten sich selbst *Mexica*. Das ist die Bezeichnung eines ihrer drei wichtigsten Siedlungsplätze in der Senke einer rund 2000 Meter hoch gelegenen Ebene in Mittelamerika. Das Wort *aztecatl* verweist auf ihren mythischen Herkunftsort Aztlán („Silberreiherland").

Die Azteken, ursprünglich ein kleiner nomadischer Stamm, wurden um 1200 im heutigen Mexiko sesshaft. Hauptgötter waren Quétzalcoatl (die gefiederte Schlange, Schöpfung und Vegetation), Huitzlipochtlichi (Krieg), Tlaloc (Regen), Cihuacoatl (Muttergottheit), Tezcatlipoca (Musik und Tanz). Blut galt als Symbol des Lebens, deswegen der Kult der bei lebendigem Leib herausgerissenen Herzen, denn dieses vergossene Blut stellte den Einklang mit den Göttern und den Rhythmen des Universums her.

Die beste Zuflucht vor Feinden boten den Azteken die Inseln im Texcocosee. Aus den dortigen Siedlungen entwickelten sich vor 1350 die Städte der Azteken. Das aztekische Reich war kein straff organisierter Flächenstaat, sondern die umliegenden Völker waren tributpflichtig. Die Tribute bestanden aus Nahrungsmitteln und Gebrauchsgütern, denn die Azteken bauten selbst nichts an. In der Azteken-Hauptstadt Tenochtitlán, auf einer Insel im Texcocosee erbaut, lebten ungefähr 250 000 Menschen. In Europa hatten zu der Zeit nur Konstantinopel und Neapel mehr Einwohner. Tenochtitlán befand sich am Ort des heutigen Mexiko-City. Das aztekische Großreich wird auf dem Höhepunkt seiner Entfaltung rund 150 Jahre später von dem spanischen Konquistador Hernán Cortés vernichtet.

Inka {ca. 1350}

Inka Ruq'a war der sechste Herrscher der Stadt Cusco und der erste, der seit etwa 1350 den Herrschertitel „Inka" in dem sich ausdehnenden Anden-Staat führte. „Inka" war ein Stammesname von Indianern, die aller Wahrscheinlichkeit nach aus dem Amazonasgebiet über die Anden zuwanderten. Ihr Hauptort war Cusco, wo sie ihre Herrschaft über jahrtausendealte Bauernkulturen begründeten und ihre Staatssprache Quechua durchsetzten. Aus dem Kleinstaat entwickelte der nur aus wenigen Familien bestehende Inka-Stamm ein Imperium. Sie löschten die als barbarisch erachteten Bauernkulturen systematisch aus und eroberten 1350 bis 1430 nach und nach die umliegenden Gebiete im heutigen Peru, Ecuador und Chile.

Die Inka leiteten ihre Herkunft von dem Sonnengott Inti ab; ihre Religion war ein Sonnenkult. Die entlegene Felsenstadt Machu Picchu, um 1900 wiederentdeckt, wurde erst um 1450 erbaut, zu Beginn der Blütezeit des Inka-Reiches, in dem es ein exzellentes Straßennetz gab. Für eine Hochgebirgsregion war das Reich bemerkenswert dicht bevölkert, ein straff zentralistischer, streng monarchisch ausgerichteter Staat auf vorbronzezeitlicher Entwicklungsstufe. Man kannte weder Rad noch Töpferscheibe, keine Wagen oder Gespanne, keine technischen Hilfsmittel wie Blasebalg oder Zange und keine geschriebene Schrift, aber die weltweit einzigartige „Knotenschrift" – eher eine Art Rechensystem. Nachdem die Inka ihre größte Ausdehnung erreicht hatten, blieben nur rund 100 Jahre bis zur Eroberung durch den Spanier Francisco Pizarro.

Muisca – Die Heimat des Eldorado {1200–1540}

Aller Wahrscheinlichkeit nach ist diese auch Chibcha genannte Hochkultur im Hochland von Bogotá (1200–1540) der historische Ort der Vorstellung vom Eldorado. Die Muisca-Kultur ähnelte in mancher Hinsicht der der Inka. Die Häuptlinge regierten über mehrere kleine Völker. Bei dem Hauptvolk der Chibcha wurde ein neuer König mit Fett eingerieben und sein Körper völlig mit feinem Goldstaub bedeckt. Auch der Muisca-Fürst galt, wie der Inka, als Sohn der Sonne. Dann wurde er auf einen heiligen See hinausgerudert und sprang ins Wasser, wodurch der

Das berühmte „goldene Floß von Eldorado", welches 1969 nahe der Stadt Pasca gefunden wurde, gilt als starker Hinweis auf die Herkunft der Legende vom sagenhaften Goldland Eldorado.

Goldstaub abgewaschen wurde. Das berühmteste Kunstwerk der Muisca, die Goldbarke, zeigt vermutlich diesen Vorgang. Die Muisca schufen hervorragende Goldschmiedekunst und Keramiken.

Die Türken in Europa

Dynastiegründer Osman I. hatte sein kleines westanatolisches Fürstentum südlich von Nikäa mit einer Mischung aus diplomatischem Geschick und Waffengewalt allmählich so weit vergrößert, dass er ganz Westanatolien mit Ausnahme der unmittelbaren Küstenregionen an der Ägäis beherrschte. Das gelang auch deswegen einigermaßen geräuschlos, weil er als „Beschützer" der nach wie vor überwiegend griechischen, christlich-orthodoxen Bevölkerung in diesem Gebiet auftrat. Nach ihrer Eroberung der ersten europäischen Festung Gallipoli an den Dardanellen 1354 durch den Sohn Osmans, Sultan Orhan, kreisten die Türken Konstantinopel immer mehr ein. In den folgenden 100 Jahren ging Byzanz der Balkan verloren.

Janitscharen {1330}

Orhan war auch der Gründer der als grausam gefürchteten Janitscharen, einer Elitetruppe der Osmanen und Leibwache des Sultans. „Janitscharen" geht auf das türkische Wort *Yeniçeri* („neue Truppe") zurück. Sie wurden schon als Knaben zwangsrekrutiert, lebten zölibatär und streng erzogen möglichst abgeschottet in eigenen Kasernen. Formell gesehen waren sie Sklaven. Die Janitscharen durften keine Vollbärte tragen, sondern nur Schnurrbärte. Wegen ihrer anerzogenen Loyalität konnten sie in hohe Ämter der osmanischen Reichsverwaltung aufsteigen. Einer der bekanntesten Janitscharen war der Architekt Sinan (ca. 1490–1588), der Erbauer zahlloser hochbedeutender Gebäude des Osmanischen Reiches. Sinans Moscheen prägen heute noch das Stadtbild von Istanbul.

Selbstbewusst geworden erlangten die Janitscharen ab dem 16. Jahrhundert zunehmend Einfluss im Staatsapparat, widersetzten sich Reformbestrebungen, revoltierten gegen einzelne Sultane und ermordeten sogar einige. 1826 wurde die Janitscharen-Truppe aufgelöst.

Die Schlacht auf dem Amselfeld {1398}

Nach ihrer Landung in Europa drängen die Osmanen Byzanz praktisch nur noch auf das Gebiet der Hauptstadt zusammen und wenden sich erobernd gegen die christlichen Völker auf dem Balkan. Den erbittertsten Widerstand leisten die Serben, aber auch sie werden am 15. Juni 1398 in der Schlacht auf dem Amselfeld nahe Priština besiegt.

Auf beiden Seiten waren große Ritterheere versammelt. Der serbische Fürst Lazar

Diese Darstellung von der Schlacht auf dem Amselfeld befindet sich im Skanderbeg-Museum in der Festung von Kruja in Albanien.

hatte rund 25 000 Mann aufgeboten, der türkische Sultan Murad 40 000. Beide starben in der Schlacht. Für die Serben ist „das Amselfeld“ ein ungeheurer Mythos, ein epischer Kampf zwischen Gut und Böse, ritterlicher Tugend und Verrat, durchzogen von geradezu märchenhaften Legenden. In der serbisch-orthodoxen Kirche gilt Lazar als Heiliger.

Gerade das Opfer der Niederlage bewirkte aus serbischer Sicht, dass sich die Serben trotz anschließender jahrhundertelanger, als grausam empfundener osmanischer Fremdherrschaft ihren orthodoxen Glauben und ihre serbische Identität bewahrten.

Timur Lenk {1402}

Seit 1240 hielten die Goldene Horde beziehungsweise ihre Nachfolge-Khanate Russland in Schach. In Peking waren die mongolischen Khane und Kaiser um 1360 von den Chinesen vertrieben worden. Dort regierte nun die Ming-Dynastie.

Wie ein Komet erschien in der zweiten Hälfte des 14. Jahrhunderts der turkmongolische, aus Usbekistan stammende Eroberer Timur Lenk (1336–1405). Er hatte in die Familie von Dschingis-Khan eingeheiratet und schuf in kürzester Zeit wie dieser ein eigenes Weltreich. Es umfasste ganz Mittelasien mit den heutigen Ländern Afghanistan, Pakistan, Iran und Irak. Timur Lenk fiel 1398 in Indien ein und plünderte Delhi. Dies war auch das Ende des Sultanats von Delhi. Sein Urenkel Babur begründete dort 1526 das glanzvolle Mogul-Reich. Dann bedrohte Timur in buchstäblich lebensgefährlicher Weise die Osmanen in Anatolien. Sein Beiname Lenk bedeutet „ der Lahme“, weil er Knochenverwachsungen auf der rechten Körperseite hatte. Timur Lenks Grausamkeit ist legendär; bei seinen Eroberungen wurden die Menschen zu Hunderttausenden abgeschlachtet. Er herrschte überwiegend von Samarkand aus. Die Stadt ließ er im persisch-islamischen Stil prachtvoll ausbauen. Wie bei Alexander überdauerte sein Reich aber kaum sein eigenes Leben.

Timur wurde im damaligen Europa schlagartig berühmt, nachdem er 1402 den Osmanen-Sultan Bajazid bei Ankara geschlagen hatte und dieser nach einigen Monaten Gefangenschaft starb. Damit war das Osmanische Reich vorübergehend staatsrechtlich ausgelöscht. Diese Nachricht schlug ein wie eine Bombe. Unter Sultan Bajazid hatte das Osmanische Reich soeben, nach der Schlacht auf dem Amselfeld, seine bisher größte Ausdehnung erreicht, und Bajazid hatte gerade mit der Belagerung von Konstantinopel begonnen. Wegen des Erscheinens von Timur Lenk musste der Sultan diese Belagerung abbrechen, um sich ihm entgegenzustemmen, verlor aber seine Armee und sein Leben. Ausgerechnet durch einen anderen turkmongolischen Eroberer schien das Abendland vor der Türkengefahr gerettet. Trotz des vernichtenden Sieges über die Osmanen zog Timur Lenk aus unbekannten Gründen wieder aus Anatolien ab. Sonst hätte vielleicht er statt der Osmanen Byzanz erobert.

Fall von Konstantinopel {1453}

Sultan Mehmed II. (1432–1481) war entschlossen, die Stadt mit allen Mitteln zu erobern. Die ultimative Belagerungsphase begann im April 1453. Extra gegossene

Am 29. Mai 1453 ziehen die Janitscharen, angeführt von Sultan Mehmed II., in das zuvor belagerte Konstantinopel ein (Historiengemälde von Fausto Zonaro, 1854–1929).

Dracula

Nach seiner epochalen Tat legte Mehmed nicht die Hände in den Schoß. Er eroberte unter anderem noch das Kaiserreich Trapezunt am kleinasiatischen Südrand des Schwarzen Meeres sowie große Territorien auf dem Balkan, in Griechenland, Serbien, Bosnien und in der Walachei des Dracula-Vorbildes Vlad III. Vlad trägt den Beinamen Tepes, „der Pfähler". Dieser Türkenhasser ließ Zehntausende türkischer Kriegsgefangener, aber auch eigene Untertanen pfählen; eine besonders grausame Tötungsart. Seinen Beinamen „Dracula" („kleiner Drache") erhielt er schon früher, weil sein Vater, Fürst Vlad II., Mitglied des von Kaiser Sigismund gegründeten katholischen Drachenordens war und sich Vlad Dracul nannte. Dracula ist die Verkleinerungsform.

Porträt von Vlad Tepes auf einer Sammlerbanknote. Er diente als historisches Vorbild für die Romanfigur Dracula.

Riesenkanonen, Tunnel unter den Mauern, eine Verlagerung der türkischen Kriegsschiffe über Land vom Marmarameer in das durch eine Kette abgesperrte Goldene Horn – nichts wurde unversucht gelassen.

Nach einer letzten ergebnislosen Verhandlung zwischen dem Sultan und dem byzantinischen Kaiser Konstantin XI. zur Übergabe der völlig eingeschlossenen Stadt befahl Mehmed den Generalangriff in den frühen Morgenstunden des 29. Mai. Nach mehrmaligem vergeblichem Anrennen soll eine kleine, unverschlossene Pforte den Janitscharen den Zutritt zur Stadt ermöglicht haben. Sie öffneten rasch die Tore, und die übermächtige osmanische Armee strömte in die Stadt. Bereits am Vormittag war Konstantinopel völlig in der Hand der Türken. Mehmed trägt den türkischen Beinamen *Fatih*: „der Eroberer".

Damit endete das tausendjährige Byzantinische Reich. Dieser direkte Nachfolger Ostroms hatte unter christlichen Vorzeichen vieles von der spätantiken und sogar der antiken Kultur das ganze Mittelalter hindurch bewahrt. Byzanz war während des gesamten Mittelalters das Bollwerk des Abendlandes gegen die Ausbreitung der Araber und der Türken. Welche mächtige Schutzfunktion die Stadt hatte, zeigt sich daran, dass die Türken nur gut 70 Jahre nach der Eroberung bereits vor den Toren Wiens standen.

Abendland – Das europäische Haus {1454}

Der Begriff und das Bewusstsein vom „Abendland" im Sinne eines gemeinsamen, christlichen Europa tauchen erstmals im Zusammenhang mit der akuten türkischen Bedrohung auf. Noch vor seinem Pontifikat als Renaissance-Papst Pius II. formulierte Enea Silvio Piccolomini, ein hochgelehrter Humanist, 1454 auf einem Reichstag in Frankfurt: „Wenn wir die Wahrheit gestehen wollen, hat die Christenheit seit vielen Jahrhunderten keine größere Schmach erlebt als jetzt. Denn in früheren Zeiten sind wir nur in Asien und Afrika, also in fremden Ländern geschlagen worden, jetzt aber wurden wir in Europa, also in unserem Vaterland, in unserem eigenen Haus, an unserem eigenen Wohnsitz aufs Schwerste getroffen." Piccolomini verwendet erstmals wieder das Wort Europa, das im Horizont der mittelalterlichen Reiche seit den Zeiten Karls des Großen aus dem Blickfeld geraten war, verbindet es mit der Christenheit und nennt es Vaterland und Europäisches Haus.

Der zweite Beleg für dieses Bewusstsein findet sich als „die Abendländer" 1529 bei dem Reformator Kaspar Hedio, der es auf Deutsch für das bis dahin gebräuchliche „Okzident" verwendet; auch er meint damit die „christlichen Abendländer". 1529 war das Jahr der kurzen, bald wieder abgebrochenen ersten Belagerung Wiens durch die

Auf der Karte des flämischen Kartografen Abraham Ortelius ist die Ausdehnung des Osmanischen Reiches im Jahr 1570 dargestellt.

auf beiden Seiten des Atlantiks. Türken und Habsburger prallten auch alsbald aufeinander: auf dem Balkan, vor Wien (1529) und im Mittelmeer (Lepanto 1571).

Sultan

Der türkische Sultan war, wie der arabische Kalif, weltliches und geistliches Oberhaupt zugleich. In den islamischen Reichen gab es keine ständisch-feudale Ebene erblicher Lehen oder kommunaler Freiheiten, die mit eigenen Rechten ein Gegengewicht zur Oberherrschaft der Dynastie hätten bilden können und daher auch keine Machtzersplitterungen, die für die mittelalterliche und frühneuzeitliche Geschichte Europas so kennzeichnend sind. Die weltliche Macht der Sultane gründete auf Steuerstatthalterschaften, die nicht erblich waren, auf den Serail-Beamten und auf der militärischen Verfügungsgewalt über die Janitscharen. Religionsausübung, Erziehung und Rechtswesen oblagen dem islamischen Klerus, dessen Oberhaupt eben auch der Sultan war. Das Fehlen einer Adelsschicht ermöglichte eine große soziale Durchlässigkeit in der Verwaltung. Auch Untertanen aus einfachsten Verhältnissen konnten in hohe Ämter aufsteigen.

Süleiman der Prächtige {ab 1520}

Zu seinem Glück war Süleiman I. (1520 bis 1566) der einzige legitime Sohn Selims. Es blieb ihm daher erspart, etwaige Brüder umbringen zu müssen. Er gilt als der bedeutendste osmanische Herrscher und war derjenige mit der längsten Regierungszeit von 46 Jahren. Süleiman – Beiname „der Prächtige" – vergrößerte das Reich noch einmal, unter anderem mit der Einnahme Bagdads 1534.

Er war ein herausragender Bauherr und prägte das Stadtbild von *Konstatiniyyie*, wie die Stadt unter türkischer Herrschaft hieß. Die nach ihm benannte riesige Süleimanije-Camii (ab 1550) und die Rüstem-Pascha-

Camii (1561) sind zwei der bedeutendsten Moscheen der Stadt. Architekt war der Janitschare Sinan (ca. 1490–1588), der „Michelangelo der Osmanen". Sinan errichtete Hunderte von Bauwerken, davon allein über 100 große Freitags-Moscheen – natürlich nicht nur in Istanbul. In seiner langen und vielfältigen Architekten-Karriere prägte Sinan den klassischen osmanischen Baustil, das Vorbild für seine großen Moscheen war die Hagia Sophia.

Türkenbelagerung {1526 und 1529}

Gleich am Anfang seiner langen Regierungszeit besiegte Süleiman nach der Eroberung von Belgrad im gleichen Jahr 1526 die Ungarn in der Schlacht bei Mohács. Zum einen begründete sie die fast zweihundertjährige Vorherrschaft der Türken auf dem Balkan, zum anderen fiel in der Schlacht der erst zwanzigjährige ungarische König Lajos II., der natürlich noch keinen Erben hinterlassen konnte. Aufgrund eines Erbvertrages fiel die ungarische Krone an das Haus Habsburg – auch wenn die Österreicher im Moment nicht viel davon hatten, weil die Türken in der Folge den größten Teil des Landes besetzten.

Drei Jahre später, 1529, rückte Süleiman zur ersten Türkenbelagerung Wiens an und schloss die Stadt ein. Die Türken kamen bis auf Sichtweite an die Stadtmauern heran und sprengten zwei Breschen in die Mauern. In einem dramatischen Abwehrkampf gelang es den Wienern, den Türken schwere Verluste zuzufügen. Süleiman brach die Belagerung nach 19 Tagen ab. Die Auseinandersetzung mit den Türken war zweihundert Jahre lang ein Dauerthema für die österreichischen Habsburger und Türkengräuel ein Dauerthema der einschlägigen Propaganda. 1683 standen die Türken erneut vor Wien und wurden in einer ähnlich dramatischen Schlacht endgültig zurückgeschlagen.

Lepanto {1571}

Der strahlende Sieger von Lepanto war ein attraktiver junger Mann und Sohn des alten Kaisers – und der schönen Blechschmiedstochter Barbara Blomberg aus Regensburg. Karl V. hatte Don Juan d'Austria (1547–1578) als seinen Sohn anerkannt und in Spanien erziehen lassen. Sein Halbbruder König Philipp II. von Spanien führte ihn bei Hofe ein. Don Juan wurde Offizier und führte als fünfundzwanzigjähriger Oberbefehlshaber einer spanisch-italienischen Flotte zusammen mit dem römischen Admiral Colonna und Sebastiano Venier, dem Dogen von Venedig, einen entscheidenden Seesieg gegen die Türken herbei. In der Meerenge bei Korinth wurde die türkische Flotte vor Lepanto innerhalb von drei Stunden vernichtend geschlagen. Die Türken hatten unter dem Süleiman-Nachfolger Selim II. (1524 bis 1574) Zypern erobert und mussten gestellt werden. Der Sieg von Lepanto wurde in Europa sogleich wie eine Erlösung gefeiert. Die türkische Expansion war gestoppt, und die Türken galten nicht mehr als unbesiegbar.

Lepanto öffnete zwar wieder die orientalischen Handelswege, aber auch wenn die Gewürzstraße, die Weihrauchstraße und die Seidenstraße durchaus noch florierten, verlagerte sich der Welthandel durch die portugiesische Entdeckung des Seeweges nach Indien aus dem Mittelmeer auf den Atlantik. Das Mittelmeer verlor seine Stellung als Drehscheibe des eurasischen Welthandels. Mit dem wirtschaftlichen ging der politische Bedeutungsverlust der Mittelmeerstaaten Venedig, Genua, des Königreichs Neapel und selbst Spaniens einher. Alsbald wurden neue Handelsnationen in globalem Maßstab aktiv: England und die Niederlande.

Juan d'Austria befehligte die Flotte, die bei der Seeschlacht von Lepanto am 7. Oktober 1571 der türkischen Flotte eine vernichtende Niederlage beibrachte.

Mogul-Reich {1526}

Im Jahr der türkisch-ungarischen Schlacht bei Mohács begann in Indien eine völlig neue – und wie sich herausstellen sollte: glanzvolle – Phase seiner Geschichte. Der erste Großmogul Babur (der „Biber") drang vom Hindukusch auf den Subkontinent vor, besiegte 1526 den letzten Sultan von Delhi und übernahm die Herrschaft – vorerst in Nordindien, im Ganges-Tal. *Mogul* ist die persische Version des Wortes „Mongole", und genau das waren die turkmongolischen Mogul-Herrscher: Nachfahren Timur Lenks.

Kaffee – Genuss mit anregender Wirkung

Kaffee wird heute weltweit in tropischen Hochlandregionen angebaut.

Die „berauschende" Wirkung eines Aufgusses von gerösteten und gemahlenen Kaffeebohnen wurde im Mittelalter im Ursprungsgebiet der Kaffeekirsche im Hochland von Äthiopien entdeckt. Erstes Anbaugebiet war Jemen mit dem Ausfuhrhafen Mocha (= Mokka). Von dort verbreitete sich die Kaffeekultur entlang des Roten Meeres nach Kairo und dann im Osmanischen Reich. Das erste Kaffeehaus mit „Türkischem Kaffee" entstand 1554 in Konstantinopel. Die ersten europäischen Kaffeehäuser standen um 1650 in Venedig, London, Bremen. Kaffeehäuser waren damals ein völlig neues Phänomen. Hier begegneten Adlige den wohlhabenden Bürgern. Erstmals mischten sich diese Stände in zwangloser Geselligkeit. In der einsetzenden Aufklärung spielten Kaffeehäuser, wie sie sich in Wien oder als Café in Paris sehr schön erhalten haben, als schichtenübergreifender Treffpunkt eine wichtige Rolle. Für lange Zeit nur mit Herren – ohne Damen und ohne Torten, aber mit den damals ebenfalls vollkommen neuen, meist einseitig bedruckten Blättern, welche „newe Zeitungen" (= Nachrichten) verbreiteten.

Heute ist der Kaffee nach dem Erdöl das zweitwertvollste Welthandelsgut.

Babur (1483–1530) war ein Urenkel Timurs. Seine Kleinfürstenfamilie hatte ihre Machtbasis zwar in Samarkand, Babur war aber nach Kabul vertrieben worden und regierte dort. Er richtete seinen Blick vom Hindukusch über den Khaiber-Pass und überwältigte das delhische Sultanat nach osmanischem Vorbild mithilfe von Kanonen und Gewehren, was für diese Gegend und für die damalige Zeit eine ziemlich fortschrittliche Militärtechnik war. Die Hofsprache bei den Moguln war und blieb übrigens Persisch. (Der letzte, allerdings längst nur noch formell regierende Großmogul wurde erst 1858 von den Briten abgesetzt.)

Einigung Russlands

1380 schlug der Moskauer Großfürst Dimitri Donskoi erstmals die Mongolen in einer Schlacht (auf dem Schnepfenfeld). Das war der Anfang vom Ende der „Tatarenherrschaft" der Goldenen Horde über Russland. Die Goldene Horde zerfiel in die drei Khanate Kasan, Krim und Astrachan. Immerhin gelang es den Mongolen kurz darauf, Moskau noch einmal zu erobern, aber ihr Schreckensregime über die Rus war gebrochen. Donskoi hatte auch innerhalb der Rus die Einigung durch Machtpolitik vorangetrieben. Er gilt als Nationalheld und wurde 1988 (!) heiliggesprochen.

Das Dritte Rom {1480}

Großfürst Iwan III. regierte sein Großherzogtum Moskau 43 Jahre lang von 1462 bis 1505, so lange wie kein anderer russischer Herrscher. Er vergrößerte sein Fürstentum, indem er 1475 das Fürstentum Twer und 1478 Nowgorod annektierte. 1476 verweigerte er die Zahlung des jährlichen Tributs an die Goldene Horde. Tributverweigerungen hatten die Mongolen immer mit Strafexpeditionen beantwortet. Da der Mongolen-Khan zu jener Zeit noch mit Kämpfen gegen das Krim-Khanat beschäftigt war, ging er erst 1480 gegen Moskau vor. Im Herbst des Jahres standen sich die beiden Heere am Fluss Ugra gegenüber. Die Goldene Horde zog nach einigem bedeutungslosem Geplänkel kampflos ab. Das war's. Die Mongolenherrschaft über Russland war zu Ende.

Nach dem Fall von Konstantinopel waren viele orthodoxe Priester und Mönche nach

Russland emigriert, das ja bereits im Mittelalter von Byzanz aus christianisiert worden war. Iwan heiratete 1472 die Nichte des letzten byzantinischen Kaisers Konstantin XI., Sofia Palaiologos. Moskau betrachtete sich nun als das „Dritte Rom". Iwan nahm 1478 den Kaisertitel an und krönte sich selbst zum Zaren. Schon im 9. Jahrhundert hatten sich bulgarische Herrscher als „Zar" bezeichnet, in Russland ist der Zarentitel erst seit Iwan III. in Gebrauch – und blieb es bis 1917.

Kreml {1480}

Jede altrussische Stadt hatte einen *Kreml* („Burg"), so wie jede antike griechische Stadt eine *Akropolis* („Burgstadt") hatte und im Deutschen im Mittelalter mit *burg* immer auch „Stadt" gemeint war. Aber nur der Moskauer Kreml ist weltweit zum Begriff geworden, weil er seit Iwan III. Sitz der Moskowiter und später der russischen Zaren ist. Moskau wurde um 1150 gegründet, ist also im Vergleich mit anderen altehrwürdigen Städten Russlands relativ jung.

Im Spätmittelalter sah der Kreml aus wie jede mittelalterliche Stadt, denn das Gelände entspricht deren Größe. Sein heutiges Aussehen erhielt er hauptsächlich durch Iwan III. Da Iwan als „neuer byzantinischer Kaiser" eine ansehnliche Residenz wünschte, lud er – ganz auf der Höhe seiner Zeit – zahlreiche italienische Renaissance-Architekten zum Bau der Kirchen und Paläste ein. Auch die gewaltige Kremlmauer aus rötlichem Ziegelstein (ein Novum in Russland) wurde 1485 bis 1499 hochgezogen und steht seitdem im Wesentlichen unverändert.

Iwan der Schreckliche {1530–1584}

Iwan IV. Grosnyi (eigentlich „der Gestrenge"), der Enkel von Iwan III., war einer der gebildetsten Russen seiner Zeit und stärkte die Moskauer Herrschaft durch Verwaltungs- und Gesetzesreformen. Wie bereits sein Vater Wassili II. konsolidierte er sein Reich durch territoriale Expansion. Überhaupt setzt unter diesen drei Herrschern die Ausdehnung Russlands ein, die es bis heute zum größten Flächenstaat der Welt

Im Jahr 1480 stehen sich am Fluss Ugra das Heer der Goldenen Horde und das russische Heer mehrere Wochen lang gegenüber, ohne dass es zu richtigen Kampfhandlungen kommt.

macht. Iwan IV., der von 1533 bis 1584 regierte, eroberte die Khanate Kasan (1552) und Astrachan. Zur Erinnerung an den Sieg über Kasan ließ er die berühmte vielfarbige Basilius-Kathedrale am Südende des Roten Platzes außerhalb der Kremlmauern errichten. Iwan war misstrauisch bis zum Verfolgungswahn und extrem cholerisch. Sein Vater war früh verstorben, und seine Mutter, die für ihren jungen Sohn Iwan die Regentschaft führen sollte, sah sich mit den Bojaren konfrontiert. Diese niederen Adligen bildeten in den einzelnen Fürstentümern ein machtpolitisches Gegengewicht zu den regierenden Fürsten. Manche waren beinahe unabhängige Lords mit Privatarmeen und eigener Rechtsprechung. Um die Zarensouveränität zu stärken, führte Iwan IV. einen erbarmungslosen, regelrechten Terrorkrieg gegen die Bojaren. Dafür hatte er eine eigene, ihm bedingungslos ergebene Terrortruppe, die Opritschniki geschaffen. Die Massenexekutionen der Opritschniki, aber auch unübertroffen sadistische Strafen an Hunderten von vermeintlichen und tatsächlichen Gegnern, die Iwan sich selbst ausgedacht

Iwan der Schreckliche hält seinen von ihm im Jähzorn erschlagenen Sohn im Arm (Gemälde von Ilja Repin, 1885).

hatte, verschafften ihm schon zu Lebzeiten auch außerhalb Russlands seinen Ruf als besonders grausamer Gewaltherrscher. Seinen eigenen Sohn, den Zarewitsch, erschlug er aus nichtigem Anlass im Jähzorn.

➥ ***Was danach geschah:*** Iwans IV. schwachsinniger Sohn Fjodor stand unter der Vormundschaft von Regenten, insbesondere des durch ein Drama Puschkins und einer darauf basierenden Oper von Modest Mussorgski bekannten Boris Gudonow, der sich 1598 selbst zum Zaren machte. Russland hatte danach nur schwache und bedeutungslose Herrscher, bis mit Michael I. 1613 der erste Romanow den Thron bestieg. Auch Russland ist eine Kolonialmacht, und die Kolonialisierung setzte etwa zur gleichen Zeit ein wie die der westeuropäischen Seemächte, ausgelöst durch die Eroberungen und Gebietserweiterungen der beiden Iwane. Nur war es eine Kolonialisierung zu Lande – hauptsächlich Sibiriens.

Die Konquistadoren in Amerika und Asien

Die Konquistadoren waren in der Regel verarmte Adlige. Die Erwerbs- und Aufstiegsmöglichkeiten in der Feudalgesellschaft im Renaissance-Spanien waren gering, die Strukturen im Heimatland zu verkrustet, der Besitz verteilt. Die Kolonien hingegen waren ein *New Market*. Die Wagemutigen stürzten sich (gold-)gierig darauf. Alle Beteiligten waren Abenteurer und handelten sehr entschlossen, sonst hätten sie ihre extrem strapaziösen und brutalen Eroberungsleistungen nicht vollbringen können.

1503 wurden in Sevilla die *Casa de Contratación* und in Lissabon die *Casa de India* gegründet. Durch sie sollte der Kolonialhandel im Sinne eines königlichen Monopols, das „Privilegien" an Konquistadoren und Händler vergab, organisiert und kontrolliert werden. *Conquistador* wurde man in Spanien

Die Maria-Entschlafens-Kathedrale im Moskauer Kreml stammt aus der Zeit Iwans III. und war die Krönungs- und Weihekirche der Moskauer Patriarchen.

durch Abschluss eines Vertrages mit dieser *Casa de Contratación*, in dem sich der Konquistador zur Abgabe eines Fünftels seiner Einnahmen sowie zur Bekehrung der heidnischen Eingeborenen verpflichtete. Im Gegenzug erhielt er relativ freie Hand innerhalb „seiner Provinz". Die spanische Kolonialverwaltung war einer der ersten Versuche der Krone, Staatsverwaltung nicht mehr durch Lehensvergabe, sondern durch eine bürokratische Verwaltung zu organisieren.

Sklavenhandel {1505}

Die ersten Begegnungen von Kolumbus mit dem Ackerbauernvolk der Taino auf Hispaniola waren zwar friedlich und erfreulich verlaufen, aber nach der Ankunft der ersten Siedler auf Kolumbus' zweiter Reise änderte sich das Bild rasch. Der Kampf um Grund und Boden führte zu Feindseligkeiten. Entgegen den ausdrücklichen Vorgaben der spanischen Könige versklavte Kolumbus weit über 1000 Taino. Erste afrikanische Sklaven gab es auf Kuba seit 1505.

Der Mönch und Bischof Bartolomé de Las Casas (1484–1566) nahm ebenfalls an der zweiten Reise teil und 1512 an der Eroberung Kubas. Dort erwarb er Grund, Minenrechte und Sklaven, die er allerdings so menschlich behandelte, dass er bald als heiligmäßig galt. Las Casas erreichte bei der spanischen Krone eine Untersuchung der Misshandlungen und der Zwangsarbeit durch viele der Konquistadoren. Die Untersuchung verlief im Sande.

1520 machte Las Casas bei einer Audienz vor Kaiser Karl V. den gut gemeinten Vorschlag, statt der empfindlichen Indianer robustere schwarze Sklaven aus Afrika für die Arbeit auf den westindischen Plantagen und in den Erzgruben heranzuziehen. Wiederum auf seine Initiative erließ die spanische Krone 1542 Schutzgesetze für die eingeborene Bevölkerung, die aber nicht durchgesetzt werden konnten.

Wo der Pfeffer wächst {1510}

1509/1510 gelang es den Portugiesen, die arabische Seeherrschaft zwischen dem Horn von Afrika, dem Süden der Arabischen Halbinsel und der Westküste Indiens zu brechen. Damit war für die Portugiesen der Weg zu den „Molukken" genannten Gewürzinseln (Sumatra, Borneo, Java) frei. 1510 errichteten sie ihre Herrschaft über das indische Goa, die sie bis 1961 (!) behielten.

Der zweite Gouverneur von Goa, Afonso de Albuquerque (ca. 1450–1515), ein portugiesischer Hocharistokrat, der seit 1510 sehr erfolgreich das indische Kolonialreich organisierte, hatte begriffen, dass das bevölkerungsarme Portugal keine großen Territorien erobern und halten konnte, sondern nur Stützpunkte für die Seemacht. 1511 eroberte Albuquerque das strategisch wichtige Malakka auf der Halbinsel Malaysia vom dortigen Sultan Mahmud. Bis etwa 1520 erkundeten und entdeckten die Portugiesen das ganze westpazifische Gebiet einschließlich der chinesischen Küste und Japans. Malakka (und Malaysia) blieb bis 1641 portugiesisch. Dann wurden die Portugiesen von den Holländern verdrängt.

Panama {1519}

war die erste richtige Stadt der Neuen Welt. Sie wurde 1519 von Pedro de Avila (1440–1531) gegründet, einem Konquistador, der zuvor Gouverneur im nahe gelegenen Darién war. Avilas Vorgänger in Darién war

Der spanische Dominikanermönch Bartolomé de Las Casas setzte sich für die Rechte der von den Konquistadoren unterdrückten lateinamerikanischen Urbevölkerung ein.

Wittenberg bekannt machte oder nur Handzettel verteilte, ist historisch nicht verbürgt.

Inhalt der „Thesen" sind 95 auf Latein geschriebene Sätze, in denen Luther seinen Standpunkt für die Disputatio begründet. Seiner Auffassung nach hat „jeder Christ, der wirklich bereut, Anspruch auf völligen Erlass von Strafe und Schuld, auch ohne Ablassbrief", und er stellt fest, dass „ein Großteil des Volkes durch jenes in Bausch und Bogen und großsprecherisch gegebene Versprechen des Straferlasses getäuscht wird". Die Resonanz war ungeheuer und hält in ihren weltgeschichtlichen Konsequenzen bis heute an. Zuerst natürlich in Deutschland verwandelte sich Luthers Auffassung zur Buße in Verbindung mit seiner Gnadenlehre zur theologischen Grundlage der Reformation. Auf der politischen Ebene verquickten sich religiöse Motive mit handfesten Machtinteressen. Der Übergang zum Protestantismus bedeutete für die Fürsten auch größere Unabhängigkeit vom katholischen Kaiser und vom Reich.

Hier stehe ich, ich kann nicht anders {1521}

Kardinal Albrecht zeigte Luther umgehend in Rom an. Doch Kurfürst Friedrich der Weise von Sachsen hielt seine schützende Hand über den Reformator. Dieser vollzog 1521 mit der öffentlichen Verbrennung der päpstlichen Bulle in Wittenberg, welche seine Thesen verdammte, den Bruch mit Rom. Luther wurde exkommuniziert.
Die gesamte Reichsleitung war inzwischen involviert.

Auf einem Reichstag in Worms Mitte April 1521 in Anwesenheit des frisch gewählten Kaisers Karl V. lehnte Luther die Forderung nach einem Widerruf in einer auf Lateinisch gehaltenen Ansprache sinngemäß mit den legendären Worten ab: „Hier stehe ich, ich kann nicht anders". Vor dem Vollzug der daraufhin ausgesprochenen Reichsacht bewahrte ihn Kurfürst Friedrich, indem er Luther in einer Nacht-und-Nebel-Aktion auf die Wartburg bringen ließ.

Auf der Wartburg entstand im Herbst 1521 innerhalb von knapp drei Monaten Luthers Übersetzung des Neuen Testaments direkt aus dem Griechischen, also nicht, wie frühere Bibelübersetzungen, aus der lateinischen Bibelausgabe, der Vulgata. Der sprachmächtige Luther fand einen neuen, volksnahen Ton. Durch die enorme Verbreitung seiner Übersetzung wurde die Lutherbibel zu einer der maßgeblichen Grundlagen des Neuhochdeutschen.

Die Wartburg in Eisenach, wo Martin Luther unfreiwillig ein knappes Jahr verbrachte. Hier entstand seine Übersetzung des Neuen Testaments.

In Luthers theologischer Auffassung spielt gerade im Zusammenhang mit der Frage der Buße die Gewissensfreiheit eine zentrale Rolle. Wenn dem Menschen Gottes Gnade persönlich zuteil wird, ohne Vermittlung der Kirche, dann muss er sich mit seinem Gewissen persönlich vor Gott verantworten und persönlich Gottes Willen erforschen. Das kann er nur, wenn er Gottes Wort persönlich kennt. Jeder Gläubige soll in der Lage sein, die Bibel zu lesen, und nur das, was in der Bibel geschrieben steht (*sola scriptura*), gilt.

Cuius regio, eius religio {1524/1526}

Seit 1522 wurde die Reformation zu einer Volksbewegung. Luther kehrte nach Wittenberg zurück, reformierte die Gottesdienstordnung und versuchte Tumulte und Exzesse wie den Bildersturm zu mäßigen. In Sachsen verließen Mönche und Nonnen die Klöster. Luther heiratete 1525 Katharina von Bora, eine ehemalige Nonne.

Die Bauern interpretierten die lutherische „Freiheit" in ihrem Sinn und rebellierten gegen Willkür, Zwang und Abgaben der Standesherren und „Pfaffen" – auch Kirche und Klöster waren große Grundbesitzer. Die sozialen Unruhen gingen vom Bodenseegebiet aus und verbreiteten sich bis nach Thüringen. Ein primitiv ausgerüstetes Bauernheer wurde dort 1525 in der Nähe des Kyffhäusers aufgerieben. Nahezu 100000 Bauern kamen bei der Niederschlagung der Aufstände ums Leben.

Das Ende der Bauernunruhen stellte einen Erfolg für die Fürsten dar. Diejenigen unter ihnen, die der Reformation anhingen, wollten die Reichsacht gegen Luther weiterhin nicht vollziehen, allen voran der Kurfürst von Sachsen. Auf einem Reichstag in Nürnberg 1524 entstand die Idee, dass jeder Landesherr für sein Territorium (*regio*) entscheiden solle, welche Religion dort gelte: *Cuius regio, eius religio*. Diese Kompromissformel wurde 1526 auf dem Reichstag in Speyer verabschiedet und im Jahr 1555 zur Grundlage für den Augsburger Religionsfrieden.

Protestanten {1529}

Karl V., der auf diesem und dem nachfolgenden Reichstag nicht anwesend war, akzeptierte die Formel nicht und hob den Beschluss wieder auf. Sein Bruder Ferdinand, der ihn vertrat, forderte beim zweiten Speyerer Reichstag 1529 nochmals den Vollzug der Acht gegen Luther. Die Mehrheit billigte Karls Entscheidung am 19. April. Daraufhin verließen die evangelischen Reichsstände den Saal. Das waren sechs Fürsten (Sachsen, Ansbach, Hessen, Anhalt, Lüneburg und Braunschweig) sowie 14 Reichsstädte (überwiegend aus dem deutschen Südwesten). Am 20. April überreichten sie eine „Protestationsschrift". So wurden die Anhänger der reformatorischen Bewegung „Protestanten".

Augsburger Bekenntnis und Augsburger Religionsfriede {1530/1555}

Waren bisher Worms und Speyer die Hauptschauplätze der Auseinandersetzungen zwischen Kaiser und Fürsten, wurde nun Augsburg zweimal der maßgebliche Tagungsort.

Für den Reichstag von 1530 verfasste Philipp Melanchthon (1497–1560) im Auftrag von Kurfürst Johann von Sachsen das „Augsburger Bekenntnis", in dem er die reformatorische Lehre darlegte. Luther billigte Melanchthons Erklärung, und die meisten protestantischen Reichsstände bekannten sich dazu. Kaiser Karl V. war dieses Mal anwesend, nahm die *Confessio Augustana* immerhin zur Kenntnis, bestätigte dann aber das Wormser Edikt von 1521, mit dem Luther zum Ketzer erklärt worden war. Dem wollten sich die protestantischen Fürsten und Reichsstädte nun nicht unterwerfen und schlossen sich 1531 zum Schmalkaldischen Bund zusammen. Dieser wurde in den Dreißigerjahren des Jahrhunderts sehr mächtig, und die Protestanten konsolidierten ihre Positionen. Doch die entscheidende militärische Auseinandersetzung gewann Karl V. 1547 in der Schlacht bei Mühlberg an der Elbe. Es war der erste Religionskrieg in Europa zwischen Protestanten und Katholiken.

Trotz des Sieges bei Mühlberg änderten sich bald darauf die deutschen Macht-

Karl V. wurde 1530 als letzter römisch-deutscher König zum Kaiser gekrönt.

verhältnisse. Karl V. wollte seinen Sohn Philipp II. von Spanien als deutschen Kaiser durchsetzen, das wollten nun viele deutsche Fürsten nicht und wechselten die Seite. Karls Bruder Ferdinand handelte 1555 wiederum in Augsburg den Kompromiss auf der Grundlage des *Cuius regio, eius religio* aus. Sie erlaubte dem Landesherrn – nicht seinen Untertanen – die Religion zu wählen und eigene Landeskirchen zu errichten. Mit diesem Reichsgrundgesetz wurde das Prinzip der Religionsfreiheit in Europa sozusagen verfassungsrechtlich anerkannt, auch wenn es nicht die individuelle Religionsfreiheit im modernen Sinn war.

Emigration

ist als geschichtliches Phänomen eine Folge der Reformation, und das Wort wird erst seit dieser Zeit gebraucht; im deutschen Sprachbereich erstmals im Zusammenhang mit der Vertreibung Salzburger Protestanten. Bereits die Vertreibung der Mauren und Juden aus Spanien am Ende der Reconquista war eine Form der Zwangsemigration aus religiösen Gründen. Aufgrund der Religionskonflikte in den nachfolgenden Jahrhunderten emigrierten auch viele protestantische Hugenotten im 17. Jahrhundert aus Frankreich in die Niederlande, die Schweiz oder nach Preußen, und Puritaner nach Amerika.

Die Reformation in Europa

Im ohnehin zersplitterten Reich wird die Religionsfrage mit dem politischen Tauziehen um die Macht zwischen Fürsten und Kaiser verquickt. Die gerade gefestigten Monarchien Frankreich und England werden durch die Glaubensspaltung erneut destabilisiert. In den skandinavischen Ländern wird die Reformation vergleichsweise problemlos eingeführt: in Schweden 1527, in Dänemark 1536. Italien, Spanien und Portugal bleiben von der Reformation unberührt.

Anglikanische Kirche {1534}

Nach dem Ende der Rosenkriege in England war Heinrich VII. aus dem Hause Tudor seit 1485 neuer König und begründete damit eine neue Dynastie. Um England gegen Frankreich außenpolitisch zu stärken, ging Heinrich VII. ein Bündnis mit Spanien ein. Es sollte durch eine Heirat zwischen dem englischen Thronfolger Arthur und der spanischen Prinzessin Katharina von Aragón besiegelt werden. Doch Arthur starb. Heinrichs VII. zweiter Sohn, der spätere Heinrich VIII., übernahm die Stelle des Prince of Wales und auch die Ehefrau seines Bruders.

Doch Katharina gebar keinen Sohn. Betört von deren ehemaliger Zofe Anne Boleyn wollte Heinrich seit etwa 1530 nun diese heiraten. Der König war mittlerweile vierzig und betrieb die Scheidung per Dispens, den der Papst nicht gewährte. Der Erzbischof und Lordkanzler Thomas Wolsey hielt zum Papst. Die meisten englischen Bischöfe erklärten schon 1531, dass sie den Papst nicht länger als Oberhaupt anerkennen wollten; dies zielte auch auf ihr Bekenntnis zur Reformation. Anne war 1533 schwanger, und Heinrich heiratete sie in der Hoffnung auf den Thronerben. Wolsey und der Erzbischof von Canterbury wurden ausgewechselt. Die Nachfolger erklärten die Ehe mit Anne für gültig und annullierten die bis dahin (!) noch bestehende Ehe mit Katharina. Hier ist schon eine englische Kirchengerichtsbarkeit zuständig. Im September gebar Anne eine Tochter, Elisabeth, die spätere Königin.

Im November 1534 ließ Heinrich vom Parlament den *Act of Supremacy* verabschieden. Per Gesetz wurde der englische König damit „Oberhaupt" der englischen Kirche. Die englische Kirche wurde als anglikanische Staatskirche neu begründet und der römisch-katholischen Kirche völlig entzogen. Alle Geistlichen und Beamten mussten Heinrich einen Treueeid leisten. Im Zuge dessen wurden auch die Klöster aufgehoben und ihr (Grund-)Besitz eingezogen oder veräußert. Deswegen gibt es in England so viele Klosterruinen.

Auf dem Historiengemälde des britischen Malers Marcus Stone (1870) erkennt man in der Bildmitte den englischen König Heinrich VIII. und seine spätere Ehefrau Anne Boleyn. Im Hintergrund rechts beobachtet Königin Katharina von Aragón, deren Ehe mit Heinrich VIII. auf dessen Veranlassung hin annulliert wurde, die Szene.

➡ ***Was danach geschah:*** In England wurde mit der Thronbesteigung von Elisabeth I. 1558 die Reformation wiederaufgenommen, nach einer kurzen katholischen Reaktion unter Königin Mary Tudor (1553–1558). Die „Bloody Mary" war die älteste Tochter Heinrichs VIII. und seiner ersten, streng katholischen Frau Katharina von Aragón. Mary hatte 300 Protestanten hinrichten lassen.

Das protestantische Rom {1540}

Heute sind etwa 150 Millionen Menschen Calvinisten, vor allem in der Schweiz, den Niederlanden, Schottland und den USA. Der hauptsächlich in Genf wirkende Jean Calvin (1509–1564) gehört zu den einflussreichsten Denkern überhaupt. Auf der Basis der reformatorischen Lehre entwickelte Calvin eine eigene Variante, die Gott in jeder Hinsicht absolut setzte. Er wandte sich schroff gegen alles Kirchliche und Kultische wie liturgischen Gottesdienst, Sakramente, Reliquien und natürlich den Ablass. In dieser Verabsolutierung ging er so weit zu behaupten, dass Gott das Schicksal jedes Menschen zur Erlösung oder zur Verdammnis vorherbestimmt habe – die sogenannte Prädestination. Da Gottes Wille in Bezug auf den Einzelnen aber nicht zu erkennen sei, müsse sich jeder eines äußerst tugendhaften Lebenswandels befleißigen. Für Calvin hieß das: keine Zeitvergeudung, sondern lernen, beten und arbeiten, kein Luxus, keine Laster.

Seit 1540 setzte Calvin seine Ansichten über Kirchen- und Glaubenszucht in Genf mit fanatischer Härte durch. In seinem Eifererturn und der unnachgiebigen Strenge stand Calvin seinem Zeitgenossen und indirekten katholischen Widersacher Ignatius von Loyola, dem Gründer des Jesuitenordens, in nichts nach.

Calvins dauerhafteste institutionelle Leistung war 1559 die Gründung der Genfer Hochschule, an der Generationen von protestantischen Theologen und deutschen Fürstensöhnen ausgebildet wurden. Hauptsächlich wegen dieser Akademie und weil in der Stadtrepublik ein besonders strenger protestantischer Geist vorherrschte, wurde Genf als das „protestantische Rom" apostrophiert.

Bartholomäusnacht {1572}

Als Calvin um 1525 in Paris studierte, war der französische Protestantismus eher eine

Art Untergrundbewegung. Franz I. unterdrückte die Hugenotten aus Rücksicht auf den Papst, den er wegen der Auseinandersetzungen mit Karl V. nicht verärgern wollte. Franz I. starb 1547. Sein Sohn Heinrich II. heiratete Katharina von Medici (1519–1589). Nach dessen qualvollem Tod durch einen Lanzensplitter im Auge lenkte Katharina als Königinmutter für ihre drei regierungsschwachen Söhne die französische Politik. Die Protestanten wurden weiter verfolgt, und seit 1562 kam es zu drei französischen Hugenottenkriegen. Auch in Frankreich waren die Religionskriege ein Machtkampf bis aufs Blut zwischen Krone und Adel. In Frankreich griff die mächtige lothringische Herzogsfamilie Guise mit ihren Verbündeten gegen die schwachen Valois nach der Krone. Die Guise waren die Anführer der katholischen Fraktion und bekriegten die Hugenotten zehn Jahre lang in einem komplizierten Wechselspiel von Feldzügen, Gemetzeln, Attentaten und kurzlebigen Friedensschlüssen. Katharina von Medici lavierte zwischen den Parteien.

Oberhaupt der Hugenotten war neben dem Kriegshelden Admiral Coligny der junge protestantische König Heinrich aus dem südfranzösischen Navarra (Regierungszeit 1589–1610). Nach zehnjährigem Bürgerkrieg sollten die unhaltbaren Zustände in Frankreich beendet werden. Die Vermählung Heinrichs mit der Valois-Prinzessin Margarete, der Schwester des französischen Königs, sollte Ausdruck der nationalen Versöhnung sein.

Anlässlich der Hochzeit von Heinrich und Margarete am 18. August 1572 in der Kathedrale von Notre-Dame waren Tausende von Protestanten nach Paris gekommen.

Der französische Kriegsheld und Hugenottenführer Caspard II. de Coligny wurde in der Bartholomäusnacht am 24. August 1572 ebenso wie Tausende andere umgebracht. In dem Gemälde von François Dubois hängt sein Oberkörper aus dem Fenster des Gebäudes rechts im Vordergrund.

Die Feierlichkeiten dauerten tagelang. Im Einverständnis zwischen den Guise und Katharina von Medici wurden in der Nacht zum 24. August 1572 Coligny und die Hugenottenführer sowie rund 3000 Protestanten in Paris und anschließend Tausende weiterer Hugenotten in ganz Frankreich ermordet. Hier entlud sich nach Jahren höchster innenpolitischer Anspannung die Wut gegen die Protestanten. Heinrich von Navarra entkam dem Gemetzel nur mit knapper Not. Der 24. August ist nach dem Heiligenkalender dem heiligen Bartholomäus geweiht.

Paris ist eine Messe wert {1593}

Solange der letzte Sohn der Katharina von Medici, König Heinrich III., noch lebte, setzten sich die Auseinandersetzungen zwischen Protestanten und Katholiken fort. Sie waren immer durch massive Einflussnahme von außen begleitet. Die Katholiken wurden natürlich von Philipp II. von Spanien unterstützt, die Protestanten – ebenso natürlich – von Königin Elisabeth I. von England. Insofern waren die Hugenottenkriege auch ein europäischer Religionskrieg und ein Machtkampf um Einflusszonen.

Am 1. August 1589 wurde Heinrich III., der letzte Valois, ermordet. Heinrich von Navarra wurde als Heinrich IV. sein Nachfolger und konvertierte 1593 zum Katholizismus. Sein persönlicher Verzicht auf das protestantische Bekenntnis, das ihm stets als politische Klugheit angerechnet worden war, kommentierte er angeblich mit dem berühmten Satz: *Paris vaut bien une messe.* „Paris ist eine Messe wert." Durch sein Toleranzedikt von Nantes 1598 sicherte er den Hugenotten die freie Religionsausübung. In Deutschland ist er als Henri Quatre durch den Romanzyklus von Heinrich Mann bekannt.

➡ ***Was danach geschah:*** Heinrich IV. war der erste Bourbone auf dem französischen Thron. Diese Dynastie regierte Frankreich fast 200 Jahre lang bis zur Revolution. 1599 annullierte der Papst die Ehe mit Margarete von Valois, und Heinrich heiratete Maria von Medici. 1610 wurde er von einem Attentäter in Paris ermordet. Maria übernahm als Königinmutter die Regentschaft für den neunjährigen Thronfolger Ludwig XIII. Dessen Nachfolger Ludwig XIV., der Sonnenkönig, hob das Toleranzedikt 1685 auf. Daraufhin emigrierten die meisten Hugenotten.

Armada {1588}

England unter Königin Elisabeth I. (1533 bis 1603) und Spanien unter König Philipp II. (1527–1598) waren erbitterte Konkurrenten – auf den Weltmeeren und konfessionell. Englische Piraten wie (Sir) Francis Drake lieferten sich Gefechte mit spanischen Schiffen. In der Karibik störte die aufstrebende Seemacht England die etablierte Seemacht Spanien. Die protestantischen Engländer fühlten sich durch von Spanien unterstützte „Papisten" unterwandert. Das Pikante daran ist, dass Philipp als junger Mann mit der Schwester und Vorgängerin Elisabeths, der katholischen „Bloody" Maria Tudor verheiratet und durch sie König von England gewesen war. Die Ehe blieb kinderlos, und Elisabeth kam auf den Thron. Auch ihr hatte Philipp einen Heiratsantrag gemacht. Erst danach wurden England und Spanien Feinde. Die Enthauptung der katholischen schottischen Königin Maria Stuart 1587 war dann für Philipp der Anlass, eine Flotte von 130 Schiffen, die *Grande y Felicísima Armada*, gen England zu schicken. Die Armada scheiterte 1588 im Ärmelkanal an den wendigeren englischen Schiffen und am schlechten Wetter. Sie ging unter.

Elisabethanisches Zeitalter {ca. 1580}

Elisabeth I. regierte 45 Jahre lang (1558 bis 1603). Nach ihr ist die glanzvolle Epoche der englischen Renaissance-Kultur als „Elisabethanisches Zeitalter" benannt. Die bedeutendsten Schriftsteller, allen voran William Shakespeare, Christopher Marlowe und der Staatsphilosoph und Universalgelehrte Francis Bacon („Wissen ist Macht") waren ihre Zeitgenossen; ebenso überragende Komponisten wie Henry Purcell und John Dowland. Nach dem Sieg über die Armada begann Englands Aufstieg

Der englische König Heinrich IV. Von ihm stammt angeblich der Ausspruch „Paris ist eine Messe wert".

Königin Elisabeth I. von England schlägt den Weltumsegler Francis Drake im Jahr 1581 an Bord seines Schiffes *Golden Hind* zum Ritter.

zur Seemacht. Schon die Weltumsegelung von Francis Drake 1577 bis 1580 war ein Symbol für die maritime Machtergreifung. Englands Zukunft lag auf dem Wasser. Das nach dem Hundertjährigen Krieg und den Rosenkriegen ausgeblutete Land erholte sich wirtschaftlich unter Elisabeths stabiler Regierung. Vor allem die Handels- und Kulturstadt London prosperierte. Zu Elisabeths Zeit war London eine Stadt mit rund 200 000 Einwohnern.

Irland {1541}

Seit dem Hochmittelalter war Irland wie England von der normannischen Oberschicht regiert worden. Da die Iren wie die Normannen streng katholisch waren, gab es keinen Anlass für Glaubenskonflikte. Dann schuf Heinrich VIII. ein Königreich Irland, machte sich natürlich selbst zu dessen Herrscher, regierte es straffer und säkularisierte – wie in England – den katholischen Kirchen- und Klosterbesitz. Seit dieser Zeit wurden systematisch englisch-anglikanische, etwas später protestantische schottische Siedler in Irland „eingepflanzt" (so der damals gebräuchliche Ausdruck). Der nordirische Bürgerkrieg im 20. Jahrhundert geht direkt auf diese englische Machtpolitik mit konfessionellem Anstrich zurück.

➡ ***Was danach geschah:*** Nachfolger der letzten Tudor-Königin Elisabeth I. von England, die als „jungfräuliche Königin" keinen eigenen Erben hatte, wurde der Sohn der hingerichteten Maria Stuart, Jakob (James) I. James war schottisch, protestantisch – und in Personalunion der erste König von Schottland und England.

Gegenreformation {seit 1535}

Die Kirche in Rom reagierte auf die Reformation nicht nur mit Inquisition und Unterstützung der katholischen Mächte auf politischer Ebene, sondern auch mit innerer Erneuerung. Eine treibende Kraft waren die Jesuiten.

Diese als „Societas Jesu" 1534 gegründete Ordensgemeinschaft geht auf den baskischen Adelsspross Ignatius von Loyola (1491–1556) zurück, der als junger Mann Offizier gewesen war. Nach einer schweren Verwundung legte er am Altar einer Klosterkirche seine Waffen nieder, führte fortan ein asketisches Leben und vertiefte seinen Glauben mit strengen Bußübungen. Der Jesuitenorden hat einige militärische Züge: Er ist straff hierarchisch organisiert, an der Spitze steht der „Ordensgeneral", die Jesuiten sind dem Papst direkt unterstellt und zu absolutem Gehorsam verpflichtet, dem sogenannten Kadavergehorsam, ein Wort, das auf Ignatius

Das Konzil von Trient tagte zwischen 1545 und 1563 in mehreren Sitzungen in der oberitalienischen Stadt. Die Abbildung zeigt eine Konzilsversammlung in der Kirche Santa Maria Maggiore.

selbst zurückgeht. Ihr ursprüngliches Ziel einer Missionierung im Heiligen Land ließ sich wegen der türkischen Expansion nicht verwirklichen, daher übernahmen sie die Aufgabe der Rekatholisierung in den protestantisch gewordenen Ländern. Hauptwaffe dieser Elitesoldaten Christi waren Bildung und geistliches Theater, von dem die Passionsspiele in Oberammergau oder der „Jedermann" bei den Salzburger Festspielen heute noch eine Ahnung vermitteln. Sie gründeten viele Gymnasien und Hochschulen, aus denen manche unserer heutigen Universitäten hervorgingen.

Ein Meilenstein der katholischen Gegenreform war das Tridentinische Konzil, das auf Einladung von Papst Paul III. von 1545 bis 1563 in der oberitalienischen Stadt Trient tagte. *Tridentum* ist der lateinische Name von Trient. Der Pfründenmissbrauch wurde eingestellt; der Ablass gegen Geldzahlungen abgeschafft. Das für die Gläubigen sichtbarste Ergebnis des Konzils ist die Messe nach dem tridentinischen Ritus, wie sie bis heute im Wesentlichen gefeiert wird. Beichtstuhl, Hochaltar und Abschaffung des Lettners, der im Mittelalter in großen Kirchen den Hochchor von den Gläubigen trennte, gehen ebenfalls auf tridentinische Beschlüsse zurück. Nach dem Tridentinum wurde die aufblühende kirchliche Barockkunst ganz in den Dienst der Glaubenspropaganda gestellt. Architektur, Malerei und Skulptur verkündeten in nie gesehener Lebendigkeit und künstlerischer Vollendung die christlichen Glaubensinhalte. Die Barockkirchen in Italien, Spanien, Süddeutschland, Österreich, Ungarn und Polen verdanken diesem Impuls ihre Entstehung – allen voran der Petersdom.

Gregorianische Kalenderreform {1582}

Quasi ein Nebenprodukt der katholischen Reformen war die Kalenderreform von Papst Gregor XIII. Bis 1582 galt der von Julius Cäsar eingeführte Julianische Kalender. Die julianische Schaltjahrregelung hatte sich im Lauf der Jahrhunderte als etwas zu grob erwiesen. Für das christliche Kalenderbewusstsein war der Ostertermin, der vom Frühlingsanfang abhing, schon immer von besonderer Bedeutung. 1582 fiel der julianische Frühlingsanfang schon auf den 11. März und nicht auf den astronomischen Frühlingsanfang am 21. März. Ein Dekret Gregors beseitigte dies und schaffte die gültige Schaltjahrregelung. Die damalige Differenz von zehn Tagen wurde im Jahr der Einführung einfach übergangen: auf den 4. Oktober folgte sofort der 15. Oktober.

ENTDECKUNGEN UND ERFINDUNGEN

1509 Sonnensystem
Der Universalgelehrte Nikolaus Kopernikus setzt in einer kleinen Broschüre die Sonne ins Zentrum unseres Planetensystems und begründet damit das heliozentrische Weltbild (1543 veröffentlichte er sein Hauptwerk dazu).

1572 Fixstern
Beobachtung einer Supernova durch Tycho Brahe: *De nova stella* – Ein neuer Fixstern.

1608 Teleskop
Erfindung des Teleskops (Fernrohr) durch den deutsch-niederländischen Brillenmacher Hans Lipperhey.

1609 Mondlandschaft
Mittels eines sogleich nachgebauten Fernrohrs entdeckt Galilei die Kraterlandschaft des Mondes.

1609 Planetenbahn
Kepler bestätigt in *Astronomia nova* seine Erkenntnis der elliptischen Planetenbahnen (Kopernikus hatte noch angenommen, sie seien kreisrund).

1610 Juipitermonde
Galilei entdeckt die ersten vier Jupitermonde.

1609/10 Fallgesetze
Fallgesetze durch Galilei (Entdeckung der mathematisch berechenbaren Beschleunigung duch die Schwerkraft).

1687 Gravitation
Allgemeines Gravitationsgesetz durch Newton in *Philosophiae Naturalis Principia Mathematica* veröffentlicht.

Die Kaiser im Osten

Während Europa einerseits Kolonien in Asien und Amerika gründete und gleichzeitig seine Kräfte in Religionsbürgerkriegen verschliss, führten bedeutende Herrscher im Osten ihre Reiche zu hoher wirtschaftlicher und kultureller Blüte. Großmogul Akbar und Schah Abbas von Persien lebten und regierten um 1600 zeitweise parallel.

Großmogul Akbar der Große {1156–1605}

Der Ururenkel von Timur Lenk weitete in den ersten 25 Jahren seiner Herrschaft (1556–1605) das Herrschaftsgebiet seines Mogul-Reiches über ganz Nordindien aus. Die Inder waren und sind größtenteils Hindus, und nicht alle waren von den neuen muslimischen Herren angetan. Akbar, ein bedeutender theologischer Denker und Prediger, gewährte religiöse Toleranz und versuchte nicht, seine Untertanen zum Islam zu bekehren. Er erlaubte Hindu-Riten an seinem Hof, Hindus selbst aus einfachsten Verhältnissen konnten hohe Staatsämter erreichen.

Schah Abbas der Große {1587–1629}

Unmittelbarer Nachbar von Akbar an der gemeinsamen Indus-Grenze war der Safawiden-Schah Abbas I. der Große von Persien. Ihm gelang während seiner Regierungszeit (1587–1629) die Konsolidierung und Wiedergewinnung der schiitischen Wallfahrtsorte Nadschaf und Kerbala westlich des Euphrat. Er betrieb eine geschickte Wirtschaftspolitik, führte sein Reich zu Wohlstand, baute die Hauptstadt Isfahan aus und förderte die Ausbildung einer spezifisch persischen Kultur. Vor allem in Isfahan blühten die Buchkunst mit Miniaturmalerei und Kalligrafie, Teppichweben, Architektur auf. Teppiche und Textilien aus Indien und Persien wurden über die Seidenstraße gehandelt. Hauptabnehmer waren Engländer und Niederländer. Schah Abbas I. war zugleich religiöses Oberhaupt, das Safawiden-Reich hatte also durchaus theokratische Züge (wie die heutige „Islamische Republik“ auch).

Sultan Murad IV. {ab 1623}

Er war nach Süleimans Tod von 1623 bis 1640 der einzige kraftvolle Herrscher der Osmanen, aber auch sehr streng. Kaffee,

Das Rote Fort in der nordindischen Stadt Agra war eine bedeutende Mogul-Residenz.

Wein, Opium und Tabakgenuss waren bei Todesstrafe verboten. Mehrere Osmanen-Herrscher vor ihm waren schwach, verrückt oder standen unter der Fuchtel der Sultansmütter. Schon nach Lepanto und erst recht unter der Haremsherrschaft hatte sich eine große Schwäche des Osmanischen Reiches gezeigt: Es entwickelte sich nicht weiter. Der Buchdruck wurde vollkommen untersagt. Die Osmanen vollzogen die geistige, technische und wirtschaftliche Entwicklung Europas nicht mit und gerieten in einen Rückstand, den sie nicht mehr aufholten.

Kaiser Wan-li {ab 1572}

Ihm war in der letzten Phase der Ming-Dynastie eine vergleichsweise lange Regierungszeit von 48 Jahren (1572–1620) beschieden. Kaiser Wan-li regierte despotisch und verschwendungssüchtig auf Kosten der Bauern. Andererseits war Wan-li „außenpolitisch" erfolgreich, befriedete die Mandschurei (1583), vertrieb die Japaner aus Korea (1592), eroberte Annam (Vietnam), Burma und Siam (Thailand). Außerdem erlaubte er eine vorsichtige Öffnung zum Westen: 1601 begann der Jesuitenpater Matteo Ricci mit kaiserlicher Erlaubnis die christliche Mission in China. Ricci pflegte freundschaftliche Kontakte mit konfuzianischen Gelehrten und Dichtern (und bekehrte einige). Dank seiner überlegenen mathematischen, geografischen und astronomischen Kenntnisse beeindruckte Ricci auch den chinesischen Kaiserhof. Für Wan-li fertigte er die erste Weltkarte, auf der auch Amerika verzeichnet ist.

Das Tokugawa-Shogunat

Nach dem ersten Shogunat Kamakura (bis 1333) hatte es in Japan nur noch regionale Fürsten gegeben. Diese *daimyo* befehdeten sich untereinander, bis in den letzten drei Jahrzehnten des 16. Jahrhunderts drei Feldherren zuerst mit Waffengewalt, dann auch mit Verwaltungsmaßnahmen immer mehr *daimyo* und unabhängige Klöster mit eigenem Grundbesitz und eigenen Söldnern unter ihre Kontrolle brachten. Tokugawa Ieyasu (1543–1616) war der

Das um 1620 entstandene Gemälde zeigt den Mogul-Herrscher Jahangir (rechts) und Schah Abbas, den Herrscher über das Safawiden-Reich, bei einer innigen Umarmung.

Letzte in dieser Reihe. Er wurde schließlich zum Alleinherrscher Japans und begründete 1603 das Tokugawa-Shogunat. Ieyasu wurde Taikun genannt („Großer Gebieter"), wovon sich das weltweit verbreitete Wort *Tycoon* ableitet.

Tokugawa brachte Japan eine 250-jährige Friedenszeit, aber auch eine völlige Isolation nach außen. Edo (das heutige Tokio) wurde zur Herrschaftszentrale. Danach wird das Shogunat auch Edo-Zeit genannt. Die Bevölkerung wurde streng kontrolliert. Das neue Herrschaftssystem war letztlich ein Polizeistaat, der in radikaler, stark zentralisierter Form dem etwa gleichzeitigen Absolutismus in Europa entsprach.

Der Dalai Lama in Tibet

Sönam Gyatsho (1543–1588) war der erste Groß-Lama, ein Abt des Gelbmützen-Ordens lamaistisch-tibetischer Mönche, dem dieser Ehrentitel von einem Großkhan der Mongolen verliehen wurde. Sönam Gyatsho zählt als dritter Dalai Lama. Der Dalai Lama gilt als Reinkarnation eines Bodhisattwa, der nach dem Tod eines Dalai Lamas bei einem gleichzeitig geborenen Knaben von den Mönchen nach festgelegten Riten „gefunden" und zum neuen Dalai Lama („Ozean des Wissens") proklamiert wird. Der gegenwärtige Dalai Lama Tendzin Gyatsho ist der 14. Dalai Lama. Die korrekte Anrede lautet „Heiliger Vater" (wie beim Papst) oder im Tibetischen Kundün („Verehrungswürdige Anwesenheit").

Das siamesische Ayutthaya-Reich

Bis zu Beginn des 20. Jahrhunderts wurde das heutige Thailand von Europäern als „Siam" bezeichnet (allerdings nicht als Eigenbezeichnung). Durch die Thai-Wanderung, die um 1200 einsetzte, war die Khmer-Zivilisation (Angkor-Wat) untergegangen. Seit der Mitte des 13. Jahrhunderts dominierten nun siamesische Reiche den hinterindischen Halbkontinent, zuerst für fast zwei Jahrhunderte das stark vom Buddhismus geprägte Sukhothai, dessen Fürsten nach Art von Landesvätern regierten. Siam-Reiche waren aber nie einheitliche Machtblöcke mit festen Grenzen. Schwerpunkt war immer das fruchtbare Flusstal des Chao Pharya, an dem auch Bangkok liegt.

Schon während der Sukhothai-Zeit bildete sich ab ca. 1350 ein weiteres Machtzentrum um die Stadt Ayutthaya. Das Königreich Ayutthaya dominierte dann 400 Jahre lang Siam und große Teile Hinterindiens bis 1767. Ayutthaya selbst war eine prachtvolle Hauptstadt und Millionenstadt mit Tempeln und Palästen. Den Wohlstand sicherten die üppige Landwirtschaft und der Handel mit allen Nationen von Japan über China bis nach Indien und Persien und selbstverständlich mit den nach 1500 in Südostasien auftauchenden Portugiesen, Niederländern und Engländern. Die Blütezeit von Ayutthaya lag während der europäischen Barockzeit, vor allem unter dem von 1656 bis 1688 lange regierenden König Narai. Siam war in Europa wohlbekannt, nicht nur wegen der europäischen Handelskontakte, sondern auch umgekehrt durch eine siamesische Gesandtschaft 1608 nach Den Haag und einen berühmten siamesischen Gesandtenbesuch am französischen Hof 1686. Diese wirtschaftliche und kulturelle Blütezeit dauerte bis zur Mitte des 18. Jahrhunderts. 1767 wurde die Stadt Ayutthaya dann von einer äußerst aggressiven birmanischen Dynastie in einem regelrechten Vernichtungskrieg erobert und vollkommen zerstört. Das bedeutete auch das schlagartige Ende des Ayutthaya-Reiches.

Der Ayutthaya-Tempel Wat Ratchaburana im heutigen Thailand von oben

➡ ***Was danach geschah:*** Die Birmanen dominierten fortan den hinterindischen Subkontinent, bis die Engländer sie in drei Kriegen bis 1885 vollständig unterwarfen und Birma in ihr indisches Kolonialreich eingliederten. In dieser Zeit (ab 1887) bildeten wiederum die Franzosen aus Vietnam, Laos und Kambodscha ihr Indochina-Kolonialreich.

Zentralsiam kam über einige Zwischenstufen ab dem Jahr 1782 unter die Herrschaft der bis heute noch regierenden Chakri-Dynastie.

Kolonien der Niederländer und Engländer

Die erste Börse der Welt wurde 1409 in der flandrischen Stadt Brügge gegründet (hier eine Ansicht des mittelalterlichen Stadtbilds von Brügge mit dem Glockenturm).

Für den Ehrgeiz des spanischen Königs Philipp II., möglichst gleichzeitig alle Protestanten in Europa und außerdem noch die Türken zu bekämpfen, reichte alles Gold und Silber aus den Kolonien nicht aus. Das meiste hatte sowieso bereits sein Vater Karl V. für kostspielige Kriege in Italien gegen König Franz von Frankreich sowie gegen die deutschen Protestanten ausgegeben. Philipp belegte nun Spanien selbst mit Steuern, Zwangsanleihen und Münzverschlechterung, verkaufte Ämter und unterdrückte in seinem Land despotisch jegliche Opposition. Gleichwohl musste er 1557 den Staatsbankrott Spaniens erklären, der erste im modernen Europa. Auch 1575 und 1596 konnten keine Zahlungen mehr geleistet werden.

Börse {1531}

Schon 1409 hatte in der flandrischen Handelsstadt Brügge die Kaufmannsfamilie Burse ein Haus eigens für den Abschluss von Handelsgeschäften eröffnet. Im benachbarten Antwerpen an der Scheldemündung begann nach der Verleihung der Stadtrechte 1291 wegen des florierenden Tuchhandels und der Lage der Stadt im Zentrum der westeuropäischen Handelsströme eine Blütezeit. Im Jahr 1531 entstand hier die erste europäische Börse im modernen Sinn für den Handel mit Wertpapieren. 1556 wurde das zum Habsburgerreich gehörende Antwerpen zwar im Zuge der Reformation protestantisch, doch als die Stadt 1585 von den Spaniern erobert wurde, emigrierten viele Protestanten in den Norden. Von nun an war Amsterdam der führende Börsen- und Bankenplatz in Europa.

Aktiengesellschaft {1602}

Andeel ist das niederländische Wort, unter dem das, was wir bis heute unter Aktie verstehen, erstmals in der Geschichte auftaucht. Nach der Afrikaumsegelung Vasco da Gamas im 16. Jahrhundert hatten die Portugiesen den lukrativen „Ostindienhandel“ mit seinem Hauptprofitbringer Gewürze monopolisiert. Sie hielten die Kenntnisse von den Seewegen um Afrika herum und im Indischen Ozean geheim. Ein holländischer Sekretär in portugiesischen Diensten in Goa kopierte heimlich die Karten, brachte sie 1592 nach Holland und veröffentlichte anschließend einen „Reisebericht“ mit den ausführlichen Informationen.

Holländische Seekaufleute gründeten nun Kaufmanns-„Compagnien“, die Bau oder Kauf und Ausrüstung von Schiffen finanzierten. Die ersten vier Schiffe kehrten 1597 nach Amsterdam zurück. Nach jeder Reise wurde Kasse gemacht und die jeweilige Compagnie wieder liquidiert. Innerhalb weniger Jahre wurden so 65 Schiffe zu 15 Flotten ausgesandt, von denen immerhin erstaunliche 50 beladen wieder zurückkamen. Das Geschäft war hochriskant. Im Indischen Ozean und im Atlantik erwartete die Schiffe das Sperrfeuer der Spanier, Portugiesen und Araber, Wetter und Piraten taten ein Übriges, und überdies bekriegten sich die „Compagnien“ untereinander. Unter diesem Druck schlossen sich 1602 die

Der „Westfälische Friede", der in Münster und Osnabrück geschlossen wurde, beendete den Dreißigjährigen Krieg. Hier das Exemplar des Kurfürsten von Sachsen.

Man vermied damit, dass Frankreich und Schweden sich in Fragen der Etikette und des Vorrangs ins Gehege kamen. Ungefähr drei Jahre lang verhandelten die Gesandten: in Osnabrück der Kaiser und das Reich mit den Schweden, in Münster die kaiserlichen Gesandten mit Frankreich. Außerdem wurde in Münster das Verhältnis zwischen Spanien und den Niederlanden geklärt.

Der „Westfälische Friede" ist nicht ein einziges Dokument, sondern ein Bündel mehrerer Verträge. Durch die Anwesenheit von Kaiser und Reichsständen in Osnabrück wurde auch die „Verfassung" des Reiches geändert: Die Territorien (Fürsten, Reichsstädte) erhielten die volle Souveränität (Steuern, Gesetzgebung, Rechtsprechung, sogar Bewaffnung und Bündnisrecht). Damit wurden die vielen deutschen Fürstentümer unabhängige kleine Staaten. Spanien und die anderen europäischen Staaten erkannten die Unabhängigkeit der Niederlande an. Der 80-jährige Kampf der niederländischen Republiken um ihre Unabhängigkeit von der damaligen europäischen Großmacht Spanien war die historisch erste Unabhängigkeitsbewegung überhaupt. Die Niederlande wurden ein vollkommen souveräner Staat, ebenso die Schweizer Eidgenossenschaft. Frankeich erhielt das Elsass einschließlich Breisach und die lothringischen Bistümer Metz, Toul und Verdun und war der große territoriale Gewinner des Dreißigjährigen Krieges.

ZWISCHEN RELIGIONSKRIEGEN UND REVOLUTION: ABSOLUTISMUS

ca. 1600 bis 1700

Monarchen und Parlamente in Europa

Die nunmehr souveränen deutschen Einzelstaaten waren konfessionell verschieden und folgten auch in der Außenpolitik ihren eigenen Interessen. So gab es keine Möglichkeit mehr, dass Deutschland zu einem einheitlichen Nationalstaat zusammenwuchs, wie es ringsherum ansonsten in Europa der Fall war. Die Oberhoheit des Kaisers bestand nur noch formell, Deutschland blieb ein Commonwealth der Fürstentümer und Städte, die alsbald einen bedeutenden kulturellen Aufschwung in unglaublicher Vielfalt erlebten.

Vereinigtes Königreich I {1603}

Als Königin Elisabeth I. 1603 kinderlos starb, folgte ihr Jakob (James) I. auf den Thron. Seit der Hinrichtung seiner Mutter Maria Stuart war er bereits König von Schottland. Er erbte und vereinigte in Personalunion die Kronen von Schottland und England, zu der seit Heinrich VIII. auch Irland gehörte. Damit begann in Großbritannien die Stuart-Zeit. Die staatsrechtliche Vereinigung der drei Reiche auf den britischen Inseln erfolgte 1707.
Übrigens: Während seiner Herrschaft griffen die Engländer erstmals nach Nordamerika aus: 1607 wurde die erste dauerhafte englische Siedlung Jamestown gegründet; 1620 segelten die Pilgerväter nach Cape Cod.

Die ersten puritanischen Siedler, die in England ihres Glaubens wegen verfolgt und später als Pilgerväter bezeichnet wurden, kamen im Jahr 1620 mit der *Mayflower* nach Amerika (Gemälde von Antonio Gisbert, um 1864).

Absolutismus

Anlässlich der Volljährigkeit (mit vierzehn!) des französischen Thronfolgers Ludwig XIII. (Sohn von Henri Quatre) wurden in Frankreich letztmalig vor der Französischen Revolution die Generalstände einberufen. Das französische Königtum war damit auf dem Weg zum Absolutismus, was im Kern bedeutet, dass der Monarch „losgelöst von den Gesetzen" (lateinisch *legibus solutus*) und natürlich auch losgelöst von etwaigen gesetzgebenden Körperschaften regiert, absolut eben. Ludwigs Nachfolger Ludwig XIV. vollendete diesen Absolutismus in Reinkultur und Maßstäbe setzend für ganz Europa.

Puritaner {1642}

Die Puritaner wollten sich nicht von „Papisten" bevormunden lassen, sondern die Kirche aus der Reinheit (lateinisch *puritas*) von Gottes Wort begründen. Dazu benötigten sie eine Bibel in der Landessprache, weswegen James I. die Herausgabe einer englischsprachigen Bibel veranlasste, die nach ihm benannte *King James Bible*. Diese calvinistisch geprägten, bürgerlichen Puritaner waren nüchterne Leute, die wenig auf royalistischen und katholischen Klimbim und viel auf praktische Arbeit gaben. Charakteristisch für das puritanische England war die strenge Sabbat-Heiligung (Sonntagsruhe) ohne Wein, Weib, Gesang und Tanz. Davon war und ist die englische Gesellschaft (Öffnungszeiten für Pubs) tief geprägt. „Puritaner" war keine Eigenbezeichnung dieser Leute, sondern ein Spottname. Politisch gerieten die bürgerlichen, im Parlament verankerten Puritaner in Gegensatz zum absolutistischen Königtum der Stuarts.

Commonwealth {1640}

Der auf James Stuart von 1625 bis 1649 folgende König Karl I. Stuart versuchte erst ohne, dann gegen das Parlament zu regieren. Er berief es elf Jahre lang nicht ein. Nach einer ergebnislosen, nur dreiwöchigen Sitzung des Kurzen Parlaments im April/Mai 1640 trat es im November desselben Jahres erneut zusammen, da Karl Geld zur Niederschlagung eines Aufstandes in Schottland benötigte. Das alleinige Recht zur Steuerbewilligung hatten die *Commons*, das Unterhaus, der Krone schon 1407 während des Hundertjährigen Krieges abgetrotzt. Nun wurde die Umlagefinanzierung von Karls Militärausgaben zwar bewilligt, allerdings gegen die Zusage, das Parlament nicht mehr ohne seine eigene Zustimmung aufzulösen. Damit war es als zweite Regierungsmacht etabliert. Trotz des anschließenden englischen Bürgerkriegs wurde es formal bis 1660 nicht aufgelöst und heißt daher Langes Parlament.

Während einer der Auseinandersetzungen, die König Karl I. mit den Parlamentariern hatte, betrat er 1642 einmal das *House of Commons* in Begleitung seiner Leibgarde, um eine Verhaftung vorzunehmen. Das werteten die Parlamentarier als Staatsstreichversuch gegen das Parlament. Karl musste aus London fliehen. Es war der Beginn des englischen Bürgerkriegs des Königs gegen die Puritaner, die vor allem in London saßen; die königliche Armee wurde 1645 von der „Parlamentsarmee" unter Führung von Oliver Cromwell entscheidend geschlagen. Die bis dahin undenkbare Hinrichtung eines Königs „durch sein Volk" erfolgte 1649: Karl wurde enthauptet. Seither regierte Oliver Cromwell als *Lord Protector* fanatisch, intolerant und mit den Mitteln einer Militärdiktatur das als *Commonwealth* bezeichnete, nunmehr republikanische England. Das puritanische Commonwealth war den Engländern auf die Dauer dann aber doch zu reaktionär. Die Monarchie wurde 1660 wieder eingeführt („restauriert"): Karl II. bestieg den Thron und regierte von 1660 bis 1685. Er war in seinem Hof- und Regierungsstil das englische Pendant zu Ludwig XIV.

Fronde {1648–1653}

Der als „Sonnenkönig" bezeichnete Ludwig XIV. hatte 72 Jahre lang von 1643 bis 1715 den französischen Thron inne. Er wurde im Alter von vier Jahren Nachfolger seines Vaters Ludwig XIII. Solange Ludwig minderjährig war, führte seine Mutter Anne, eine gebürtige spanische Habsburgerin, gemeinsam mit ihrem *Premier Ministre* Kardinal Mazarin die Geschäfte. In dieser Zeit kam es zum letzten Mal vor der großen Revolution zu einem blutigen Aufstand von Adligen und Pariser Bürgern gegen die Krone. Diese Fronde von 1648 bis 1653 scheint Ludwig zutiefst traumatisiert zu haben. Unmittelbar nach dem Tod Mazarins erklärte er im Alter von 22 Jahren, zur Überraschung des Hofes und zum Entsetzen seiner Mutter, dass er keinen *Premier Ministre* mehr ernennen wolle, und begann seine Alleinherrschaft.

L'état c'est moi {1655}

Die vollkommene Verkörperung der Staatsidee des absolutistischen Monarchismus bildete dann Ludwig selbst. Ludwig fesselte den Adel an seinen Hof in Versailles und kontrollierte ihn über ein ausgeklügeltes Zeremoniell. Auch das Schloss selbst mit dem

Porträt König Karls I. von England (1600–1649). Von 1625 bis zu seiner Hinrichtung 1649 war er König von England, Schottland und Irland.

Die Gartenfassade von Schloss Versailles, die vom französischen Architekten Jules Hardouin-Mansart im Auftrag von Ludwig XIV. gestaltet wurde. Die Gesamtanlage einschließlich des ausgedehnten Parks gilt als Inbegriff barocker Prachtentfaltung.

Amerika macht sich unabhängig

Es war keineswegs ausgemacht, dass Großbritannien um 1760 die bedeutendste Macht auf dem nordamerikanischen Kontinent sein würde. Die Spanier waren viel früher da und hatten seit der Konquistadorenzeit den Kontinent vom Golf von Mexiko aus von Florida bis Kalifornien in Besitz genommen und teilweise kolonialisiert. Davon zeugen bis heute Ortsnamen wie San Francisco, Los Angeles, San Diego, Colorado oder Orlando in Florida. Auch den Franzosen gehörten große Teile des Landes. Großbritannien „besaß" als Kolonien „nur" die 13 sogenannten Neuengland-Staaten an der Ostküste von Massachusetts im Norden bis Georgia im Süden. Das war vergleichsweise wenig.

No taxation without representation {1773}

Auf dem Thron in London saß seit 1760 George III. Er sah sich lieber als absolutistischer Herrscher alten Zuschnitts denn als konstitutioneller Monarch und versuchte, die Rechte des Parlaments zu beschneiden. In den Kolonien erhob die englische Regierung Steuern, um wenigstens teilweise die Kosten zu decken, die die zum Schutz der Kolonisten vorhandene Armee verursachte (Stempelsteuer, Zuckersteuer, später ein Teeimportzoll). Den keineswegs an Steuern gewöhnten Kolonisten war das schon zu viel. Wegen des Teezolls kam es am 16. Dezember 1773 zur *Boston Tea Party*, bei der ungefähr 50 als Indianer verkleidete Weiße drei im Hafen von Boston liegende Schiffe enterten und deren Teeladung, etwa 40 Tonnen, als Zeichen des Protests ins Hafenbecken kippten. Das Kernproblem lautete: *No taxation without representation* – „Keine Besteuerung ohne Vertretung im Parlament". Darauf reagierte die englische Regierung im Sommer 1774 mit der Schließung des Hafens von Boston und weiteren Einschränkungen für die Kolonien. Die Reaktion war der erste Kontinentalkongress im Herbst 1774 in Philadelphia, der formelle Beginn der Los-von-England-Bewegung.

Der Kongress stellte eine Kontinentalarmee auf. Zu den ersten Gefechten mit den Briten kam es im April 1775 bei Lexington

Der letzte Mohikaner {um 1760}

Seit den Tagen von Jacques Cartier, der noch von König Franz I. 1535 zum kanadischen St.-Lorenz-Strom geschickt worden war, hatten die Franzosen von dort über die Großen Seen und entlang des Missouri und Mississippi ein riesiges Gebiet erworben und erobert. Dieser französische Kolonialbesitz, praktisch der gesamte Mittlere Westen einschließlich des Ostens von Kanada hieß nach Ludwig XIV. „Louisiana". *Nouvelle Orléans* (New Orleans) an der Mississippi-Mündung war 1718 gegründet worden.

Während des Siebenjährigen Krieges von 1756 bis 1763 bekämpften sich die Briten und die Franzosen auch auf dem nordamerikanischen Kontinent. Anfangs entzündete sich der Krieg vor allem um den Besitz des Ohio-Tales. Frankreich verlor 1763 die Gebiete bis zum Mississippi an Großbritannien. Dieser „indianische" Kolonialkrieg bildet den Hintergrund für den berühmten Roman von James Fenimore Cooper. Einen Indianerstamm der Mohikaner gab es allerdings nicht. Cooper bildete das Wort aus den Namen zweier tatsächlicher Indianerstämme, den *Mohegan* und den *Mahican*.

So stellte sich der deutsch-amerikanische Historienmaler Emanuel Gottlieb Leutze in seinem Gemälde von 1850 den „letzten Mohikaner" vor.

und Concord in Massachusetts. Ab Mai 1775 tagte der zweite Kontinentalkongress an wechselnden Orten und führte bereits eine eigene Währung ein. Der amerikanische Unabhängigkeitskampf war ins Rollen gekommen.

Vereinigte Staaten von Amerika {1776}

Der erste, der vorschlug, die abtrünnigen Kolonien „Vereinigte Staaten von Amerika" zu nennen, war Thomas Paine. Der gebürtige Engländer war erst 1774 nach Amerika gekommen und veröffentlichte im Januar 1776 eine Schrift mit dem Titel *Common Sense*. Darin formulierte Paine klar die Mission Amerikas, unabhängig zu werden und ein demokratisches und auf dem Prinzip der Menschenrechte gegründetes Regierungssystem einzuführen. Die Schrift hatte eine geradezu zündende Wirkung auf Thomas Jefferson, den maßgeblichen Verfasser der amerikanischen Unabhängigkeitserklärung.

Unabhängigkeitserklärung {1776}

Das Dokument wird mit dem berühmten Satz von den unveräußerlichen Menschenrechten auf Leben, Freiheit und die freie Entfaltung der Persönlichkeit eingeleitet. Dann werden die Missetaten des „Tyrannen" George III. aufgezählt. Zum Schluss folgt in einem kurzen Absatz die „feierliche Erklärung", dass die Kolonien sich nunmehr als frei und unabhängig und alle Bindungen zum „britischen Reich" als gelöst ansehen. Am 4. Juli 1776 wurde die amerikanische Unabhängigkeitserklärung verabschiedet und unterzeichnet. Diesen *Independence Day* feiern die Amerikaner jährlich als Geburtstag ihrer Nation. George Washington war von 1789 bis 1797 der erste Präsident der Vereinigten Staaten von Amerika.

Die Unabhängigkeitserklärung wurde 1782 von Großbritannien anerkannt. Ihr Verfasser war Thomas Jefferson. Eine Kommission des Kontinentalkongresses bestehend aus John Adams, Benjamin Franklin, Robert Livingston und Roger Sherman nahm kaum Änderungen daran vor. Die Genannten gelten als die Gründerväter der USA, weil sie natürlich alle schon im bisherigen Unabhängigkeitsprozess hervorgetreten waren. Thomas Jefferson war als Universalgelehrter, Südstaaten-Gentleman und Staatsmann (1743–1826) so etwas wie der Goethe Amerikas. Er wurde 1801 der dritte Präsident der USA. Ebenso wie viele führende Männer der Anfangsjahre der USA stammte Jefferson aus der aristokratischen Plantagenbesitzerschicht des Alten Südens, die damals in den Kolonien tonangebend war. Die Vorherrschaft der Industrie und damit des Nordens und Nordostens der Vereinigten Staaten entwickelte sich erst im 19. Jahrhundert. Bisher erstreckte sich die Besiedlung der englischsprachigen Weißen ja gerade erst einmal von der Atlantikküste bis an den Rand der Appalachen.

ENTDECKUNGEN UND ERFINDUNGEN

1766/1783 H_2O

Im Jahr 1783 wird aus England bekannt, dass der schrullige Adlige Henry Cavendish bereits 1766 Wasserstoff isoliert, es aber nicht als chemisches Element erkannt hat. 1781 hat er außerdem schon bemerkt, dass Wasser sich aus Wasserstoff und Sauerstoff zusammensetzt. Lavoisier vollzieht Cavendishs Experimente vor Publikum und gewinnt aus beiden Gasen Wasser. Damit wird die aristotelische Elementenlehre endgültig obsolet.

1792 Die erste Batterie

Der italienische Physiker Alessandro Volta verwendet mit Kochsalzlösung getränkte Pappe und Lederstücke, die er zwischen einer Zink- und einer Kupferplatte aufschichtet. Diese sogenannte Volta'sche Säule war die erste bedeutende Batterie.

Die für lange Zeit einzige praktische Nutzung von Elektrizität war die immerhin für die Nachrichtenübermittlung bahnbrechende Telegrafie – auch zunächst aus bescheidenen Anfängen seit 1833 durch Gauß.

1797 Narkose

Fünf Jahre später entdeckt der Brite Humphry Davy (1778–1829) die schmerzlindernde Wirkung von Lachgas, das dann als Narkosemittel eingesetzt wird, und isoliert ferner Kalium, Natrium, Magnesium, Barium, Kalzium, Strontium und Aluminium als chemische Elemente. Er experimentierte bereits sehr viel mit Elektrizität. Er erfindet die Davy-Grubenlampe als Sicherheitsleuchte für den Bergbau und macht viele weitere Entdeckungen.

Verfassung {1787/1789}

Erst zehn Jahre nach der Unabhängigkeit wurde die Verfassung der Vereinigten Staaten 1787 wiederum in Philadelphia verabschiedet. (Washington wurde erst später gebaut.) Sie trat 1789 in Kraft und ist die erste Staatsverfassung im modernen Sinn, mittlerweile die älteste der auf einer formellen Urkunde beruhenden Konstitutionen. (Auch England hat eine alte Verfassung, aber nichts Schriftliches.)

Die Verfassung der USA umfasst vier Seiten einschließlich der Unterschriften der Abgeordneten. Sie legt mustergültig die von Montesquieu entwickelte Gewaltenteilung fest: Artikel 1 behandelt die gesetzgebende Gewalt, den Kongress, Artikel 2 die vollziehende Gewalt, den Präsidenten, Artikel 3 die rechtsprechende Gewalt, die Rechtsprechung des Bundes und die Einrichtung des *Supreme Court*, Artikel 4 die Verhältnisse der Bundesstaaten untereinander und zum Bund, also die föderale Struktur. Der erste Kongress erweiterte die Verfassung um einen Grundrechtekatalog, der in den ersten Zusatzartikeln festgelegt ist. Er wurde in starker Anlehnung an die englische *Bill of Rights* (1698) entwickelt.

Louisiana Purchase {1803}

Das seit 1763 „britische Louisiana" bis zum Mississippi hatten die jungen USA nach dem Unabhängigkeitskrieg vom Mutterland übernommen. Die West-Mississippi-Gebiete, immer noch sehr viel Territorium, hatte Frankreich 1763 an die verwandte spanische Bourbonen-Dynastie in Obhut gegeben, eine formale Abtretung, um sie dem englischen Zugriff zu entziehen. Die Spanier hatten die Territorien indessen an Frankreich zurückgereicht, was ja der Plan war. 1803 machte sich der gerade in finanziellen Schwierigkeiten befindliche Napoleon keine Hoffnungen, dieses Kolonialreich wiederzubeleben. Als eine amerikanische Delegation 1803 zu ihm kam, die eigentlich nur New Orleans kaufen wollte, bot Napoleon das ganze Gebiet Louisiana an – zum Preis von 22 Millionen Dollar. Ohne Rückfrage in den USA zu halten, akzeptierten die Unterhändler das Angebot. Es war der größte Grundstücksdeal der Geschichte und für die USA der absolut günstigste. Ihre Fläche verdoppelte sich mit einem Schlag. Dieses „Louisiana" umfasste den gesamten „Mittleren Westen", die heutigen Bundesstaaten Montana, Wyoming, North Dakota, South Dakota, Colorado, Nebraska, Iowa, Kansas, Missouri, Oklahoma, Arkansas und ganz im Süden den heutigen armen kleinen Bundesstaat Louisiana rund um New Orleans.

➡ ***Was danach geschah:*** Die weitere Ausdehnung der USA in den „Wilden Westen" des riesigen, vier Zeitzonen umfassenden Kontinents bis an die Pazifikküste und der Beitritt weiterer Bundesstaaten zog sich durch das ganze 19. Jahrhundert in vielen kleinen Etappen, teilweise verbunden mit Kriegen. Unterstützt wurde die Expansion von der Siedlerbewegung, dem Eisenbahnbau und dem Kanalbau. Der 1825 eröffnete Erie-Kanal schloss den Mittleren Westen und das Große-Seen-Gebiet an den Hudson-River und damit an den Atlantik an – die Folge war der Aufstieg New Yorks zum Welthafen.

Weitere wichtige Etappen waren seit 1810 die schrittweise Übernahme Floridas von Spanien sowie der Beitritt von Texas 1845 – ein sehr großes Territorium, das bis 1836 zu Mexiko gehört hatte. Seit 1848 wurde das ebenfalls große, heute mehrere nordwestliche Bundesstaaten umfassende Oregon-Gebiet in mehreren Schritten eingegliedert. Von 1845 bis 1850 wurde Kalifornien eingegliedert, und es wurden die Südweststaaten (Arizona, Nevada, New Mexico) dazugewonnen.

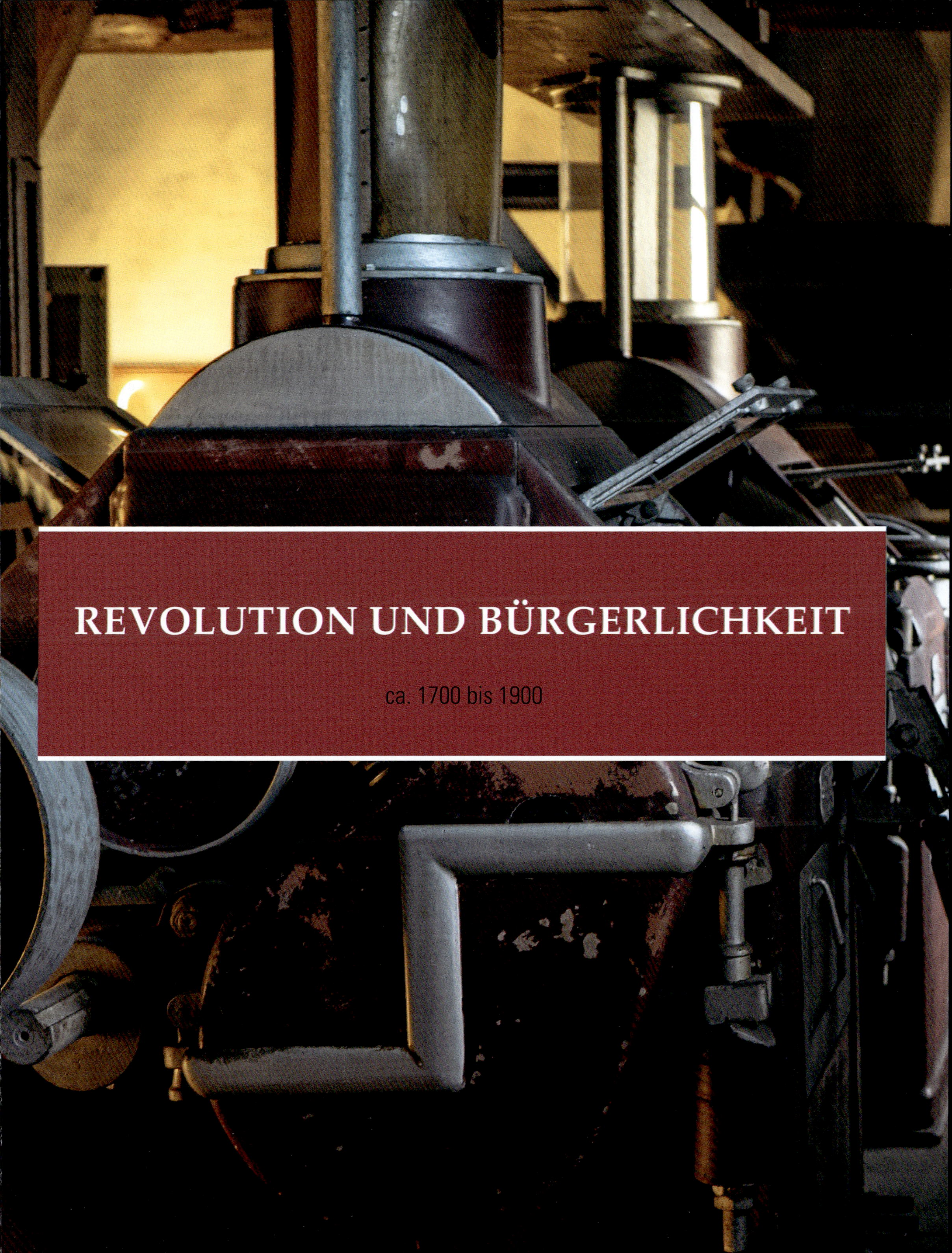

REVOLUTION UND BÜRGERLICHKEIT

ca. 1700 bis 1900

Philosophie der Aufklärung

Für ein Fest auf der Themse, bei dem der Hofstaat auf Barken nach Chelsea schipperte, komponierte Georg Friedrich Händel (1685–1759) im Jahr 1717 die *Wassermusik*. Händel war, wie viele andere auch, ein Hofkünstler, der vom König und vom Adel protegiert und besoldet wurde. Aber er war auch ein rühriger Opern- und Konzertunternehmer. Anders waren die überteuerten Star-Gagen für die Kastraten und Primadonnen auch nicht aufzubringen. Im harten Musikgeschäft in London gingen Händels Firmen meist wieder bankrott. Solche Unternehmungen wären in Frankreich, wo alles vom Hof alimentiert wurde, undenkbar gewesen. Händels Zeitalter ist das Zeitalter der englischen Aufklärung.

John Locke, englischer Arzt und Philosoph, wird auch als „Vater des Liberalismus" bezeichnet.

Englische Aufklärung

Die nüchternen, puritanisch geprägten Engländer gaben wenig auf philosophische Spekulation und viel auf realistische Erfahrungswerte. Ein berühmter Zeitgenosse Händels war Isaac Newton (1643–1727). Der legte wesentliche Grundlagen für die modernen Naturwissenschaften, insbesondere für den Gedanken, dass jede physikalische Wirkung eine berechenbare Ursache hat. Männer wie Thomas Hobbes und John Locke hegten ähnliche philosophische Vorstellungen. Locke (1632–1707) machte sich wie der Franzose René Descartes („Ich denke, also bin ich") Gedanken über das menschliche Erkenntnisvermögen. Seine Schlussfolgerung lautete: Es gibt keine angeborenen (göttlichen) Ideen, sondern durch das Geistesleben (kulturell) geprägte Begriffe. Locke war der Meinung, es gäbe unveräußerliche Naturrechte des Menschen auf Leben, Freiheit und Eigentum und die Regierung bedürfe der Zustimmung der Regierten. Mit diesem Argument ließen sich die Privilegien von Monarchen, Adel und Klerus hinterfragen, die ja auch auf „göttliches Recht" bauten.

Der bedeutende französische Rechtsanwalt, Schriftsteller und politische Philosoph Montesquieu

Denis Diderot war einer der maßgeblichen Autoren der *Encyclopédie.*

Nach dem Tod Ludwigs XIV. (1715) begannen einige Franzosen, sich für das fortschrittliche Gesellschaftsmodell und die naturwissenschaftlichen, philosophischen und staatspolitischen Erkenntnisse ihres Nachbarvolkes zu interessieren.

Gewaltenteilung {ab 1748}

Auch Baron de la Brède et de Montesquieu (1689–1755) hatte sich drei Jahre in England aufgehalten, und er erkannte, dass dort innerhalb des parlamentarischen Regierungssystems die individuelle und die politische Freiheit am weitesten gediehen waren. Er beschäftigte sich auch mit den antiken Republiken Rom und Athen. In seiner Schrift *De l'ésprit des lois* („Über den Geist der Gesetze") prägte er den Begriff der „Trennung der staatlichen Gewalten", die sich gegenseitig ausbalancieren und kontrollieren sollten, um die größtmögliche konkrete Freiheit der Staatsbürger zu gewährleisten. Die Schriften und Gedanken dieses fern vom Hof und vom Staatsgetriebe lebenden Mannes fanden schnell Verbreitung. Noch im Erscheinungsjahr (1748) folgten 22 Auflagen sowie die deutsche Übersetzung. Montesquieus Prinzipien wurden zuerst in der amerikanischen Verfassung (1787) und danach in der französischen Verfassung von 1791 verwirklicht. Sinn der Gewaltenteilung, wie Montesquieu sie postulierte, war und ist es, den Einzelnen vor willkürlichen Übergriffen der Amtsträger zu schützen.

Französische Aufklärung {ab 1751}

Sehr wirkungsvoll war die von Denis Diderot gemeinsam mit einer Vielzahl bedeutender französischer Autoren seiner Zeit in Angriff genommene *Encyclopédie.* Sie erschien in 28 Bänden zwischen 1751 und 1780 und spiegelte das Weltwissen der Zeit wider. Vor allem das bürgerliche, intellektuelle Publikum konnte sich mit dem darin zum Ausdruck kommenden aufklärerischen Gedankengut identifizieren. Zustande gekommen war Diderots Enzyklopädie zunächst als Auftrag eines Pariser Verlegers, eine zweibändige englische *Cyclopedia of Arts and*

Sciences zu übersetzen. Diderot beschloss, das Werk wesentlich zu erweitern. Obwohl es von der Kirche immer wieder indiziert wurde, gelang es einflussreichen Hofkreisen um Madame de Pompadour, das Projekt dennoch voranzubringen. Auch die russische Zarin Katharina gehörte zu den Förderern Diderots. Die *Encyclopédie* war das Sammelbecken all jener französischen Schriftsteller und Intellektuellen, die daran glaubten, es bedürfe nur der Vermittlung von Wissen und Aufklärung, um der Vernunft und damit auch der allgemeinen Humanität zum Durchbruch zu verhelfen. Diderot selbst verfasste über 1000 Artikel.

Treffen der intellektuellen Gesellschaft in Salons wie in dem von Marie Thérèse Geoffrin, die als Madame Geoffrin bekannt war, spielten für die Aufklärung in Frankreich eine bedeutende Rolle (Gemälde des französischen Malers Gabriel Lemonnier).

Toleranz

Einer der bedeutendsten Enzyklopädie-Autoren war der Schriftsteller François Marie Arouet, genannt Voltaire. Voltaire hatte wie Montesquieu ebenfalls einige Zeit in England verbracht und wie dieser gegen das verkrustete *Ancien régime* Frankreichs polemisiert. Voltaire hatte man allerdings wegen seiner ungezügelten Spottlust nahe gelegt, für einige Zeit Frankreich zu verlassen. Neben der Enzyklopädie war er der hauptsächliche Verbreiter des aufklärerischen Gedankenguts. Voltaire war eine geistige und geistreiche Großmacht, berühmt in ganz Europa, zwei Jahre lang Dauergast Friedrichs des Großen in Sanssouci, im Briefkontakt mit Königen bis hin zur russischen Zarin Katharina. Voltaire war einer der ersten, der die Bedeutung und den hohen Entwicklungsstand der Kulturen Arabiens, Persiens, Indiens und Chinas erfasste. Vor allem aber wird ihm die Propagierung des Grundsatzes zugeschrieben: „Du bist anderer Meinung als ich, und ich werde dein Recht dazu bis in den Tod verteidigen" – die oft zitierte „Meinungsfreiheit".

Volonté générale {1760}

Völlig konträr zum herrschenden Absolutismus waren die Theorien des Genfer Bürgers und Uhrmachersohns Jean-Jacques Rousseau (1712–1778). Rousseau entwickelte eine sozialromantische Vorstellung vom Menschen als eines im natürlichen, „wilden" Urzustand guten Wesens, das erst durch Bildung, Gesellschaft und Kultur verdorben wird. Wie konnten die „edlen Wilden" sich in ihrer unveräußerlichen Freiheit zu einer (staatlichen) Gemeinschaft zusammentun? Sie schlossen einen Gesellschaftsvertrag (*Contrat social*) miteinander. Die Ordnung und Gesetze dieser staatlichen Gemeinschaft, durch (Mehrheits-)Abstimmungen festgestellt, repräsentieren die *Volonté générale*, den „allgemeinen Willen", dem sich jeder Einzelne zu unterwerfen hat – auch wenn er persönlich anderer Meinung ist. Diese nicht besonders realitätsnahe Konstruktion wurde durch die Französische Revolution als Prinzip der Volkssouveränität zur Grundlage der Legitimation staatlicher Herrschaft in den westlichen Demokratien.

➡ ***Was danach geschah:*** Heute heißt es im Artikel 20 Absatz 2 des deutschen Grundgesetzes: „Alle Staatsgewalt geht vom Volke aus. Sie wird vom Volke in Wahlen und Abstimmungen und durch besondere Organe der Gesetzgebung, der vollziehenden Gewalt und der Rechtsprechung ausgeübt." Die Ideen Montesquieus von der Gewaltenteilung und die Rousseausche Volkssouveränität sind hier bündig zusammengefasst. Sie bildeten die gedankliche Grundlage für

Der Philosoph Voltaire wird als einer der größten Denker der französischen Aufklärung angesehen.

Der geniale Feldherr und Stratege Napoleon Bonaparte krönte sich 1804 zum Kaiser von Frankreich. Seine Reformen haben die staatlichen Strukturen Frankreichs bis in die heutige Zeit hinein geprägt.

Das Gemälde von François Gérard zeigt den siegreichen Napoleon bei der Schlacht von Austerlitz am 2. Dezember 1805, wo er über eine Koalition von russischen und österreichischen Truppen triumphierte.

Vive l'empereur! {1799}

Wegen der Französischen Revolution befand sich Frankreich seit 1792 im Krieg mit den Monarchien in ganz Europa. Erfolgreichster General auf französischer Seite war der Korse Napoleon Bonaparte (1769–1821), der sich auf den italienischen Schlachtfeldern gegen Österreich auszeichnete.

Die Revolution hatte binnen kürzester Frist eine neureiche Klasse von Spekulanten, Armeelieferanten, Kanonengießern und Finanziers hervorgebracht, die sich bereits wieder auf luxuriösen Bällen vergnügten und mit einigen versprengten Adligen ins Bett gingen. Die Finanziers erhielten für ihre dringend benötigten Kredite Staatsvermögen, was ihnen enorme Gewinne bescherte.

Bekanntester Repräsentant dieser Parvenü-Schicht war Napoleon. Als das jakobinische, sozialrevolutionäre Element in der französischen Politik wieder stärker hervortrat, machte sich Napoleon in einem Staatsstreich am 18. Brumaire im Jahre VIII des französischen Revolutionskalenders (9. November 1799) zum „Ersten Konsul". Seitdem regierte er Frankreich faktisch alleine, schuf dessen straffes, zentralistisches Verwaltungssystem und mit dem *Code civil* das erste Bürgerliche Gesetzbuch. Am 2. Dezember 1804 krönte er sich zum Kaiser.

Austerlitz – Trafalgar – Leipzig – Waterloo {1805–1815}

Nach seiner Kaiserkrönung begann Napoleon mit der zügigen Eroberung Europas, die ihm auf dem gesamten Kontinent für rund zehn Jahre die Vorherrschaft brachte und dessen Landkarte umwälzte. Diese Epoche wird markiert von den Namen dreier Schlachtorte: Austerlitz (1805), Trafalgar (1805) und Waterloo (1815). Austerlitz wurde als Ort der „Dreikaiserschlacht" berühmt, auch wenn nur Zar Alexander I. (Regierungszeit 1801–1825) und Napoleon selbst anwesend waren. Die Schlacht fand auf dem Territorium des mit dem Zaren verbündeten österreichischen Kaisers Franz II. statt (Austerlitz liegt in der Nähe von Brünn in Mähren). Preußen war nicht beteiligt, wurde aber im Jahr darauf bei Jena und Auerstedt vernichtend geschlagen. Am 26. Juni 1806 zog Napoleon durch das Brandenburger Tor in Berlin ein und war nun der Herr Europas.

Ganz Europas? Nein, ein Inselvolk im äußersten Westen leistete hartnäckigen Widerstand. Napoleon plante auch eine Invasion Englands. Nach einer Verfolgungsfahrt quer über den Atlantik in die Karibik und wieder zurück stellte eine englische Flotte unter dem Kommando von Admiral Nelson

die Franzosen vor Trafalgar beim südspanischen Cadiz. Nelson starb in dieser Schlacht, aber die Engländer versenkten die französische Flotte ohne selbst ein einziges Schiff zu verlieren. Seit Trafalgar hatte Großbritannien keinen Gegner mehr auf See. Damit begann der Aufstieg des Vereinigten Königreichs zur Weltmacht des 19. Jahrhunderts.

Über England verhängte Napoleon anschließend eine Handelsblockade, die Kontinentalsperre. Beim Marsch seiner *Grande Armée* (fast 700 000 Mann) auf Moskau im Sommer 1812 erlitt er dann eine seiner verlustreichsten Schlachten. Als Napoleon endlich in Moskau einzog, steckten die Moskauer ihre Stadt selbst in Brand. Der Zar bot keine Verhandlungen an, der Kaiser musste den Rückzug antreten. Nur noch 18 000 Franzosen überschritten im Dezember 1812 die preußische Grenze an der Memel.

Preußen schmiedete nun eine Koalition, um eine erneute Invasion Napoleons in Deutschland abzuwehren. In der dreitägigen Völkerschlacht bei Leipzig vom 16. bis 19. Oktober 1813 wurde er gestoppt. Die Uniformfarben des Lützowschen Freikorps Schwarz, Rot und Gold wurden später die Symbolfarben der nationalen, republikanischen und demokratischen Bewegung in Deutschland und die Nationalfarben der drei deutschen Republiken.

Nach Leipzig verlor Napoleon den Rückhalt seiner Armee, dankte 1814 ab und wurde nach Elba verbannt. Von dort kehrte er noch einmal für 100 Tage nach Frankreich zurück, und es gelang ihm noch einmal, eine Armee auszuheben. Die bereits in Wien zum Kongress versammelten europäischen Großmächte beschlossen sogleich den militärischen Widerstand. Bei Waterloo griff Napoleon eine englische Armee unter Feldmarschall Wellington an, der die Stellung halten konnte, bis die Preußen unter Blücher auf dem Kampfplatz erschienen. (Wellington: „Ich wollte, es wäre Nacht oder die Preußen kämen.") Danach war Napoleon endgültig besiegt und wurde auf die Insel St. Helena im Südatlantik verbannt, wo er 1821 starb.

ENTDECKUNGEN UND ERFINDUNGEN

1783 Luftfahrt

Luftfahrt im Ballon der Brüder Mongolfier am 21. November 1783. Die ersten Luftfahrer waren der junge Physiker Rozier zusammen mit dem Offizier D'Arlandes. Sie gingen damals ein großes Wagnis ein. Luftfahrt wird dann aber erst im 20. Jahrhundert wieder ein großes Thema.

1783 Seefahrt

Das erste voll funktionsfähige Dampfschiff hat der Franzose C. F. Jouffroy d'Abbans gebaut, einen Raddampfer. Eine wichtige Weiterentwicklung lieferte der Amerikaner Robert Fulton 1807.

Raddampfer wurden im späteren 19. Jh. nicht nur als Ausflugsboote oder auf dem Mississippi eingesetzt, sondern auch auf hoher See.

1796 Impfung

Pockenschutzimpfung („Blattern") durch den englischen Arzt Edward Jenner. Vakzinationen haben eine längere Vorgeschichte, auch im alten China und im 18. Jahrhundert in Europa. Mit Jenner beginnen systematische, nachweislich wirksame Impfungen. Die erste landesweite Impfpflicht wird 1807 in Bayern eingeführt.

1812/1814 Zeitungen

Eine Revolution der Drucktechnik waren die von F. Koenig und A. Bauer konstruierten Zylindermaschinen, die Rotationspressen, vor allem für den schnellen Zeitungsdruck. Diese technische Innovation beflügelte auch den Aufstieg der Zeitungen als bedeutsames Medium im 19. Jh. Die erste so gedruckte Zeitung war die Ausgabe von *The Times* am 29. November 1814. Koenig & Bauer in Würzburg ist heute noch einer der führenden Anbieter von Druckmaschinen – wegen des Internets allerdings nicht mehr von Zeitungsdruckmaschinen.

Reform und Restauration

Nach der Niederlage von Jena und Auerstedt war Preußen im Frieden von Tilsit 1807 nur knapp der Liquidation durch Napoleon entgangen. Als Reaktion darauf kam es zu längst überfälligen, umfassenden Reformen.

Stein-Hardenbergische Reformen {ab 1807}

Spätestens nach dem Tod Friedrichs II. (1790) war Preußen gesellschaftlich, wirtschaftlich und politisch in spätabsolutistische Starre verfallen. Hier hielt sich das *Ancien Régime* anscheinend unbeeindruckt von den Ereignissen in Frankreich, während die Franzosen sich inzwischen als souveränes Volk und mündige Staatsbürger begriffen.

Die Reformen wurden unter König Wilhelm III. gleich nach dem Frieden von Tilsit von den Ministern Stein und Hardenberg zügig umgesetzt: Der alte preußische Ständestaat wurde abgeschafft. Die wichtigsten Ergebnisse der Reformen waren: Aufhebung der Leibeigenschaft der Gutsbauern (1807), Gewerbefreiheit ohne Zunftzwang (1810), kommunale Selbstverwaltung (1808), die Gründung der heutigen Humboldt-Universität. An der damals „Berliner Universität" genannten Hochschule verwirklichte ihr Gründer Wilhelm von Humboldt sein Ideal einer *universitas litterarum*, nach der alle Wissenschaften sowie Forschung und Lehre unter einem Dach vereint sein sollten. Seit dem Mittelalter hatten die Professoren nur reines Bücherwissen an ihre Studenten weitergegeben. Das Kleben an überkommenen Lehrmeinungen blockierte den wissenschaftlichen Fortschritt. Die Humboldtsche Reformuniversität legte den Grundstein für Deutschlands führende Stellung in den Wissenschaften bis in das 20. Jahrhundert hinein.

Eine Heeresreform durch den späteren General Gerhard von Scharnhorst (1755 bis 1813) führte zur Bildung eines Volksheeres statt eines Söldnerheeres mit einer relativ kurzen, aber intensiven Ausbildungszeit für die Rekruten. Offiziere mussten sich nun für ihre Laufbahn fachlich qualifizieren, was in dem Adelsheer bisherigen Zuschnitts keineswegs selbstverständlich gewesen war.

Auch in anderen deutschen Staaten wurden Reformen durchgeführt. In Bayern schuf Graf Montgelas (1759–1838) ein modernes Beamtenrecht, stellte Protestanten und Katholiken gleich und verbesserte die Stellung der Juden. Bayern erhielt 1808 eine erste Verfassung und 1813 eine ultramodernes, von Anselm Feuerbach entworfenes Strafgesetzbuch einschließlich Abschaffung der Folter. Das Großherzogtum Baden hatte seit 1818 eine sehr liberale Verfassung, ebenso das Königreich Württemberg.

Was sonst noch geschah: Während der Reformzeit brachte der königliche Leibarzt Ch. W. Hufeland als Leiter der Charité wesentliche Verbesserungen der Gesundheits- und Armenfürsorge voran, führte die Pockenschutzimpfung ein und betrieb die Verbesserung der Hygienischen Verhältnisse („Vorläufig stinkt es hier noch").

Ebenfalls während der Regierungszeit Friedrich Wilhelms III. prägte der Baumeister F. W. Schinkel mit bahnbrechenden Gebäuden das architektonische Gesicht der preußischen Hauptstadt: Neue Wache, Schauspielhaus, Altes Museum, Bauakademie, Gewerbeinstitut, Friedrichwerdersche Kirche (alle im nahen Umfeld des Berliner Stadtschlosses) sowie die Nikolaikirche in Potsdam.

Die Humboldt-Universität zu Berlin (HU Berlin) wurde 1809 von Wilhelm von Humboldt als Universität zu Berlin gegründet. Das Denkmal ihres Gründers steht vor dem Hauptgebäude der Universität.

Der Kongress tanzt {1815}

Führender Kopf der Restauration in der nachnapoleonischen Zeit war der österreichische Außenminister Fürst von Metternich (1773–1859). Metternich leitete die bedeutendste europäische Gipfelkonferenz, die es je gab. Staatsoberhäupter und hochkarätige Gesandte (Außenminister) aus Dutzenden europäischer Staaten waren vertreten. Da sich die Verhandlungen hinzogen, bemerkte der belgische Diplomat de Ligne: *Le congrès danse beaucoup, mais il ne marche pas.* „Auf dem Kongress wird viel getanzt, aber man kommt nicht voran." Der Kongress tanzte oder tagte von September 1814 bis Juni 1815.

Politisch ging es teils um eine Wiederherstellung Europas vor Napoleon, teils um eine Neuordnung unter Wahrung des Gleichgewichts der Mächte. Frankreich konnte dank der geschickten Diplomatie Talleyrands seine Grenzen von 1789 wahren, Österreich erhielt Gebiete in Norditalien. Bayern, das durch Napoleon um Franken vergrößert worden war, verlor Salzburg und das bis zum Gardasee reichende Tirol an Österreich. Die wichtigste Folge des Wiener Kongresses für Deutschland insgesamt war die Gründung des Deutschen Bundes. Dieser eher lose Staatenbund war der Nachfolger des untergegangenen Reiches. Sitz der Bundesversammlung, des sogenannten Bundestages, war die damals immer noch Freie Reichsstadt Frankfurt mit dem Palais Thurn und Taxis als Tagungsort.

Der Wiener Kongress (18. September 1814 bis 9. Juni 1815) veränderte die Landkarte Europas und vor allem Deutschlands von Grund auf. Tagungsort war das Palais am Ballhausplatz, das heutige Bundeskanzleramt in Wien. Unter den hochkarätigen Delegierten befanden sich u. a. Fürst von Metternich (Österreich), Zar Alexander I. (Russland), Karl August von Hardenberg und Wilhelm von Humboldt (Preußen) sowie der französische Gesandte Talleyrand-Périgord.

Einigkeit und Recht und Freiheit {1817}

Die Restauration der Monarchien war nicht das, was sich die national und liberal gesinnten Anhänger der Befreiungsbewegung in Deutschland erhofft hatten. Ihnen war die deutsche Kleinstaaterei ein Gräuel – sie wollten „Einigkeit und Recht und Freiheit" für das deutsche Vaterland, wie Hoffmann von Fallersleben (1798–1874) auf Helgoland 1841 in seinem *Lied der Deutschen* dichtete. Die junge Burschenschafter-Generation artikulierte auf dem Wartburgfest 1817 gleichzeitig mit dem Wunsch nach einem Zusammenschluss zu einem Nationalstaat den nach einer Verfassung. Nach dem Vorbild der Französischen Revolution verlangten sie die Gleichstellung aller Bürger, Freiheitsrechte, Abschaffung der Zensur und der Rechtswillkür. Als Symbol der Fürstenwillkür wurden die für das *Ancien Régime* typischen Zöpfe der Zopfperücken der Soldaten abgeschnitten oder die Perücken gleich ins Feuer geworfen. Seit der Französischen Revolution trug man die Haare nämlich „offen".

Karlsbader Beschlüsse {1819}

Derlei Forderungen und „Umtriebe" erschreckten die gerade erst restaurierten Dynasten zutiefst. Die Ermordung des Schriftstellers Kotzebue, der sich in Zeitschriften über die Burschenschafter lustig gemacht hatte, durch den Studenten Karl Ludwig Sand, lieferte 1819 den willkommenen Vorwand: Metternich organisierte in Geheimkonferenzen im August in Karlsbad die Repression aller „demagogischen Umtriebe" durch rigorose Pressezensur, Verbote und Überwachungsmaßnahmen. Damals kam der Begriff „Polizeistaat" auf. Die Burschenschaften wurden verboten, die Universitäten überwacht. Insbesondere Preußen tat sich bei der „Demagogenverfolgung" hervor. Preußen setzte die Karlsbader Beschlüsse im Deutschen Bund durch, sie blieben 20 Jahre lang bis 1848 bestehen. Ähnlich war die Situation in Frankreich. Hier führten seit der endgültigen Abdankung Napoleons die aus dem Exil heimgekehrten Brüder des geköpften Ludwigs XVI. – nämlich Ludwig XVIII. (bis 1824) und Karl X. (bis 1830) – die Regierung. Vor allem Karl X. betrieb eine ultrareaktionäre royalistische und klerikale Politik, die es dem neureichen Großbürgertum ermöglichte, sich noch mehr zu bereichern. Russland schwenkte nach dem gescheiterten Dekabristenaufstand junger, westlich und konstitutionell gesinnter Aristokraten und Offiziere zur Jahreswende 1825/26 unter Nikolaus I. ebenfalls auf einen radikal polizeistaatlichen Unterdrückungskurs ein. Nur die russische Literatur entfaltete sich in dieser Zeit, obwohl der Schöpfer der russischen Literatursprache, Alexander Puschkin (1799–1837), der persönlichen Zensur Nikolaus I. unterstand. Vor Puschkin hatte man in Russland nur auf Französisch geschrieben (und in der Oberschicht auch gesprochen).

Biedermeier

Die politische Aktivität des Bürgertums erlahmte in der scheinbar so beschaulichen Idylle des Biedermeier; gleichzeitig aber vollzog sich die Industrialisierung gerade auch in Deutschland, Österreich und der Schweiz in großem Maßstab. Überall begannen die Schlote zu rauchen. Noch vor der Eisenbahn revolutionierte das erste Dampfschiff *Savannah* auf seiner 26-tägigen Fahrt von den USA nach Europa 1819 die Schifffahrt und machte sie unabhängig von Wind und Wetter. Justus Liebig erkannte die Bedeutung des Stickstoffs für die Düngung und revolutionierte ab 1840 die Landwirtschaft. 1826 gelang den Franzosen Niépce und Daguerre die erste beständige fotografische Aufnahme, 1828 Friedrich Wöhler die erste chemische Synthese im Reagenzglas. Darwin war auf der *Beagle* unterwegs im Pazifik, während Morse den ersten Schreibtelegrafen in Betrieb nahm. Es ging Schlag auf Schlag. 1844 zeigten dann die schlesischen Weberaufstände die Schattenseiten des biedermeierlichen Industrieaufschwungs: Massenarmut.

Im Mai 1832 strömen Tausende Menschen mit ihren Fahnen zur Ruine des Hambacher Schlosses und fordern die deutsche Einheit (zeitgenössische Lithografie).

Julirevolution – Februarrevolution – Märzrevolution {1830/1848}

Eugène Delacroix' riesenformatiges Gemälde *Die Freiheit führt das Volk* entstand anlässlich der Julirevolution 1830 in Paris. Als der erzreaktionäre Bourbone Karl X. die Pressefreiheit aufheben und das Wahlrecht einschränken wollte, ging das Volk auf die Barrikaden. Sein Nachfolger Louis Philippe legte einen Eid auf die Verfassung ab und wurde „Bürgerkönig" genannt. Im Laufe seiner Regentschaft geriet sein Kopf immer birnenförmiger, was in einer der berühmtesten Karikaturserien des 19. Jahrhunderts überliefert ist. Er regierte bis 1848.

Die Revolution beflügelte die freiheitlichen Bestrebungen in ganz Europa. Belgien errang seine Unabhängigkeit von den Niederlanden. Ende Mai 1832 schwenkten die deutschen Burschenschafter auf dem Hambacher Fest die schwarz-rot-goldenen Fahnen, forderten die Einheit Deutschlands, die Anerkennung der Volkssouveränität, Versammlungs-, Presse- und Meinungsfreiheit. Das Treffen war bewusst als Volksfest organisiert, da politische Kundgebungen nicht erlaubt waren.

In Frankreich regierte der Bürgerkönig nach liberalen Anfängen immer reaktionärer. Während sich das Großbürgertum schamlos bereicherte, wurde die soziale Lage der Arbeiter völlig ignoriert. Am 21. Februar 1848 erschien das Kommunistische Manifest von Karl Marx, das die Zustände des Proletariats wiedergab – am gleichen Tag, an dem in Paris die Unruhen ausbrachen, die drei Tage später zum Sturz des Bürgerkönigs führten. In Frankreich wurde die Zweite Republik ausgerufen. Auch dieses Mal sprang der Funke sofort nach Europa über. Ende Februar begann in Mannheim die Badische Revolution, Mitte April wurde dort die Republik proklamiert. Im März trat Metternich in Wien zurück und floh nach London. Die Ungarn erhoben sich gegen Österreich, seitdem hieß die Monarchie der Habsburger „Österreich-Ungarn". In Berlin wurden Barrikaden errichtet, und die Aufständischen lieferten sich Straßenschlachten mit der königlichen Kavallerie.

Paulskirche {18. Mai 1848}

Am 18. Mai trat in der Frankfurter Paulskirche das erste deutsche Parlament zusammen. Die Versammlung arbeitete unter ihrem Parlamentspräsidenten Heinrich von Gagern (1799–1880) eine Verfassung für das damals schon so genannte „Deutsche Reich" aus. Sie enthielt einen ausführlichen Grundrechtskatalog, der zum Vorbild für die Weimarer Verfassung und das Bonner Grundgesetz wurde. Dieses Deutsche Reich sollte eine konstitutionelle Monarchie und ein Bundesstaat sein mit einem aus allgemeinen Wahlen hervorgehenden Parlament. Österreich, traditionell die Vormacht im Deutschen Bund, wurde nicht einbezogen. Diese sogenannte kleindeutsche Lösung hatte sich bereits abgezeichnet. Allerdings nahm der als Monarch vorgesehene preußische König Friedrich Wilhelm IV. die ihm angetragene Kaiserwürde eines konstitutionellen Monarchen „aus den Händen des Volkes" denn doch nicht entgegen. Damit war der Versuch, einen einheitlichen deutschen Nationalstaat auf der Grundlage einer freiheitlichen, demokratischen Verfassung zu schaffen, gescheitert. Es blieb also vorläufig beim Deutschen Bund und bei den souveränen deutschen Einzelstaaten. Dieser zerbrach 1866 im deutsch-österreichischen Krieg. Unmittelbar danach schuf Bismarck den Norddeutschen Bund, dem die süddeutschen Länder nach dem Krieg gegen Frankreich 1870/71 beitraten.

Die kolorierte Zeichnung von Ludwig von Elliott aus dem Jahr 1848 zeigt eine Sitzung der deutschen Nationalversammlung in der Frankfurter Paulskirche mit einer Ansprache des demokratischen Abgeordneten Robert Blum.

Das Ende der Sklaverei

Emanzipation war ein Zentralbegriff des aufklärerischen Denkens, der bis in die Gegenwart wirkt. Im Zusammenhang mit der Französischen Revolution sprach man von der Emanzipation des Dritten Standes. Später fand das Wort Verwendung im Zusammenhang mit der Juden-Emanzipation, Sklaven-Emanzipation, Arbeiter-Emanzipation und Frauen-Emanzipation. Der römische Rechtsbegriff (Ende eines Vormundschaftsverhältnisses) war zum politischen Begriff geworden. Es ging dabei immer um politische (und rechtliche) Gleichstellung.

Abolitionismus {ab 1807}

In der Zeit von 1520 bis 1850 waren schätzungsweise zehn Millionen Afrikaner nach Amerika verfrachtet worden – im wahrsten Sinne des Wortes. Der erste Staat, der die Sklaverei abschaffte, war Portugal 1761, allerdings noch nicht in seinen afrikanischen Kolonien. Auch die Französische Revolution schaffte die Sklaverei zunächst ab, Napoleon legalisierte sie aber wieder. Als erster Schritt des Abolitionismus im engeren Sinn wurde in Großbritannien und USA 1807 der Handel mit afrikanischen Sklaven auf englischen Schiffen verboten. 1834 wurden alle Sklaven im britischen Kolonialreich für frei erklärt und 1838 jegliche Sklaverei im Empire verboten. Frankreich folgte 1848, die Niederlande 1863. Auch die Aufhebung der Leibeigenschaft in Russland 1861 ist in diesem Zusammenhang zu sehen.

Eine organisierte Bewegung zur Abschaffung der Sklaverei gab es in England seit 1787. Man sammelte Geld zur Unterstützung geflohener Sklaven, unterschrieb Petitionen oder kaufte keinen karibischen Zucker. (Die heutige Fair-Trade-Bewegung steht ganz in der Tradition des Abolitionismus.) Für die Engländer war die Abolitionismus-Bewe-

liche Behandlung durch die Industrieherren. Zur begrifflichen Identifizierung des Ortes mit „Ausbeuter-Kapitalismus“ hat sicherlich auch beigetragen, dass Friedrich Engels, der Mitverfasser des *Kommunistischen Manifests*, über 20 Jahre dort lebte und aufgrund seiner Beobachtungen und Erfahrungen sein einflussreiches Buch *Die Lage der arbeitenden Klasse in England* verfasste. Manchester galt als Inbegriff der hässlichen, lauten, stinkenden, mit Fabriken planlos zugebauten Industriestadt.

Eisen und Stahl {1735/1760}

Die Verwendung von Steinkohle statt Holzkohle zur Eisenverhüttung und die Umwandlung von Steinkohle zu Koks gelang dem englischen Eisenwarenfabrikanten Abraham Darby (1711–1763) aus Coalbrookedale. Um 1760 entwickelte er auch den Kokshochofen für die Eisenschmelze. Diese Erfindungen machten den Kohleabbau überhaupt erst sinnvoll und lohnend. Coalbrookedale gilt als die Wiege der Industriellen Revolution schlechthin. In der Nähe entstand 1779 die erste Eisenbrücke der Welt, die Ironbridge über den Fluss Severn; sie ist heute ein Weltkulturerbe. Die Umsetzung von Watts wesentlicher Verbesserung der Nutzung der Dampfkraft in eine industriell einsetzbare Dampfmaschine gelang 1776 in der Eisenfabrik von John Wilkinson.

Gewerkschaften und Arbeiterbewegung

England war das am frühesten und tiefgreifendsten industrialisierte Land, und hier bildeten sich auch die ersten Gewerkschaften. Der englische Begriff *Trade Union* erinnert daran, dass sich schon vor 1800 Handwerkervereinigungen bildeten. England hatte (wie das revolutionäre Frankreich) gemeinsame Interessenvertretungen lohnabhängiger Arbeiter kurz vor 1800 verboten. Mit der Aufhebung dieses Verbots 1825 begann die Gewerkschaftsbewegung. In England schlossen sich 1868 über 100 Gewerkschaften zu einem Gewerkschaftsbund (*Trade Union Congress*) zusammen.

Der Waliser Robert Owen hatte sich aus armen Verhältnissen zum Unternehmer emporgearbeitet. In seiner Spinnerei in Schottland reduzierte er seit 1799 die Arbeitszeit, schaffte Kinderarbeit ab, sorgte für saubere Arbeitsplätze und angemessene Wohnungen für die Arbeiter sowie für Sozialversicherungen. Damit hob er auch die Produktivität, was bis dahin von den Verfechtern einer 14-Stunden-Woche bestritten worden war. Owens Musterbetrieb wurde europaweit berühmt.

Die Revolution 1848 mit ihren Barrikadenkämpfen zog auch einen Aufschwung der Arbeiterbewegung nach sich. 1863 gründete Ferdinand Lasalle (1825–1864)

Das Bild des walisischen Malers Penry Williams (1802–1885) stellt eine typische Industrielandschaft im Wales des 19. Jahrhunders dar. Man erkennt eine Eisenhütte mit dem Hochofen in der Mitte, der die Umgebung erhellt.

Eisenbahn und Zeitzonen {1884/1893}

Der Eisenbahnbau war von Anfang an ein Stück Weltgeschichte, weil er schon in der Biedermeierzeit in allen entwickelten Industrieländern betrieben wurde, den nordamerikanischen Kontinent erschloss und durch die Einrichtung der Zeitzonen eine neue Zeitwahrnehmung hervorbrachte. Wegen der Beteiligung vor allem europäischer Investoren am Eisenbahnbau in Amerika, Indien, im Osmanischen Reich, in China oder Brasilien war die Finanzierung ebenfalls ein grenzüberschreitendes Phänomen.
Im Bergbau wurden Transportwägelchen in den Stollen seit 1767 auf Eisenschienen geschoben oder von Pferden gezogen. Hier wurden auch die allerersten Lokomotiven eingesetzt, was George Stephenson (1781 bis 1848), der Erfinder der Dampflok (1814), der als Kind in einer Kohlengrube arbeiten musste, vollkommen vor Augen hatte. Die erste Eisenbahnstrecke entstand in England 1825 (Stockton – Darlington; nur für Güter), in Deutschland 1835 (Nürnberg – Fürth), inzwischen auch schon zur Personenbeförderung.

Noch lange nach dem Aufkommen der Eisenbahnen gab es überall in der Welt nur Lokalzeiten. Die Notwendigkeit, „gleiche" Abfahrts- und Ankunftszeiten für den grenzüberschreitenden Eisenbahnverkehr anzugeben, führte zur Einführung der Zeitzonen. Auf der „Internationalen Meridiankonferenz" 1884 wurde eine von dem kanadischen Eisenbahningenieur Sandford Fleming rund um den Globus vorgeschlagene Einteilung in 24 Zeitzonen zu je 15 Längengraden angenommen, was jeweils etwa einer Stunde Differenz entsprach. In Deutschland wurden die Lokalzeiten 1893 abgeschafft und die Mitteleuropäische Zeit (Greenwich plus eine Stunde) für das gesamte Reichsgebiet eingeführt.

in Leipzig den Allgemeinen Deutschen Arbeiterverein. Lasalles Ideal war es, die Löhne nicht zu erhöhen und die Arbeiter dafür am Unternehmensgewinn zu beteiligen. Die Sozialdemokraten glaubten an die Reformierbarkeit des Staates. 1869 folgte durch August Bebel und Karl Liebknecht in Eisenach die Gründung der Sozialdemokratischen Arbeiterpartei. Lasalles Arbeiterverein und Bebels Partei wurden 1875 vereinigt (Sozialistische Arbeiterpartei) und als „Sozialisten" von Bismarck vehement bekämpft. Der Verlust der Kontrolle über die in sozialistischen oder kommunistischen Parteien organisierten Arbeitermassen war von jeher das Schreckgespenst aller monarchischen oder bürgerlich-republikanischen Regierungen. Bismarcks Sozialistengesetze verboten nicht die Partei selbst, aber jegliche politische Betätigung außerhalb des Reichstages. Die SPD ging 1892 unmittelbar aus der Sozialistischen Arbeiterpartei SADP hervor.

„Proletarier aller Länder vereinigt euch!" {1848}

Wodurch sich der Trierer Journalist Karl Marx (1818 – 1883) von den meisten sozialistischen Philosophen seiner Zeit unterschied, war sein internationaler Bezug. Er wandte sich an die Proletarier aller Länder. Mit dem sozialdemokratischen Reformismus Lasalles und Bebels konnte er wenig anfangen. Reformen lassen sich ja immer nur im Rahmen eines bestehenden – nationalen – Systems umsetzen und stellen den bestehenden Staat nicht infrage. Marx hingegen dachte und agierte global. Die Erste Internationale stand wesentlich unter seinem Einfluss, und der weitere Verlauf der Geschichte hat seinen Marxismus zum Weltbegriff gemacht, sogar zu einer Art von politischer Realität. Für diesen universalen Rahmen hat Marx in seinen Werken die geistige Grundlage gelegt, denn er hat die Gesetze vom Ablauf der Weltgeschichte als einer Abfolge von Klassenkämpfen, in denen sich die Besitzlosen gegen die Besitzenden auflehnen, glasklar erkannt.

Marx wusste auch, wie eine wahre kommunistisch-sozialistische Weltordnung aussehen sollte: Enteignung des Grundeigentums, Abschaffung des Erbrechts, Verstaatlichung der Produktionsmittel und des Transportwesens, „industrielle Armeen, besonders für den Ackerbau", unentgeltliche Schulerziehung. Am Schluss des von ihm und seinem Freund und Sponsor Friedrich

Engels verfassten *Kommunistischen Manifests* folgt der Aufruf zum gewaltsamen Umsturz, denn „die Proletarier haben nichts zu verlieren außer ihren Ketten".

„Völker hört die Signale" {1871}

auf zum letzen Gefecht / die Internationale erkämpft das Menschenrecht." Das Kampflied der internationalen sozialistischen Arbeiterbewegung entstand 1871. Die Erste Internationale wurde aber kurz danach aufgelöst. Englische Gewerkschafter und französische Emigranten hatten sie 1864 gegründet, sie war von Marx, der in London im Exil lebte, programmatisch bestimmt. Hier flossen die verschiedenen sozialistischen Strömungen zusammen. Einer ihrer Hauptakteure war der erprobte anarchistische Revolutionär Michail Bakunin, der aus einer adligen russischen Familie stammte. Schon 1848 war er gemeinsam mit seinen Freunden Richard Wagner und Gottfried Semper, dem Opernhaus-Architekten, auf den Dresdner Barrikaden gestanden. Nach Gefangenschaft, Haft und einem unfreiwilligen Umweg über Sibirien kehrte Bakunin nach Europa zurück und zettelte noch allerlei revolutionäre Umtriebe an, gelangte aber zu der Ansicht, dass es mit Regimewechseln allein nicht getan sei. Bakunin lehnte jede Form von Herrschaft ab, auch die des Proletariats, die Marx forderte. Am Gegensatz dieser beiden Positionen zerbrach die Erste Internationale. Die Zweite Internationale, gegründet 1889 in Paris, war dann eher eine lockere Dachorganisation mittlerweile etablierter sozialistischer und sozialdemokratischer Parteien. Sie machte den 1. Mai zum internationalen Kampftag der Arbeiterschaft.

Sozialistengesetze und Sozialgesetzgebung

Nach zwei Attentaten auf Kaiser Wilhelm I. (Regierungszeit 1871–1888), die Bismarck propagandistisch, aber zu Unrecht mit der Sozialdemokratie in Verbindung brachte, gelang es ihm 1878, im Reichstag ein Gesetz ausdrücklich „gegen die gemeingefährlichen Bestrebungen der Sozialdemokratie" durchzubringen. Seinerzeit wurde zwischen sozialistisch und sozialdemokratisch kein Unterschied gemacht. Die Sozialdemokratie wurde nicht verboten, es gab weiterhin Reichstagsabgeordnete der SPD, aber ihre Wirkungsmöglichkeiten (Verbreitung von Druckschriften, Abhalten von Versammlungen) waren künftig eingeschränkt.

Gleichzeitig war Bismarck klar, dass die soziale Lage der Arbeiter verbessert werden musste. Er führte eine Sozialgesetzgebung ein, auf der das gegenwärtige Sozialsystem der Bundesrepublik beruht: Krankenversicherung (1883), Unfallversicherung (1884), Alters- und Invalidenversicherung (1889).

Unabhängigkeitsbewegungen

Mit der Unabhängigkeitsbewegung der amerikanischen Neuengland-Kolonien „Los von Großbritannien" und der Gründung der USA hat die Geschichte der modernen Freiheitsbewegungen begonnen. Bei derartigen „Revolutionen" handelt es sich immer um Nationalrevolutionen oder Nationalbewegungen gegen eine „fremde" Vormacht oder Kolonialmacht.

Das Marx-Engels-Forum in Berlin ist eine Grünfläche und ein Relikt aus DDR-Zeiten. Dort sind Karl Marx und Friedrich Engels, die Urväter des wissenschaftlichen Sozialismus, überlebensgroß dargestellt.

Unabhängigkeit Griechenlands

Der Freiheitskampf der Griechen, begonnen noch zu Lebzeiten Goethes und Beethovens, richtete sich gegen die osmanische Obrigkeit. Es war eine europäische Angelegenheit. Durch ganz Europa ging eine Welle des Philhellenismus: Der antikenbegeisterte bayerische König Ludwig I. spendete reichlich, der romantische englische Dichter Lord Byron eilte nach Griechenland, nahm an den Kämpfen teil und starb dort im Alter von 32 Jahren, Alexander Puschkin war Mitglied der zivilen Befreiungsorganisation. Der Unabhängigkeitskrieg wurde durch eine europäische militärische Intervention entschieden und 1830 ein territorial kleines Griechenland als konstitutionelle Monarchie mit dem Wittelsbacher Prinzen Otto als erstem König errichtet. Die neue Hauptstadt Athen war damals mit 2000 bettelarmen Einwohnern nicht größer als ein Dorf.

➡ ***Was danach geschah:*** Als nächster europäischer Staat erreichte Belgien 1830 seine Unabhängigkeit von den Niederlanden. Der neue belgische König Leopold aus dem Haus Sachsen-Coburg-Gotha war ein Verwandter der englischen Königin Victoria.

Simón Bolívar {1821}

Die heutigen Staaten Venezuela, Kolumbien, Panama, Ecuador, Peru und das nach ihm benannte Bolivien verdanken dem großen Führer der südamerikanischen Unabhängigkeitsbewegung von der spanischen Herrschaft ihre Existenz. Der aristokratische Bolívar (1783–1830) führte den Befreiungskampf, der ohne dramatische Gemetzel ablief, zuerst militärisch und begründete einen Staat Großkolumbien (1821–1830), der nach seinem Tod in die Staaten Venezuela, Kolumbien, Panama und Ecuador zerfiel. Bolívars Versuch, auch das heutige Peru samt dem „oberperuanischen" Bolivien anzugliedern, scheiterten. Simón Bolívar orientierte sich an der Amerikanischen Revolution und ihren Prinzipien. Ihm schwebte eine Art Vereinigte Staaten von Lateinamerika vor. Treibende Kraft hinter der südamerikanischen Unabhängigkeitsbewegung war die kreolische Oberschicht, der Simón Bolívar selbst entstammte – die Nachfahren der Konquistadoren beziehungsweise der mit ihnen eingewanderten spanisch-stämmigen Siedler. Sie waren bereits seit Langem Herren über Grund und Boden und wollten sich von der Herrschaft des Mutterlandes befreien wie die Nordamerikaner auch. An der Befreiung der unterdrückten, eingeborenen Bevölkerung hatten sie kein Interesse und auch nicht an der Befreiung der Sklaven.

Der Unabhängigkeitskämpfer Simón Bolívar wird auch heute noch in vielen südamerikanischen Ländern als Nationalheld verehrt.

Risorgimento {1847/1857}

Va pensiero, sull ali dorate – „Flieg, Gedanke, auf goldenen Schwingen" sangen die italienischen Patrioten 1842 nach der triumphalen Uraufführung von Verdis *Nabucco* sogleich als Befreiungslied und träumten wie das von Nebukadnezar (*Nabucco*) geknechtete jüdische Volk von der Befreiung aus der – österreichischen – Fremdherrschaft. Das inbrünstige *Va pensiero* ist bis heute eine Art inoffizielle Nationalhymne der Italiener. *Risorgimento*, der historische Begriff für die Einigungs- und Unabhängigkeitsbewegung in Italien, war der Titel einer seit 1847 in Turin erscheinenden Zeitschrift des piemontesischen Grafen Cavour (1810–1861), Architekt der Einheit Italiens und Ministerpräsident des norditalienischen Königreichs Sardinien-Piemont, das sich an die Spitze der liberalen nationalen Bewegung stellte. *Risorgimento* bedeutet: Wiederauferstehung.

In großen Teilen Norditaliens (Lombardei, Venetien, Toskana) herrschte Österreich. 1848 wurde eine unabhängige Republik Venedig ausgerufen, und die Lombardei schloss sich an das unmittelbar benachbarte Sardinien-Piemont an. Diesen „Aufstand" ließ der soeben gekrönte österreichische Franz-Joseph I. (der Ehegatte von „Sisi") von Feldmarschall Radetzky niederschlagen. In den Fünfzigerjahren gewann Cavour die Unterstützung Napoleons III. Dank französischer Militärhilfe gelang ihm 1859 die Vertreibung der Österreicher nach der Schlacht von Solferino. Gleichzeitig rollte der Freischärlerführer Garibaldi (1807–1882) die ohnehin schwache spanische Bourbonen-Herrschaft

Porträt des italienischen Freiheitskämpfers Giuseppe Garibaldi

im Königreich Neapel mit einer Freiwilligenarmee von Süden her auf. Im März 1861 wurde das Königreich Italien unter Viktor Emmanuel II. als konstitutionelle Monarchie proklamiert, mit Florenz als Hauptstadt. 1866 gelang die Eroberung Venetiens mit preußischer Hilfe und ohne preußische Hilfe 1870 die Einnahme des Kirchenstaates und damit die Vollendung der Einheit Italiens. Nach Florenz wird Rom 1871 Hauptstadt. ***Übrigens:*** In anderer Hinsicht epochemachend war die seit Waterloo blutigste Schlacht von Solferino bei Mantua. Hier besuchte der Schweizer Geschäftsmann Henri Dunant den französischen Kaiser Napoleon III. an der Front, weil er mit ihm über ein Bewässerungsprojekt in Algerien sprechen wollte. Angesichts des Leids der vielen Verwundeten ergriff Dunant spontan Hilfsmaßnahmen; unter dem bleibenden Eindruck von Solferino gründete er 1876 das Rote Kreuz.

Europäischer Kolonialismus und Imperialismus

Königin Victoria regierte von 1837 bis 1901. Ihr Name wurde zum Epochenbegriff. Das viktorianische England war dank seines ausgedehnten Kolonialreiches, seiner Wirtschaftskraft, innovativer Technik und gut ausgebildeter Führungskräfte die alleinige Weltmacht zur See und eine Großmacht in Europa.

Opiumkrieg {1840}

Tee und Seide, lange Zeit auch Porzellan, waren jahrhundertelang die begehrtesten Export- und Luxusartikel, die die Europäer bei den Chinesen einkauften. Umgekehrt benötigten die Chinesen fast nichts aus Europa, und das Reich der Mitte erlaubte den Außenhandel ohnedies nur über Kanton, überwachte ihn streng und ließ außerhalb der kleinen, abgeschotteten europäischen Kolonie sowieso keine Ausländer ins Land. Für die Bezahlung der von ihnen gelieferten Waren verlangte die kaiserliche Regierung Silbertaler. Weil die Europäer das Silber allmählich nicht mehr aufbringen konnten, sann insbesondere die bereits im Niedergang befindliche und mit Bargeld chronisch knappe Britische *East India Company* auf Abhilfe. Man schmuggelte Opium in das Land, und die Chinesen wurden süchtig. Zwischen 1820 und 1840 verfünffachte sich der „Absatz". Der millionenfache Opiumkonsum machte die Menschen apathisch und beschleunigte den Niedergang des Reichs der Mitte. Trotz Gegenmaßnahmen (Beschlagnahme, Verhaftungen) gelang es der chinesischen Regierung nicht, das Problem in den Griff zu bekommen. Eine Internierung der Ausländer

Der von dem Architekten Joseph Paxton für die Weltausstellung von 1851 entworfene, architektonisch bahnbrechende *Crystal Palace* im Londoner Hyde Park wurde 1936 durch ein Feuer zerstört. Bis zum Beginn der Wolkenkratzer-Ära war er das mit Abstand innovativste Gebäude des 19. Jahrhunderts.

in Kanton und die Vernichtung von weit über 1000 Tonnen Opium lieferte Großbritannien den Vorwand, eine Kriegsflotte zu entsenden, die bis nach Nanking vordrang. So wurde mit Gewalt die Öffnung Chinas erzwungen. Das von den Briten besetzte Hongkong an der Mündung des Perl-Flusses mussten die Chinesen 1841 abtreten. An den daraufhin abgeschlossenen „Ungleichen Verträgen" beteiligten sich auch Frankreich, Russland, die USA, um 1900 auch Deutschland und Japan. Im Zweiten Opiumkrieg (1856–1860) eroberten die Europäer sogar Peking, plünderten die Paläste und erzwangen die Legalisierung der Opiumeinfuhren.

Kanonenbootpolitik – Die Öffnung Japans

Diese Art der Durchsetzung staatlicher Interessen mit kleinen, schwer bewaffneten Kriegsschiffen war schon zu Anfang des Jahrhunderts aufgekommen. Ein besonders eklatanter Fall war die von den Amerikanern erzwungene Öffnung des hermetisch abgeriegelten Japan 1853/1854 durch amerikanische Schiffe, die dort das Ende des Shogunats der Tokugawa einläutete. Ab 1868 reformierte und modernisierte sich Japan dann schnell in der Meiji-Zeit nach westlichem Vorbild.

Auch in der Gegenwart wird mit dem Aufkreuzen von Flugzeugträgern mindestens als Drohgebärde nach wie vor Kanonenbootpolitik praktiziert.

Gravur eines Opiumladens im chinesischen Guangzhou (Kanton) aus dem 19. Jahrhundert. Millionen von Chinesen waren in diesem Jahrhundert opiumsüchtig.

Weltausstellung – Welthauptstadt {1851}

Die erste Weltausstellung 1851 war eine Idee des Prinzgemahls Albert der englischen Königin Victoria. 1851 war Britannien auf dem Gipfel seiner internationalen Geltung Gastgeber der Welt für alles, was als innovativ und fortschrittlich galt. Den mit Abstand wichtigsten Beitrag lieferte Großbritannien selbst mit dem Bau des dafür eigens im Hyde Park errichteten Ausstellungsgebäudes, dem Kristallpalast von Joseph Paxton (1803–1865). Noch nie hatte man ein derart

In Titusville, Pennsylvania, gelang dem Amerikaner Edwin L. Drake 1859 die erste erfolgreiche Bohrung nach Erdöl.

strömten Goldsucher in die unwirtliche Gegend knapp unterhalb des Polarkreises. Bis 1898 waren trotz beschwerlichster Anreise aus einigen Tausend 40000 geworden. Hier wurde der Goldabbau bis 1966 betrieben.

Rockefeller

John D. Rockefeller, der sein Vermögen mit Erdöl machte, wurde weltweit ein Inbegriff für den neureichen Industriemagnaten. Die Familie stammte ursprünglich aus dem Ort Rockenfeld (gemeint ist: Roggenfeld) bei Neuwied am Rhein. Vor 1860 war John D. als Buchhalter bei einer Speditionsfirma tätig. Dann stieg er ins Erdölgeschäft ein.

Am 27. August 1859 hatte der Kolumbus der Erdölförderung, der Amerikaner Edwin L. Drake, nach vielen Rückschlägen in Pennsylvania eine ergiebige Erdölquelle erbohrt. Gerade rechtzeitig. Der Bodenschatz Erdöl wurde viel wichtiger als Gold und Diamanten. „Petroleum“, eine seit der Antike bekannte Substanz, bisher ohne große Bedeutung, erfreute sich erstmals einer gewissen Nachfrage, weil das aus Walen gewonnene rauchfreie Tranöl anfing, teuer zu werden. Wegen des begehrten Tranöls war der riskante Walfang jene legendäre Großindustrie des 19. Jahrhunderts. Das Erdöl wurde damals in Fässern (engl.: *barrel*) transportiert. Zur Verwendung musste es weiterverarbeitet, „raffiniert“ werden. Zunächst ging es hauptsächlich um Beleuchtungsmittel, die bei Nostalgikern beliebten Petroleumlampen – damals ein beachtlicher Fortschritt für die häusliche Zimmerbeleuchtung. 1863 gründete Rockefeller mit zwei Partnern eine kleine Erdölraffinerie, die er 1870 in Cleveland zur Standard Oil umorganisierte. (Standard Oil = S. O., Abkürzung ausgeschrieben: Esso). Rockefeller sah sowohl die Bedeutung der Benzin- und Kerosinproduktion für Automobil- und Flugzeugmotoren voraus wie die der Pipelines für den Transport (er wollte die Frachtgebühren für die Eisenbahnen umgehen, deshalb baute er eigene Rohrleitungen). Rockefellers ungeheuer wachsender Konzern stand jahrzehntelang im Zentrum eines Kampfes um Macht und Monopole mit der amerikanischen Regierung. Er hatte eben schon früh eine extrem starke Marktstellung in der Öl- und Benzinversorgung wie heute die Google-Apple-Facebook in der Internetwelt. Anti-Trust-Gesetze wurden seit 1890 in immer neuen Anläufen erlassen, um Standard Oil Einhalt zu gebieten.

Fin de siècle

England war im 19. Jahrhundert nicht nur politisch und dank seiner Kolonien eine Weltmacht geworden. Es hatte sich seit Beginn des Jahrhunderts auch zur technisch führenden, innovativen Nation entwickelt, das Silicon Valley seiner Zeit. Selbstverständlich zählte auch Frankreich zu den großen Nationen, ebenfalls auf wissenschaftlichem und technischem Gebiet. Die Gründerzeit löst auch in Deutschland, Österreich und Schweiz definitiv nach 1848 das Biedermeier ab und ist eine Phase großen wirtschaftlichen Aufschwungs – nicht nur bei Kohle, Stahl und Eisenbahn. Beim damaligen Österreich ist zu beachten, dass es sich um ein Großreich handelt, das von Böhmen und Mähren über Ungarn bis tief in den Balkan reicht. Das Juwel in der österreichischen Krone ist das reiche Agrar- und Industrieland Böhmen.

Gründerzeit {ab 1848}

Als bräuchte man nur ein Unternehmen zu gründen, um reich zu werden. Die Palette reichte vom Kanonengießen (Krupp) bis zum Kaffeerösten (Meinl). „Gründerzeit" verweist nicht nur auf Unternehmensgründungen, sondern auch auf die Vielzahl der Vereinsgründungen. Es gab kaum eine Art von menschlicher Betätigung, die nicht im Verein betrieben wurde: Gesang, Sport, Kaninchenzüchten, auch zu Bildungszwecken bildeten sich Vereine, denn die Bildungsbeflissenheit war eines der Hauptcharakteristika des 19. Jahrhunderts. Besonders fortschrittlich war die Schweiz, die wirtschaftlich prosperierte und sich 1848 eine liberale Bundesverfassung gab. Daher wurde die Schweiz ein wichtiger Zufluchts- und Asylort für deutsche Revolutionäre, die teilweise steckbrieflich gesucht wurden. Zu den prominentesten Asylanten zählte neben Richard Wagner auch der badische Revolutionär Friedrich Hecker.

Die Prosperität der Gründerzeit verdeutlicht am eindrucksvollsten das Wachstum der österreichischen Hauptstadt Wien: Entlang der Ringstraße entstanden dort zahlreiche repräsentative Gebäude in historisierenden Baustilen.

Second Empire {1852}

Frankreich hatte zum zweiten Mal einen Kaiser, Napoleon III. Bonaparte, den Neffen von Napoleon. Er war am Ende des Revolutionsjahres 1848 mit großer Mehrheit zum Präsidenten der (zweiten) Republik gewählt

Napoleon III. Bonaparte (1808–1873) war der Neffe von Napoleon I. Er war zunächst Präsident der Zweiten Französischen Republik und machte sich 1851 zum Herrscher des Zweiten Kaiserreichs (Second Empire).

Das Opernhaus in Paris, die prachtvolle *Opéra Garnier* (hier eine historische Aufnahme), ist der Inbegriff aller *Second-Empire*-Bauten.

dard wurde 1914 aufgehoben und – angesichts der Kriegsfeindschaften – auch die Passkontrollen eingeführt. Erst das Schengen-Abkommen von 1985 und die Euro-Einführung 1999/2002 haben diesen Zustand für Teile Europas wieder rückgängig gemacht.

Fin de Siècle: Endzeitstimmung – Aufbruchstimmung

Der Titel einer in Vergessenheit geratenen französischen Komödie von 1888 wurde zum Epochenbegriff der Zeit von 1890 bis 1914. Relativ lang anhaltender Friede in Europa und vergleichsweise gesicherte materielle Verhältnisse für die bürgerlichen Schichten führten zu Dekadenzerscheinungen der „Belle Epoque". Das Erstarren in Konventionen provozierte andererseits eine Aufbruchstimmung, die in der Kunst in „Sezession" und „Jugendstil", in der Gesellschaft in „Lebensreform", „Wandervogel" oder „Olympischen Spielen der Neuzeit" (erstmals 1896) zum Ausdruck kam. Überall suchte man Neuansätze, der Begriff „Moderne" wurde erstmals bewusst gebraucht. In Naturwissenschaft und Technik gab es solche bahnbrechenden Neuansätze tatsächlich, als 1879 die Glühbirne, 1895 die Röntgenstrahlen und die drahtlose Telegrafie (Funk) sowie 1898 die Radioaktivität entdeckt wurden. Im Jahr 1900 stieg der erste Zeppelin auf, Planck formulierte die Quantentheorie, und Freuds *Traumdeutung* erschien. 1909 überquerte der Franzose Bléroit als erster Mensch in einem Flugzeug den Ärmelkanal, 1912 sank die *Titanic.*

Übrigens: Richard Wagner hat die Zwiespältigkeit und Zerrissenheit seiner Epoche gespürt und schon in der Jahrhundertmitte in seiner großen Polit- und Gesellschaftsparabel „Der Ring des Nibelungen" thematisiert: die Gier nach Gold und Macht und Weltbeherrschung (dafür steht der Ring), die Fesseln der Konventionen einerseits und die Sehnsucht nach freier, kreativer Selbstverwirklichung des ungebundenen Individuums und ungezwungener Liebe andererseits.

Das Gemälde *Der Kuss* des österreichischen Künstlers Gustav Klimt (1862–1918) aus dem Jahr 1908 ist ein bekanntes Beispiel für die Stilrichtung des Jugendstil, der stark vom Fin de Siècle beeinflusst wurde.

Pogrom {1881}

Zar Alexander II. (reg. 1855–1881), Sohn von Nikolaus I., beendete 1856 den von seinem Vater begonnenen Krimkrieg gegen die Osmanen, den Russland gegen das restliche Europa sowieso nicht gewinnen konnte. Er hob 1861 die Leibeigenschaft auf, führte eine umfassende liberale Reformpolitik in dem völlig verkrusteten Polizeistaat durch und überlebte mehrere Attentate, aber nicht das letzte Sprengstoffattentat auf ihn 1881. Traumatisiert kehrten die letzten beiden Zaren zu einer reaktionären Politik zurück.

Alexanders Enkel, der damals zwölfjährige spätere Nikolaus II. hatte mit angesehen, wie seinem Großvater bei dem Attentat beide Beine abgerissen wurden. Unter Alexander III. begann in Russland eine massive, gesetzlich verordnete Judenverfolgung. „Pogrom" ist ein russisches Wort und bedeutet „Zerstörung, Demolierung". Diese Judenverfolgungen waren weder die ersten noch die letzten in Russland. Sie führten zu einem massiven Exodus der Ostjuden, die zunächst nach Deutschland und Österreich-Ungarn kamen. Von hier wanderten viele weiter in die USA und nach Palästina.

Die starke jüdische Minderheit in den USA datiert aus jener Zeit. Sie wurde durch weitere Pogrome um 1905 verstärkt.

J'accuse {1894}

Nach einem aufsehenerregenden Prozess wurde am 22. Dezember 1894 in Paris der aus dem Elsass stammende französische Hauptmann Alfred Dreyfus (1859–1935) wegen angeblicher Spionage zur Degradierung und lebenslanger Verbannung auf die Teufelsinsel verurteilt. Dem war eine – eindeutig antisemitisch motivierte – Vorverurteilung in der Öffentlichkeit vorausgegangen. Die Affäre spaltete das ganze Land bis in die Familien hinein. Alle konservativen Gruppen hielten Dreyfus für schuldig. Die öffentliche Erregung wuchs, als der Schriftsteller Emile Zola in der Zeitung *L'Aurore* unter der dicken Balkenüberschrift *J'accuse* („Ich klage an") einen offenen Brief an den Präsidenten der Republik veröffentlichte, in dem er sich für Dreyfus einsetzte. Dreyfus wurde nach langer Leidenszeit rehabilitiert. Hinter dem politisch engagierten Zola standen politisch die Republikaner, die Sozialisten und – dies war ein neuer Begriff – *les intellectuelles*: die Intellektuellen. In diesem Zusammenhang entstand der Begriff, übrigens zuerst im konservativen Lager der Dreyfus-Gegner, die ihn ausgesprochen abschätzig gebrauchten.

Zionismus {1896}

Einer der Berichterstatter des Dreyfus-Prozesses war der Publizist Theodor Herzl (1860–1904). Er war von dem Geschehen in Frankreich schockiert und sich natürlich des vehementen Antisemitismus in Wien und Österreich bewusst. Unter dem Einfluss dieser Erlebnisse verfasste er sein Buch *Der Judenstaat*, das 1896 erschien. Damit wurde er zu einem der wesentlichen Begründer des Zionismus. Zur *Lösung der Judenfrage* (so der Untertitel des Buches) schlägt Herzl einen eigenen Staat für die in alle Welt verstreuten Juden vor. Da damals kaum ein Jude Hebräisch konnte und die meisten Juden in Herzls Umfeld Deutsch oder wenigstens Jiddisch sprachen, schlug er als Staatssprache übrigens Deutsch vor.

1897 veranstaltete Herzl den 1. Zionistischen Weltkongress in Basel. Seit dem Ersten Weltkrieg unterstützte die britische Regierung die Forderung nach einer „nationalen Heimstätte für das jüdische Volk" (Balfour-Deklaration), die dann nach den Zweiten Weltkrieg realisiert wurde.

Das Herz der Finsternis {1885–1910}

Die Belgier wollten das ihnen auf der Kongokonferenz 1885 zugesprochene Kongobecken gar nicht haben, daher vereinnahmte ihr König Leopold II. das erstmals von dem Livingston-Entdecker Stanley erforschte zentralafrikanische Gebiet als Privatbesitz. Er ließ das riesige, rohstoffreiche Land auf dem Höhepunkt des Kautschukbooms in menschenverachtender Weise ausbeuten. Seine Angestellten forcierten die Zwangsarbeit durch Hände abhacken, Auspeitschungen, Vergewaltigungen, Dörfer niederbrennen und Mord an schätzungsweise zehn Millionen Schwarzen. Der polnisch-englische Schriftsteller Joseph Conrad beschrieb den Wahnsinn dieses Systems in seiner Novelle *Das Herz der Finsternis* schon 1899, noch bevor es 1906 zu den Kongo-Gräueln kam.

Die Karikatur aus der satirischen Zeitschrift *Punch* (1906) zeigt den belgischen König Leopold II., wie er in Gestalt einer Schlange einen seiner Untertanen im damaligen Freistaat Kongo (heute Demokratische Republik) im Würgegriff hat. Der glühende Verfechter kolonialistischer Ideen ließ das Land auf grausame Weise ausbeuten.

Jungtürken I {1908}

Auf einem Kongress in Berlin 1878 waren unter Vermittlung Bismarcks die Grenzen auf dem Balkan neu gezogen worden. Der Kongress brachte Serbien, Montenegro und Rumänien die Unabhängigkeit, Bulgarien wurde ein autonomes Fürstentum unter osmanischer Oberhoheit. Österreich durfte Bosnien-Herzegowina mit seiner Hauptstadt Sarajewo okkupieren, einen kleiner Vielvölkerstaat aus orthodoxen Serben, katholischen Kroaten und Muslimen. Die Neuordnung des Balkans war nach Aufständen in diesen Ländern, die von Russland unterstützt wurden, notwendig geworden. Die Gebietsverluste des Berliner Kongresses mussten im Osmanischen Reich unter seinem vorletzten Sultan Abdülhamid II., der von 1876 bis 1909 regierte, erst einmal verkraftet werden. Es geriet darüber in seine finale Krise.

Abdülhamid zeigte sich nach innen anfangs liberal, regierte dann aber zunehmend absolutistisch. Die Armenier, die ihnen zugestandene Rechte einforderten, wurden mit

ENTDECKUNGEN UND ERFINDUNGEN

ca. 1865 Pasteurisieren
Louis Pasteur entwickelt die Kurzzeiterhitzung von Lebensmitteln, um sie länger haltbar zu machen (anhand von Wein und Bier; noch nicht der Milch). Bei der Pasteurisierung werden Milchsäurebakterien (welche die Gärung verursachen), Hefen, Salmonellen und andere Mikroorgansimen und Keime zuverlässig abgetötet.

1866 Vererbungsgesetze
In diesem Jahr veröffentlicht der Augustinermönch Gregor Mendel in Brünn die nach ihm benannten Vererbungsgesetze, welche später die Grundlage für die Genforschung bilden. Zu seinen Lebzeiten wurden diese Erkenntnisse kaum beachtet.

1866 Elektromotor
Siemens' Dynamomaschine zur Erzeugung von Strom. Ihre „Umkehrung" ist das Grundprinzip für jeden bis heute gebräuchlichen Elektromotor.

1879/1880 Glühlampe
Thomas A. Edison experimentiert lange mit verschiedenen Bauformen und Glühfäden, bis er eine wirklich brauchbare, längere Zeit haltbare Glühlampe für Serienfertigung entwickelt (Patent 1880). Eine der wichtigsten Elektrizitätsnutzungen im Alltag überhaupt.

1886 Automobil
„Benz Patent-Motorwagen Nummer 1" – das erste Automobil der Welt.

Massakern überzogen. Gegen Abdülhamids autokratische Regierung rebellierten 1908 junge Offiziere und hohe Beamte, die unter Führung von Enver Pascha mit Erfolg eine Liberalisierung und die Einsetzung der 1876 suspendierten Verfassung forderten. 1909 wurde Abdülhamid von den Jungtürken abgesetzt. Mehmed VI. war dann von 1918 bis 1922 der letzte türkische Sultan sozusagen unter Enver Pascha.

In zwei Balkankriegen 1912 und 1913 gegen die unabhängig gewordenen Balkanstaaten verlor das Osmanische Reich dann auch noch seinen letzten europäischen Besitz, Makedonien. Es blieben nur noch Edirne und Konstantinopel selbst.

Als fortschrittlich galt unter den Jungtürken eine stramme national-türkische Gesinnung, was gegen den multikulturellen Charakter des osmanischen Vielvölkerreiches gerichtet war. Dementsprechend stark war der Druck auf Minderheiten wie Kurden, Griechen, Juden und vor allem auf die christlichen Armenier.

Faschoda-Krise {1898}

Durch die Weltwirtschaftskrise von 1873 stagnierte Europa wirtschaftlich am Rand der Depression. Nun entdeckte man das noch praktisch unerschlossene Afrika als *new market*. Imperialisten wie Cecil Rhodes schwebte für Großbritannien eine Nord-Süd-Achse vom ägyptischen Suezkanal über den Sudan und das innerafrikanische Seengebiet bis nach Rhodesien und Südafrika vor. Frankreich war seit 1830 in Algerien, besetzte 1881 Tunesien und brachte in der Folge seinen Einfluss in Westafrika rund um die Sahara zur Geltung.

Als Folge einer Begegnung englischer und französischer Truppen am südsudanesischen Fort Faschoda am Weißen Nil 1898, die angesichts der Stimmungsmache in der europäischen Presse leicht hätte eskalieren können, grenzten die britische und die französische Regierung ihre Einflusssphären in Afrika ab: Frankreich dominierte in Westafrika, Großbritannien im ganzen Osten Afrikas. Dies war eine wichtige Voraussetzung für die

Entente cordiale {1904}

Zu Anfang des 20. Jahrhunderts gab England seinen außenpolitischen Grundsatz der *Splendid isolation* auf und suchte Kontakt auf dem Kontinent. Das Deutsche Reich unter Kaiser Wilhelm II. und dem Militär- und Politmanagement des Admirals Tirpitz war gerade dabei, auf seinen Werften eine schlagkräftige, schimmernde Wehr zur See zu bauen, was der Seeweltmacht England nicht behagen konnte.

Auf dem Umweg über ein Flottenabkommen mit Japan gelangte England in Kontakt mit Frankreich. Man verständigte sich herzlich (französisch *s'entender* „sich verständigen", *cordial* „herzlich") über den Status quo in Afrika. Vor allem Ägypten sollte im englischen, Marrokko im französischen Einflussbereich bleiben.

In Berlin beobachtete man diese Annäherung argwöhnisch, maß ihr aber nicht die Bedeutung bei, die sie bekommen sollte: Die britisch-französische „Erbfeindschaft" war über Jahrhunderte eine der verlässlichsten Konstanten der europäischen Politik. Zehn Jahre darauf waren Engländer und Franzosen im Ersten Weltkrieg Waffenbrüder gegen den gemeinsamen deutschen Feind. Die generelle Verständigung wurde 1907 noch um Russland zur Triple-Entente erweitert. Damit stand die maßgebliche Bündnis-Konstellation des Ersten Weltkriegs bereits fest: Frankreich, Großbritannien und Russland gegen Deutschland und Österreich-Ungarn.

Gelbe Gefahr {ab 1898}

Japan hatte sich nach seiner erzwungenen Öffnung, anders als China, im 19. Jahrhundert reformiert, industrialisiert und modernisiert, alles nach westlichem Muster. Diese extrem reformerische Periode ist die Meiji-Ära (1868–1912), in der der Tenno erstmals wieder aktiv die führende politische Rolle spielte. Den Japanern kam es darauf an, sich in die vordere Reihe der „zivilisierten Nationen" einzuordnen, wofür in jener Zeit der Westen eindeutig der Maßstab war. Die Chinesen hielten sie für engstirnig und provinziell.

Das Schlagwort von der „Gelben Gefahr" bezog sich auf Japan, nachdem das Land im Chinesisch-Japanischen Krieg 1894/1895 und im Russisch-Japanischen Krieg 1904/1905 gesiegt sowie Taiwan und Korea annektiert hatte. Es spiegelte europäische Ängste vor einer fernöstlichen Allianz unter japanischer Führung wider. Damals war man in Europa noch daran gewöhnt, in kolonialer Selbstherrlichkeit schalten und walten zu können – ohne selbstbewusste asiatische Mächte.

Boxeraufstand {1899}

Durch die Ungleichen Verträge hatten sich seit 1842 alle europäischen Mächte und mittlerweile auch Japan und die USA ohne Gegenleistung Vorrechte in China gesichert, die die geschwächte Mandschu-Regierung hinnehmen musste. Das Volk verarmte und sah sich angesichts des Auftretens der Europäer gedemütigt und ausgebeutet. 1897 wurden China auch noch „Pachtverträge" aufgezwungen, die den fremden Mächten Territorialbesitz sowie Bergbau- und Eisenbahnrechte einräumten. Der Kaiserhof unter der Herrschaft der reaktionären Kaiserinwitwe Tse Hsi, die für zwei minderjährige Kaiser von 1875 bis 1908 die Regentschaft führte, erwies sich als reformunfähig. Tse Hsi

Angeführt von ihrem General Oshima erobern japanische Truppen während des japanisch-chinesischen Krieges im September 1894 die heutige nordkoreanische Hauptstadt Pjöngjang (zeitgenössische Darstellung).

hatte die Verbotene Stadt natürlich nie verlassen und entschied völlig realitätsfern.

Seit 1899 verübten Mitglieder von Geheimgesellschaften, die ihren Rückhalt in Kampfsportschulen hatten, die von den Engländern „Boxer" genannt wurden, Anschläge auf ausländische Gesandtschaften, gegen Bahnlinien und christianisierte Chinesen. Als die ausländischen Mächte ein Expeditionskorps nach China schickten, kam es zu regelrechten Kriegshandlungen mit Beteiligung der chinesisch-kaiserlichen Armee. Bei der Verabschiedung eines zweiten Korps hielt Kaiser Wilhelm II. seine berühmte Hunnenrede. Darin hieß es unter anderem: „Pardon wird nicht gegeben. Gefangene werden nicht gemacht. Wie vor tausend Jahren die Hunnen unter ihrem König Etzel sich einen Namen gemacht, der sie noch jetzt in der Überlieferung gewaltig erscheinen lässt, so möge der Name Deutschlands in China in einer Weise bekannt werden, dass niemals wieder ein Chinese es wagt, etwa einen Deutschen auch nur scheel anzusehen." Dieser deftigen Rhetorik verdankten die Deutschen im Ersten Weltkrieg bei den Briten ihre Bezeichnung als „die Hunnen".

Der Aufstand wurde niedergeschlagen, Peking erobert, die Kaiserinwitwe floh. China musste hohe Reparationszahlungen leisten und wurde völlig unter Kuratel gestellt. Der vorletzte Kaiser musste nach Berlin reisen, um sich persönlich zu entschuldigen. Da sich auch die USA und Japan an der Expedition gegen die Boxer beteiligt hatten, gehörten sie seitdem zum Kreis der internationalen Großmächte – und China verlor für Jahrzehnte seine Vormachtstellung in Ostasien.

Pu Yi war der letzte Kaiser von China.

Der letzte Kaiser {1908–1912}

Pu Yi war noch auf Veranlassung der Tse Hsi im Alter von zwei Jahren auf den Drachenthron gelangt. Bereits 1895 hatte sich der in Hawaii geborene Sohn eines Kuli Sun Ya-tsen (ca. 1870–1925), der in Hongkong Medizin studierte hatte, an einem Aufstand beteiligt und musste ins westliche Ausland fliehen. Von dort organisierte er die nationalchinesische Kuomintang-Bewegung, die den ersten erfolgreichen Aufstand zum Sturz der Monarchie organisierte. Er brach im Oktober 1911 aus. Binnen kurzer Zeit erklärten sich viele Provinzen für unabhängig von der Mandschu-Dynastie. Ziel der Revolution war die Erneuerung Chinas und die Rückgewinnung seiner Unabhängigkeit. Kaiser Pu Yi wurde in einem „Wohlwollenden Vertrag" höflich mit einer Apanage versehen, erteilte seine Zustimmung zur Errichtung einer Republik und schied am 12. Februar 1912 aus dem Staatsdienst aus.

Damit endete die zweitausendjährige Geschichte des chinesischen Kaiserreiches. Auch in Europa sollte es mit den Kaiserreichen alsbald zu Ende gehen.

Nibelungentreue {1909}

In einer Reichstagsrede vom 29. März 1909 gebrauchte Reichskanzler Bülow das Schlagwort von der Nibelungentreue, um die Bündnistreue des Deutschen Reiches zu Österreich zu charakterisieren. Darin schwang die Vorstellung jener Zeit mit, die sagenhaften Nibelungenkönige hätten auch angesichts des drohenden Untergangs treu zu ihrem Vasallen gestanden. Kriemhild hatte Hagens Auslieferung gefordert. Österreich hatte 1909 Bosnien annektiert, was nicht jeder in Europa als rechtmäßigen Vorgang betrachtete.

➡ ***Was danach geschah:*** Aufgrund der damaligen Bündnissysteme trat das Deutsche Reich an der Seite Österreichs einen Monat nach dem Attentat auf den österreichischen Thronfolger Franz Ferdinand in der bosnischen Hauptstadt Sarajewo (28. Juni 1914) in den Krieg ein. In diesem Weltkrieg verloren rund zehn Millionen Menschen ihr Leben, 20 Millionen wurden verwundet. In vier Kaiserreichen (Deutschland, Österreich-Ungarn, Russland, Osmanisches Reich) wurde die Staatsform der Monarchie „von Gottes Gnaden" ein für allemal beendet. In Deutschland verloren sämtliche Dynastien ihre Throne. Die auf eine Person konzentrierte Regierungsform, die über 1000 Jahre in Europa in den unterschiedlichsten Schattierungen vorherrschend war, ging endgültig zugrunde.

MODERNE

20. Jahrhundert

Die Revolutionen in Russland

Der zweite Parteitag der Sozialdemokratischen Arbeiterpartei Russlands fand nicht in Russland, sondern 1903 in London statt. Wladimir I. Uljanow (1870–1924), Deckname: Lenin, forderte auf dieser Versammlung den Sturz des zaristischen Regimes, kurz: einen Staatsstreich und keine sozialdemokratischen Reformen.

Bolschewiki {1903}

Lenin erhielt für seine radikale Forderung nach einer Revolution auf dem Parteitag eine Mehrheit (russisch: *bolschinstwo*). Die Bolschewiki sind also „die Mehrheit" im Gegensatz zu den lediglich reformerisch gesinnten Menschewiki (die „Minderheitler"). Aus der Bolschewiki-Fraktion der russischen Sozialdemokraten ging die Kommunistische Partei Russlands hervor, eine straff geführte Kaderpartei. Lenin und die Bolschewiki bekannten sich zur „Diktatur des Proletariats", wie Karl Marx sie gefordert hatte. Demokratie, Liberalismus, Pluralismus und Gewaltenteilung lehnten sie ausdrücklich ab.

Lenin-Denkmal am Moskauer Platz vor dem Haus der Sowjets in Sankt Petersburg

Panzerkreuzer Potemkin {1905}

Nach dem Beginn des Krieges zwischen Russland und Japan im Winter 1905 fanden in ganz Russland Demonstrationen, Streiks, vor allem der Eisenbahner, aber auch Meutereien statt. Der Unmut richtete sich gegen Armut, Hunger und die allgegenwärtige Unterdrückung durch Zar Nikolaus II. (1868–1918). Die Unruhen wurden gewaltsam beendet, etwa beim Petersburger Blutsonntag 1905 mit Hunderten Toten. Auch die Meuterei auf dem „Panzerkreuzer" (eigentlich war es ein Schlachtschiff) *Potemkin* im Schwarzmeerhafen Odessa wurde blutig unterdrückt. Das Ereignis war die Vorlage für den berühmten Stummfilm aus dem Jahr 1925. Diese „Russische Revolution" hatte jedoch keinerlei revolutionäres Ergebnis. Der Zar machte kleinere Zugeständnisse und blieb – weiterhin ohne Machteinschränkungen durch eine Verfassung – auf dem Thron, auch wenn eine Duma (Volksvertretung) eingerichtet wurde.

Lenin befand sich damals in Russland, floh aber vor der Geheimpolizei zuerst nach Finnland, dann in die Schweiz.

Februarrevolution – Oktoberrevolution {1917}

Das Zarenregime unter Nikolaus II., innerlich zerrissen zwischen Machterhalt und Reform, hielt den Belastungen des Ersten Weltkriegs nicht stand. Es mangelte schließlich an allem, u. a. an Brennstoff und Nahrung; dazu kamen die militärischen Rückschläge. Die im

Februar ausgebrochenen Unruhen streikender Soldaten- und Arbeiterfrauen wurden von den Gardisten nicht niedergeschlagen. Die Generalität zwang den Zar am 15. März zur Abdankung. Nach dem julianischen Kalender trugen sich die Ereignisse hauptsächlich im Februar zu. Zwei bürgerliche Regierungen konnten die Probleme aber auch nicht lösen.

Gleich nach der Februarrevolution schleuste die deutsche Heeresleitung Lenin im plombierten Eisenbahnwaggon von seinem Schweizer Exil quer durch Deutschland nach Russland in der Hoffnung auf eine weitere Destabilisierung der dortigen Lage durch revolutionäre Umtriebe. Am 25. Oktober (julianischer Kalender) verhafteten Lenin und der Vorsitzende des Petrograder Sowjets, Leo Trotzki, im Winterpalais in Sankt Petersburg handstreichartig die Mitglieder der amtierenden Regierung. Die Oktoberrevolution (nach gregorianischem Kalender schon am 7. November) war also kein Massenaufstand auf Barrikaden, sondern ein Staatsstreich im Palast. Außer dem Platzpatronenschuss aus der Kanone des Panzerkreuzers *Aurora*, der einigen Truppeneinheiten das Signal gab, strategisch wichtige Punkte der Stadt zu besetzen, gab es keine öffentlichen Schießereien.

Lubjanka {ab 1920}

Bürgerliche, Zaristen, Sozialdemokraten, die Geistlichkeit, andere vermutete Oppositionelle und Konterrevolutionäre und vor allem die Kulaken, die wohlhabenden Bauern, wurden durch die sowjetische Staatssicherheitspolizei Tscheka systematisch terrorisiert, in Lager interniert oder ermordet. Als Hauptquartier diente der Tscheka ein ehemaliges Versicherungsgebäude am Lubjanka-Platz in Moskau. Es wurde mit seinem berüchtigten Gefängnis und den Folterkellern zum Inbegriff der sowjetischen Willkürherrschaft. Alle späteren sowjetischen Geheimdienste, GPU, NKWD, KGB und in ungebrochener russsischer Kontinuität auch der heutige FSB haben hier ihre Zentrale.

Das 1924 entstandene Gemälde von Isaak Israilowitsch Brodsky zeigt die feierliche Eröffnung des II. Kongresses der Komintern in Petrograd im Sommer 1920.

Komintern {1919}

Die 1889 gegründete Sozialistische Internationale, auch Zweite Internationale genannt, war eine lockere Vereinigung sozialistischer/sozialdemokratischer Parteien gewesen. Ganz anders die Dritte, nunmehr Kommunistische Internationale (Komintern), ein Zusammenschluss kommunistischer Parteien, deren erklärtes Ziel die Ausbreitung der Weltrevolution war. Lenin hielt eine proletarische Revolution in den Industrieländern für konsequent und wünschenswert. Russland aber war viel mehr ein Bauern- als ein Arbeiterstaat. Die Unruhen nach Kriegsende im industrialisierten Deutschland schienen die Weltrevolution in Reichweite zu rücken. Die KPD war die bedeutendste kommunistische Partei außerhalb Sowjetrusslands. Zur Unterstützung der Kommunisten in den verschiedenen europäischen Ländern war die Komintern gedacht.

Bis zu Lenins Tod machte sich die Komintern mit gescheiterten Umsturzversuchen in Hamburg, Estland und Bulgarien lächerlich. Unter Stalins Einfluss wurde sie zu einem Instrument der sowjetischen Außenpolitik – propagandistisch schon damals „Friedenspolitik“ genannt. So auch in der DDR bis an deren Ende.

Der Erste Weltkrieg und seine Folgen

Im Ersten Weltkrieg waren erstmals Länder und Kriegsteilnehmer praktisch aller Kontinente in das Geschehen miteinbezogen: Der Hauptschauplatz war Europa, aber auch in den Kolonien Afrikas wurde gekämpft. Indische, australische und kanadische Truppen standen in Europa, die Engländer bekämpften das Osmanische Reich im Nahen Osten, der Kriegseintritt der USA 1917 wirkte sich entscheidend aus, Japan führte gleichzeitig einen Krieg im pazifischen Raum. So schrecklich jeder einzelne Krieg der Weltgeschichte bisher war – im Vergleich damit blieben sie regional überschaubar. Die umfassende Technisierung und Industrialisierung, der Weltverkehr und die globalen Interessen der Kolonialmächte hatten im 19. Jahrhundert die Voraussetzungen für diesen weltweiten Krieg geschaffen.

Der Attentäter Gavrilo Princip erschießt den österreich-ungarischen Thronfolger Erzherzog Franz Ferdinand und dessen Frau am 28. Juni 1914 in Sarajevo (Illustration von Achille Beltrame).

Attentat von Sarajewo {1914}

Auslösendes Moment für den Ersten Weltkrieg war die Ermordung des österreichisch-ungarischen Thronfolgerpaares am 28. Juni 1914 durch einen serbischen Nationalisten in der bosnischen Hauptstadt Sarajewo. Die Serben strebten nach einem südslawischen Großstaat auf dem Balkan, wurden darin vom damals noch zaristischen Russland unterstützt und damit auch von der Triple-Entente (Russland, Großbritannien, Frankreich). Österreich auf der anderen Seite hatte die Unterstützung des Deutschen Reichs. Nach der Kriegserklärung Österreichs an Serbien am 28. Juli 1914 traten aufgrund der damaligen Bündnissysteme die bereits mobilisierten europäischen Mächte binnen weniger Tage in den Krieg ein. Die österreichisch-serbische Lokalkrise wurde in kürzester Zeit zum Großkrieg.

Materialschlacht

Die Unmengen an herangeführtem Material, neuer Kriegstechnik (Panzer, Luftwaffe, U-Boot, Maschinengewehr, Gas) und Menschenmassen (über 70 Millionen Mobilisierte) stellten eine völlig neue Dimension der Kriegführung dar. Begriffe wie „Materialschlacht", „Grabenkämpfe", „Stellungskrieg", „Trommelfeuer" charakterisieren den Kriegsverlauf, der ungeheure Gelder in allen Ländern verschlang. Der Krieg war eine einzige Katastrophe ohne irgendein „positives" Ergebnis, eine ungeheure gegenseitige Zermürbung auf allen Seiten mit kolossalen Menschenverlusten (ca. 15 Millionen Soldaten und Zivilisten). Praktisch die gesamte junge Generation Europas verblutete auf den Schlachtfeldern.

Grabenkämpfe – Verdun und Isonzo {1916–1917}

Trotz eines gigantischen Einsatzes an Soldaten und Material kam es im Ersten Weltkrieg so gut wie nie zu einer militärischen Entscheidung oder zu einem „Durchbruch". Das ist eines der Hauptkennzeichen dieses europäischen Völkermordens. Die deutschen Armeen drangen zu Kriegsbeginn nach Flandern und Nordfrankreich vor. Dort verharrte die Front trotz vieler verlustreicher Gefechte jahrelang in den sprichwörtlichen Grabenkämpfen in den Schützengräben. 1916 versuchte die deutsche wie die französische Seite von Ende Februar bis Dezember fast ein Jahr lang bei Verdun eine Entscheidung herbeizuführen – ohne Ergebnis. Über 300 000 Soldaten auf beiden Seiten verloren dabei ihr Leben, ganz zu schweigen von den Verwundeten und Verstümmelten. „Verdun" wurde zum Inbegriff sinnlosen Schlachtens. Gleichfalls ohne Ergebnis verlief der anschließende britisch-französische Großangriff an der Somme.

Im Süden kämpfte Österreich-Ungarn ebenfalls jahrelang hauptsächlich gegen Italien in Südtirol und im Friaul. Zwischen 1915 und 1917 wurden vorwiegend in der Gegend des Flusses Isonzo im heutigen Slowenien zwölf größere Schlachten ausgetragen. Die Umstände und die Ergebnisse der gegenseitigen Abnützung und Erschöpfung waren ähnlich wie in Flandern.

Nur im Osten gelang es dem damaligen Generaloberst Hindenburg, die russischen Angriffe auf Ostpreußen schon zu Kriegsbeginn in drei Schlachten 1914 und 1915 endgültig abzuwehren. Als „Sieger von Tannenberg" erwarb Hindenburg einen Nimbus, der ihn 1925 auch in das Amt des Reichspräsidenten der Weimarer Republik trug.

Zusammenbruch

Als Folge der russischen Februarrevolution hatte Zar Nikolaus II. am 15. März 1917 abgedankt. Das Zarenregime konnte sich angesichts der Not und der aussichtslosen militärischen Lage nicht mehr halten. Nach der anschließenden Oktoberrevolution 1917 akzeptierte Lenin Anfang März den für Sowjetrussland demütigenden Frieden von Brest-Litowsk, der die Kämpfe an der Ostfront beendete. Zwar konnte die deutsche Heeresleitung die dadurch frei gewordenen Kräfte im Frühjahr 1918 für eine neue Offensive im Westen nutzen, sie traf aber aufseiten der Westalliierten auf entschlossenen und militärisch unter General Foch gut organisierten Widerstand, diesmal unterstützt von den USA, die 1917 in den Krieg eingetreten waren.

Ende Oktober 1918 überwanden die Briten endgültig das Osmanische Reich in Palästina, und gleichzeitig durchbrachen die Alliierten die Isonzo-Front. Am 3. November bat die Regierung in Wien um Waffenstillstand.

Nach ersten Sondierungen der deutschen Reichsregierung wegen eines Waffenstillstandes im Oktober führte die Revolution in Deutschland Anfang Oktober ganz ähnlich wie in Russland zur erzwungenen Abdankung des Kaisers und zur Ausrufung der Republik am 9. November sowie zum Waffenstillstand am 11. November 1918. Auf diese Ereignisse bezog sich in der Weimarer Republik das Gerede der reaktionären Propaganda von den „Novemberverbrechern".

Pariser Vorortverträge {1919–1920}

Die Verhandlungen über die Kriegsfolgen wurden in Paris geführt. Den Verlierern (Deutschland, Österreich, Osmanisches Reich) legten die Siegermächte Frankreich, Großbritannien und USA ohne deren Beteiligung an den Verhandlungen im Sommer und Herbst 1919 und 1920 Verträge vor, die sie akzeptieren mussten. Die Verträge wurden in Palästen in den Vororten von Paris unterzeichnet.

Als völlig neue Staaten entstanden: Tschechoslowakei und Jugoslawien. Ungarn wurde unabhängig, Siebenbürgen ging an Rumänien (Vertrag von Trianon), Südtirol an Italien (Vertrag von St. Germain-en-Laye). All das gehörte vorher zur Monarchie der Habsburger. Der französische Ministerpräsident Georges Clemenceau sagte: *„L'Autriche c'est ce qui reste"* („Österreich ist das, was übrig bleibt").

Auf dem Foto ist die Ankunft eines Boten in einer französischen Befestigung bei Verdun im Jahr 1916 festgehalten.

kulturelle Veränderung für die türkische Gesellschaft. Mustafa Kemal erhielt per Gesetzesbeschluss den Nachnamen Atatürk („Vater der Türken").

Commonwealth {1926/1931}

Auf der London-Konferenz von 1926 erhielten die britischen Übersee-Dominions praktisch die Unabhängigkeit. Damit wurde aus dem Britischen Empire das „Commonwealth". Dieser Begriff findet sich erstmals in der Schlussakte dieser Konferenz, die auch als zweite Balfour-Deklaration bezeichnet wird. Dieser Beschluss wurde 1931 durch ein Gesetz des Parlamentes in Westminster vollzogen. Dadurch erhielten Kanada, Australien, Südafrika, Neuseeland, Irland und Neufundland die eigene gesetzgeberische Unabhängigkeit.

Weltkrise

Die krisenhafte Weltwirtschaft destabilisierte die ohnehin in Umwälzung begriffenen politischen Systeme. Globale Verunsicherung und Radikalisierung waren die Folge.

Faschismus {1922}

Vom 27. bis 31. Oktober 1922 inszenierte der ehemalige norditalienische Grundschullehrer und Journalist Benito Mussolini (1883–1945) einen propagandawirksamen Marsch auf Rom, drohte dem italienischen König Viktor Emanuel III. mit einem Putsch und wurde daraufhin zum Ministerpräsidenten ernannt. So erschienen die Faschisten auf der politischen Bühne Europas in dieser ersten Nachkriegszeit.

Porträt von Benito Mussolini (1883–1945), der als Diktator an der Spitze des faschistischen Regimes in Italien stand.

Fascio bedeutet im Italienischen auch „Bund". Derartige Vereinigungen hatten sich in Italien schon vor dem Ersten Weltkrieg gebildet, Mussolini schwang sich zu ihrem erfolgreichsten Anführer (italienisch: *Duce*) auf. Ihre gesellschaftliche Basis fanden die italienischen Faschisten beim Kleinbürgertum und bei den Gutsbesitzern. Sie propagierten eine antidemokratische und antirepublikanische Gesinnung. Ausschlaggebendes Moment für den europäischen und später den internationalen Faschismus war überall der Kampf gegen die tatsächliche oder vermeintliche kommunistische Gefahr.

Das faschistische System Mussolinis wurde vorbildlich für viele „Bewegungen" und Regime, allen voran die Nationalsozialisten in Deutschland und die Falangisten Francos in Spanien, aber auch in Portugal, auf dem Balkan und in Lateinamerika. Mussolini regierte seit 1926 diktatorisch unter Ausschaltung jeglicher Opposition mit polizeistaatlichen Mitteln und äußerstenfalls der physischen Vernichtung des politischen Gegners.

Diktaturen wurden weltweit zum Kennzeichen der Politik der Extreme bis weit in die Nachkriegszeit und dann auch sehr verbreitet in der Dritten Welt.

Stalinismus

Eine der monströsesten Diktaturen etablierte der aus Georgien stammende sowjetische Parteiführer Josef Stalin, der von 1924 bis zu seinem Tod 1953 regierte. Eine „Diktatur des Proletariats" war durch die Formulierung von Marx im Kommunismus ideologisch angelegt, Lenin hatte sie im Bolschewismus auf den Machtanspruch einer Kaderpartei verengt und Stalin konzentrierte sie einzig auf seine Person (Personenkult), nachdem er seinen wichtigsten politischen Rivalen Leo Trotzki ausgeschaltet hatte. Seinen Machtanspruch setzte er ab 1935 in „Säuberungen" und Schauprozessen gegen alle echten und vermeintlichen Gegner radikal durch. Opfer der ersten Säuberungen waren vor allem Altbolschewiken, viele hohe Parteifunktionäre und sehr viele ranghohe Generäle. Folter war die übliche Methode, um „Geständnisse" zu erpressen. Die Betroffenen wurden anschließend hingerichtet, zu Gefängnis oder Zwangsarbeit in den Lagern des „Gulag" verurteilt. Das Gulag-System (*Glawnoje Uprawlenije Isprwitelno-trudowych Lagereij* – „Hauptverwaltung der Besserungsarbeitslager") führte Stalin 1929 ein. Millionen von Menschen wurden Opfer des Staats- und Parteiterrors.

Mussolini vereidigt am 10. August 1931 in Rom aufmarschierte Truppen der faschistischen Miliz.

Weltwirtschaftskrise {1929}

Ende der Zwanzigerjahre stagnierte die Weltwirtschaft. Einzig in die USA floss Anlagekapital noch in großen Mengen und löste dort einen Börsenanstieg aus, der wiederum von reinen Spekulationshoffnungen genährt wurde. Anfang September 1929 erreichte die New Yorker Börse ihren bis dahin höchsten Kursstand. Dann setzte ein dramatischer Kursverfall ein. Am „Schwarzen Donnerstag“, dem 24. Oktober, erreichten die Börsenumsätze ein nie gekanntes Volumen von 12,9 Millionen Aktien. Am Montag gab es noch einmal einen massiven Einbruch und am „Schwarzen Dienstag“, dem 29. Oktober, wechselten 16,4 Millionen Aktien panikartig den Besitzer. Im Verlauf von nur einer Woche, vom 24. bis 29. Oktober, waren die Kurse um 30 Prozent gefallen. Auf den „Schwarzen Donnerstag“ in Amerika folgte der „Schwarze Freitag“ an den europäischen Börsen.

Dem Börsenkrach war eine Kette von wirtschaftlichen Verschlechterungen vorausgegangen, und er zog eine Kette von Verschlechterungen nach sich. Das Wirtschaftswachstum setzte international komplett aus und traf das exportabhängige Deutschland mit voller Wucht.

Schon 1929 betrug die Zahl der Arbeitslosen fast zwei Millionen. Im Februar 1931 waren es fünf Millionen; reihenweise gingen Firmen und Betriebe in Konkurs.

Notverordnung

In Deutschland war die Arbeitslosenversicherung 1927 gerade erst eingeführt worden. Angesichts der sprunghaften Zunahme von Arbeitslosen wurden einerseits die Beiträge erhöht, andererseits die Leistungen bis an den Rand des Existenzminimums gekürzt. Im März 1930 zerbrach die letzte parlamentarische Mehrheit der Weimarer Republik, die aus einer großen Koalition von fünf Parteien bestand, an der Frage der Deckung des Defizits der Arbeitslosenversicherung. Die folgenden Regierungen Brüning, von Papen und Schleicher konnten nur mit Notverordnungen regieren, ohne Mehrheit im Parlament. Artikel 48 der Weimarer Verfassung räumte dem vom Volk gewählten und folglich mit einer starken Stellung versehenen Reichspräsidenten das Recht ein, im Notfall ohne die Zustimmung des Parlaments Gesetze zu erlassen.

Angesichts dieser wirtschaftlichen und politischen Situation radikalisierte sich die Arbeiterschaft. Die Kommunistische Partei Deutschlands (KPD) und die Nationalsozialistische Deutsche Arbeiterpartei (NSDAP) profitierten davon.

Adolf Hitler auf dem Balkon der Wiener Hofburg während seiner Rede an die begeisterte Menschenmasse zum „Anschluss" Österreichs auf dem Heldenplatz am 15. März 1938

verkündete. Vom 12. bis 15. März war eine Armee der deutschen Wehrmacht gewaltfrei in Österreich einmarschiert, was durch den Versailler Vertrag ausdrücklich verboten war. Selbstverständlich wurde Österreich umgehend „gleichgeschaltet".

Im Herbst 1938 vereinnahmte Hitler die deutschsprachigen (sudentendeutschen) Gebiete in der Tschechoslowakei auf der Grundlage des Münchner Abkommens vom 29. September. Für die Sicherheit und Integrität des Vielvölkerstaats Tschechoslowakei, ein Produkt der Friedenskunst der Alliierten nach dem Ersten Weltkrieg, garantierten Frankreich und Großbritannien. Unter Vermittlung Mussolinis gestatteten die Premierminister Édouard Daladier und Neville Chamberlain auf einer Konferenz in München Hitler die Besetzung des Sudetenlandes. Sie gaben Hitlers Forderungen nach und meinten, mit ihrem *Appeasement* („Beschwichtigung") den Bestand der restlichen Tschechoslowakei gesichert und *Peace for our time* gesichert zu haben. Wiederum ein halbes Jahr später besetzten Hitlers Truppen am 14. März 1939 die „Rest-Tschechei" – ohne dass Frankreich oder Großbritannien intervenierten. Tags darauf wurde das „Protektorat Böhmen und Mähren" errichtet.

Blitzkrieg {1939 – 1940}

Seit dem 1. September 1939 überfiel die deutsche Wehrmacht nacheinander Polen, Dänemark, Norwegen, die Niederlande, Belgien, Luxemburg und Nordfrankreich. Nach dem Einmarsch der deutschen Truppen in Paris Mitte Juni 1940 war Hitler auf dem Höhepunkt seiner Macht und Zustimmung in Deutschland.

In diesem Moment, als man in Großbritannien erkannte, dass die Engländer nunmehr als Einzige und Letzte der nationalsozialistischen Expansion gegenüberstanden, hielt der englische Premierminister Winston Churchill am 13. Mai 1940 vor dem Unterhaus seine berühmte Blut-Schweiß-und-Tränen-Rede. („*I have nothing to offer but blood, toil, tears and sweat*" – „Ich kann nichts bieten außer Blut, Mühsal, Tränen und Schweiß.") Es folgte die etwa einjährige „Luftschlacht um England", der Versuch der deutschen Luftwaffe, die Briten durch die Bombardements großer Städte zu demoralisieren und eventuell sogar eine Invasion vorzubereiten. Weil die Briten das gerade erst erfundene Radar effektiv einsetzten und durch die Entzifferung des Enigma-Codes den deutschen Funkverkehr entschlüsseln konnten, erlitt die Luftwaffe hohe Verluste.

Ostfront {ab 1941}

Die Eroberungen von Hitlers Wehrmacht schienen 1941 kein Ende zu nehmen. Außer dem Kriegsgegner Großbritannien und den neutralen Staaten Schweden, Irland, Portugal, Spanien und Schweiz hielten die beiden Achsenmächte Deutsches Reich und Italien ganz Europa bis weit in den Osten besetzt oder in Abhängigkeit wie etwa Vichy-Frankreich (eine von Hitler anerkannte Regierung südlich der Loire), Slowakei und Rumänien. Seit Herbst 1940 versuchte der italienische Diktator Mussolini den Balkan zu erobern, was scheiterte; und in der Folge übernahm die Wehrmacht auch hier das Kommando. Ebenfalls im Schlepptau der gescheiterten Italiener griff ein deutsches Korps in Nordafrika unter General Erwin Rommel in den dortigen Krieg gegen die Briten ein.

Der deutsche Angriff auf die Sowjetunion, das „Unternehmen Barbarossa", begann am 22. Juni 1941. Erst an diesem Tag entstand die „Ostfront". Der deutschen Besetzung Polens hatte die Sowjetunion aufgrund eines unmittelbar vor Kriegsbeginn geschlossenen Nichtangriffspaktes („Hitler-Stalin-Pakt") tatenlos zugesehen und sich mit Lettland, Estland, Finnland und Ostpolen ihren „Anteil" gesichert. „Barbarossa" war ein glatter Bruch dieses Vertrags. 1941 und 1942 reichte die Ostfront von der Ostseeküste über einen Abschnitt, der bis etwa fünfzig Kilometer an Moskau heranreichte, bis zur Halbinsel Krim im Schwarzen Meer. Das war ein riesiges Territorium, das Weißrussland und die Ukraine einschloss.

Die Schlacht von Stalingrad endete mit der Kapitulation der 6. Armee Anfang 1943 und bedeutete eine Wende im Zweiten Weltkrieg. Hier sieht man russische Soldaten, die den Gegner unter Beschuss nehmen.

Großer Vaterländischer Krieg

{Juni 1941–Mai 1945}

In der Sowjetunion und später in Russland wird der Krieg gegen Hitlers Deutsches Reich als „Großer Vaterländischer Krieg" bezeichnet. Das Land erlitt die stärksten Verluste an Menschen im gesamten Zweiten Weltkrieg. Zunächst war die Rote Armee nicht auf diesen Überfall vorbereitet. Die Wehrmacht konnte rasch vordringen. Leningrad wurde seit Herbst 1941 von deutschen Truppen blockiert, was zu einer Hungerkatastrophe in der Stadt führte; sie konnte aber nie erobert werden. Auch der deutsche

Die „Endlösung der Judenfrage" {1941–1945}

Am 20. Januar 1942 trafen sich unter dem Vorsitz des SS-Obergruppenführers Reinhard Heydrich 15 hochrangige NS-Partei- und Behördenvertreter, um über die Verschleppung und Vernichtung der jüdischen Bevölkerung Europas zu beraten. Bereits seit Sommer 1941 war Heydrich auf Anordnung Hermann Görings mit der „Endlösung" befasst, wie Göring es formulierte. Es ging also nicht um Vertreibung, sondern um bürokratisch geplanten und durchgeführten Völkermord in den Vernichtungslagern, für die der Ortsname Auschwitz der Inbegriff geworden ist. Trotz der 55 bis 60 Millionen Toten des Zweiten Weltkrieges einschließlich des Pazifikkrieges überschatten diese Nazi-Gräuel alle anderen Grausamkeiten, weil man es einfach nicht fassen kann, dass eine derartige Ausrottung kaltblütig geplant und jahrelang durchgeführt wurde.

Torhaus des Konzentrationslagers Auschwitz

Pearl Harbor {Dez. 1941}

ist wie „Waterloo" oder „Stalingrad" der sprichwörtliche Inbegriff einer Niederlage. Über Nacht weltweit bekannt wurde der amerikanische Marinestützpunkt auf der Hawaii-Insel Oahu, als die Japaner bei einem Luftangriff teilweise mit Kamikaze-Einsätzen am Morgen des 7. Dezember 1941 den Stützpunkt vollkommen zerstörten und fünf Schlachtschiffe sowie eine Vielzahl anderer Schiffe und Flugzeuge beschädigten. Über 2000 Amerikaner fanden bei diesem Überraschungsangriff den Tod.

Am 8. Dezember erklärte Präsident Roosevelt Japan den Krieg. Wiederum einen Tag später erklärte Hitler als Verbündeter Japans seinerseits den USA den Krieg. Aus dem deutschen und japanischen Eroberungskrieg war ein Weltkrieg geworden.

Kamikaze {1941–1945}

Der gleichzeitige pazifische Krieg verlief militärisch gesehen unabhängig vom Geschehen in Europa, war aber nicht weniger verlustreich. In China überließen die Kommunisten den Abwehrkampf gegen die japanische Besetzung seit 1937 weitgehend der Kuomintang Tschiang Kai-scheks; sie unterstützten sie hauptsächlich, indem der Bürgerkrieg gegen die Kuomintang während des Zweiten Weltkriegs ruhte.

Unter der propagandistischen Parole „Asien den Asiaten" hatte die nationalistische Militärdiktatur Japans nach dem Überfall auf Pearl Harbor 1941 im Herbst innerhalb von vier Monaten den gesamten pazifischen Raum unter ihre Kontrolle gebracht, ein riesiges Gebiet mit ungefähr 450 Millionen Menschen. Seit der Schlacht um die Midway-Inseln östlich von Hawaii Anfang Juni 1942 gelang es den USA, die Japaner zurückzudrängen. In Midway verloren die Japaner einen bedeutenden Teil ihrer Flotte; diese Verluste konnten sie kaum ersetzen. In der Schlacht von Leyte auf den Philippinen Ende Oktober 1944 ging schließlich die restliche Seestreitkraft Japans unter. Ihre Kamikaze-Flieger brachten den Japanern nicht die erhofften Erfolge bei der Zerstörung amerikanischer Schiffe, aber der Begriff veranschaulicht, wie verlustreich und verbissen auf beiden Seiten zweieinhalb Jahre lang um jede einzelne Insel gerungen wurde. Auch nach Leyte war der japanische Widerstand noch nicht gebrochen.

Nach der verheerenden Detonation der ersten Atombombe versammeln sich überlebende Einwohner von Hiroshima am 6. August 1945 im Freien.

Hiroshima {August 1941}

Am 6. August und am 9. August 1945 detonierten über den japanischen Städten Hiroshima und Nagasaki die ersten Atombomben als vollkommen neues Mittel der Kriegführung. Schlagartig wurde durch jeweils einen einzigen militärischen Einsatz eine ganze Stadt zerstört und verstrahlt. Einschließlich der Spätfolgen fanden über 200 000 Menschen den Tod.

Nach der deutschen Kapitulation am 7. Mai 1945 in Reims für die Westfront und am 8. Mai in Berlin-Karlshorst gegenüber der Sowjetunion nahm der Oberkommandierende der amerikanischen Streitkräfte, der amerikanische Feldmarschall Douglas MacArthur, am 2. September die Kapitulation Japans auf dem US-Schiff *Missouri* entgegen. Am 9. September kapitulierte auch die japanische China-Armee mit einer Million Mann gegenüber dem chinesischen Kuomintang-Führer Tschiang Kai-schek.

MacArthur kommandierte nach dem Krieg auch die Besatzungstruppen in Japan sowie die UN-Truppen im Koreakrieg (1950–1953).

Die Folgen des Zweiten Weltkrieges

Der nach dem Ersten Weltkrieg in Genf eingerichtete Völkerbund war eine Art Vorläuferorganisation der UNO und existierte bis 1946. Die Idee war, etwaige politische Konflikte durch neutrale Vermittlung zu lösen. Seine wichtigste völkerrechtliche Funktion war die Vergabe und Kontrolle sogenannter Mandate. Damit war die administrative Herrschaftsausübung in den ehemaligen Kolonien des Deutschen Reiches und in großen Teilen des ehemaligen Osmanischen Reiches im Nahen Osten gemeint. Das im Nachhinein wichtigste Mandat war das britische Mandat für Palästina, das bis 1920 osmanisch war, dann unter britische Oberhoheit geriet und nach dem Zweiten Weltkrieg in „Transjordanien" und Israel aufgeteilt wurde. Die benachbarten Mandate Libanon und Syrien gingen an Frankreich, der heutige Irak ebenfalls an die Briten.

Israel {1947/1948}

In der nach ihm benannten Balfour-Deklaration hatte der damalige britische Außenminister Arthur James Balfour 1917 im Namen seiner Regierung empfohlen, „die Errichtung einer nationalen Heimstätte für das jüdische Volk" mit Wohlwollen zu betrachten und sich für deren Erreichung einzusetzen. Nach 1880 und nochmals zwischen 1904 und 1914 waren als Folge der Judenpogrome in Russland vorwiegend osteuropäische Juden in das dünn besiedelte Palästina gekommen. Bedeutendste jüdische Stadtneugründung aus dieser Zeit ist Tel Aviv (1909). Gleich nach der Übernahme des Völkerbund-Mandats teilten die Briten das Gebiet in zwei Bezirke, der Jordan war die Grenze. Östlich davon entstand Transjordanien, der spätere Staat Jordanien. Die Juden durften nur in Westpalästina siedeln. Während der Zwanziger- und erst recht der Dreißigerjahre strömten durch die Nazi-Verfolgung immer mehr jüdische Immigranten in das westpalästinische Gebiet. Im Westjordanland lebte eine arabische Mehrheit (heute eine Minderheit: 20 Prozent). Die Spannungen wuchsen, antijüdischer und antibritischer Aufruhr musste mit massivem Truppeneinsatz niedergeschlagen werden. Zwischen 1937 und 1939 gab es Tausende von toten, verwundeten, geflohenen, inhaftierten, ausgewiesenen Arabern. Die Briten waren der Lage nicht mehr gewachsen.

1947 wurde von der UNO ein Plan verabschiedet, der das gesamte Westpalästina in Gebiete mit überwiegend jüdischer und überwiegend arabischer Bevölkerung teilte. Dieser bildete die Grundlage für die Grenzen des neuen Staates Israel und den eigenartigen Grenzverlauf mit der langgestreckten „Taille" in der Mitte.

An dem Abend, als das britische Mandat ablief, am 14. Mai 1948, verkündete David Ben Gurion (1886–1973) die Unabhängigkeit Israels. Er wurde der erste Ministerpräsident des Landes. Die USA erkannten Israel sofort an (elf Minuten später), die Sowjetunion drei Tage darauf. Noch in der gleichen Nacht erklärten alle umliegenden arabischen Staaten Israel den Krieg (bis 1949).

David Ben Gurion ruft am Abend des 14. Mai 1948 in Tel Aviv die Unabhängigkeit Israels aus. Er wurde der erste Ministerpräsident des Landes.

➥ ***Was danach geschah:*** Das schwierige Verhältnis zwischen Israelis und Arabern war und ist bis heute extrem komplex und wurde durch mehrere Kriege im Nahen Osten immer komplizierter. Allein nach der Auflösung der Sowjetunion wanderten zwischen 1990 und 2000 noch einmal über eine Million Juden aus Russland ein. Heute leben fast sieben Millionen Israelis und knapp zwei Millionen nicht jüdische Araber in dem Staat. Es gibt weitere neun Millionen Palästinenser. Über sechs Millionen von ihnen leben im Westjordanland und im Gazastreifen sowie in Jordanien und drei Millionen in anderen Ländern der arabischen Welt oder in weiteren Staaten, beispielsweise in Griechenland, aber auch in den USA.

Vereinte Nationen {1945}

Der amerikanische Präsident Franklin D. Roosevelt und der britische Premierminister Winston Churchill bemühten sich bereits seit 1941 und unmittelbar unter dem Schock des deutschen Überfalls auf die Sowjetunion um die Errichtung einer internationalen Weltstaatenorganisation als Nachfolger für den nicht sehr wirksamen Völkerbund. An diesen Plänen beteiligten sich seit 1943 auch die Sowjetunion und China. Die Charta der Vereinten Nationen wurde auf der Konferenz von Jalta im Februar 1945 verabschiedet und am 26. Juni 1945 von 50 Gründungsnationen in San Francisco unterzeichnet. Dieser Tag gilt als Gründungstag der UNO, die ihren Hauptsitz in New York hat. Die Vereinten Nationen sind ein souveränes Völkerrechtssubjekt.

Ihre Hauptziele sind die Friedenssicherung, die Einhaltung des Völkerrechts und der Schutz der Menschenrechte. Die UNO verfügt über eigene Truppen („Blauhelme").

Nach dem Ende des Zweiten Weltkriegs lagen viele deutsche Städte in Trümmern, wie hier in Berlin.

Flucht und Vertreibung

Die bedeutendsten territorialen Veränderungen nach dem Zweiten Weltkrieg in Europa betrafen Deutschland und Polen. Sie beruhten auf Beschlüssen der Konferenz von Jalta Anfang Februar 1945 und wurden auf der Potsdamer Konferenz im Sommer 1945 definiert. Die Oder-Neiße-Linie wurde Westgrenze Polens, das dafür Gebiete im Osten an die Sowjetunion abtreten musste. Diejenigen (Ost-)Preußen, Pommern und Schlesier, die nicht schon während des Krieges vor der heranrückenden Roten Armee geflohen waren, sollten nach Deutschland umgesiedelt werden. Gewaltsam und nahezu vollständig vertrieben wurden die Deutschen aus der Tschechoslowakei und etlichen deutschen Siedlungsgebieten auf dem Balkan. Sofern sie den Krieg überlebt hatten, verloren die aus Polen und der Tschechoslowakei geflohenen und vertriebenen Deutschen dadurch ihre Existenzgrundlage.

Besatzungszonen

Deutschland, Berlin und auch Österreich wurden in jeweils vier Besatzungszonen aufgeteilt. Deutschland als Ganzes hatte durch die bedingungslose Kapitulation seine Souveränität verloren, das Deutsche Reich aufgehört zu existieren. Diese Souveränität und die damit verbundene Verantwortung nahmen nun die Besatzungsmächte wahr. Deswegen musste beispielweise der Westteil Berlins während der Berliner Blockade 1949 aus der Luft versorgt werden, und die Sowjetunion hätte Ende der Achtzigerjahre die kurz vor dem Zusammenbruch stehende DDR „durchfüttern" müssen. Erst durch den Zwei-plus-Vier-Vertrag von 1990/1991 (zwischen BRD, DRR und den früheren Besatzungsmächten Frankreich, Großbritannien, USA und Russland) im Zuge der deutschen Wiedervereinigung wurde das Besatzungsstatut beendet, und Deutschland gewann in den Grenzen von 1945 seine volle Souveränität zurück. Österreich hatte seine Souveränität bereits durch den Staatsvertrag von 1955 wiedererlangt.

Im Jahr 1960 gab es noch keine Mauer vor dem Brandenburger Tor. Diese wurde erst ab August 1961 auf dem Höhepunkt des Kalten Krieges errichtet und damit auch der Ostteil Berlins hermetisch abgeriegelt.

Eiserner Vorhang {1946}

Auf ihrer Konferenz in Jalta 1945 hatten sich die angehenden Siegermächte USA, Sowjetunion und Großbritannien, insbesondere Churchill und Stalin, auf ihre jeweilige Einflusszone in Europa geeinigt. Schon bald nach Kriegsende riegelte der „Ostblock", also alle von der Sowjetunion abhängigen Staaten, seine Grenzen durch Sperren und Kontrollen gegen den Westen rigoros ab. Das hatte man bei den Konferenzen in Jalta und Potsdam so nicht vorausgesehen. Winston Churchill formulierte 1946 bei einer Rede an einem amerikanischen College den Satz *An iron curtain has descended across the continent* („Ein Eiserner Vorhang hat sich über den Kontinent gesenkt").

Kalter Krieg {1947}

Marshall-Plan, Kalter Krieg und die Truman-Doktrin stehen in einem direkten Zusammenhang. Der erfahrene amerikanische Diplomat George F. Kennan (1904–2005) war unter Außenminister George C. Marshall Planungschef im amerikanischen Außenministerium und formulierte das Prinzip des *containment*, der „Eindämmung" der sowjetischen Expansion. Dies wird in der von Präsident Harry S. Truman im März 1947 verkündeten Truman-Doktrin als

Aufbruch ins All

Fußabdruck eines Astronauten auf dem Mond

Die Beförderung von Satelliten, Menschen, einer ganzen Raumstation und Riesenteleskopen ins All ist ein absolutes Novum der Menschheitsgeschichte seit der Mitte des 20. Jahrhunderts. Die Grundlage lieferte die maßgeblich von deutschen Ingenieuren während des Zweiten Weltkriegs entwickelte Raketentechnik. Eröffnet wurde dieses Zeitalter durch den russischen *Sputnik* und den ersten Menschen im All, Juri Gagarin. Die Amerikaner waren schockiert von so viel Vorsprung durch Technik. 1961 forderte Präsident Kennedy sein Land daher auf, einen Menschen auf den Mond und zurückzubringen. Ihre bemannte Raumfahrt verwirklichten die Amerikaner mit den Gemini- und Apollo-Programmen innerhalb von acht Jahren. Die Russen fielen wieder zurück. Der erste Mann auf dem Mond war Neil Armstrong am 21. Juli 1969 zur besten amerikanischen TV-Sendezeit.

Das bedeutendste gegenwärtige Projekt ist die Internationale Raumstation ISS seit 1998 mit regelmäßigem Pendelverkehr zur Erde. Daran sind 16 Nationen beteiligt, auch Amerikaner und Russen – ein globales Projekt.

in der arabischen Welt Bedeutung erlangt, als sie 1924 die Haschemiten nach kurzem Kampf als Scherifen von Mekka verdrängten. Die aus dem Verwandtschaftsclan des Propheten stammenden Haschemiten waren seit dem Hochmittelalter die lokalen Herrscher von Mekka und Umgebung gewesen (und regieren heute noch in Jordanien). Durch die 1938 beginnende Ölförderung wurden die Saud mächtig und auch unermesslich reich.

Saudi-Arabien verfügt nach wie vor über die mit Abstand größten Erdölreserven: doppelt so viel wie der Iran. Dann folgen Irak, die Vereinigten Arabischen Emirate, Kuwait und Venezuela. Zu künstlich erzeugten Lieferengpässen kam es während der

Ölkrise {1973}

Diese wiederum stand im Zusammenhang mit dem Nahost-Konflikt. Am Jom-Kippur-Tag des Jahres 1973 (6. Oktober), einem hohen jüdischen Feiertag, wurde Israel von ägyptischen und syrischen Streitkräften überraschend angegriffen, konnte sich unter seinem Verteidigungsminister Moshe Dajan aber behaupten. Gleichzeitig drosselte die Organisation erdölexportierender Länder (OPEC) die Produktion als Boykottmaßnahme gegenüber dem Westen. Die Erdölpreise stiegen drastisch um 70 Prozent von drei auf fünf Dollar pro Fass. Die europäischen Regierungen verhängten Geschwindigkeitsbegrenzungen, autofreie Tage (Österreich) oder Sonntage (BRD), an denen man mit Fahrrädern auf den Autobahnen fahren konnte.

Soweto {1976}

Die Schüler- und Studentenproteste im Township Soweto im Sommer 1976 entzündeten sich an der Entscheidung der südafrikanischen Regierung, Afrikaans statt Englisch als Unterrichtssprache einzuführen. Bei der Niederschlagung dieses Aufruhrs kamen über 200 junge Menschen ums Leben. Der Name Soweto ist ein Akronym aus *South Western Townships* („Südwestliche Townships") für eine Agglomeration schwarzer Wohnghettos in der Nähe von Johannesburg. Im Grunde ist es eine riesige Millionenstadt.

Die Proteste gegen das Apartheidregime der südafrikanischen Regierung wurden seit 1976 immer lauter. Auch unter Pieter Willem Botha lockerte sich die Apartheid kaum, obwohl es erste Kontakte zwischen der Regierung und dem ANC gab. Während Bothas fast zwanzigjähriger Regierungszeit von 1978 bis 1984 (und bis 1989 als Staatspräsident) nahm der Druck von außen ständig zu. Viele Staaten boykottierten Südafrika mit wirtschaftlichen Maßnahmen, die UNO verhängte ein Waffenembargo, die Sängerin

Miriam Makeba erinnerte immer wieder an die Zustände in ihrem Heimatland.

Am 11. Februar 1990 wurde Nelson Mandela nach 27 Jahren aus der Haft entlassen. Der neue Ministerpräsident Frederik de Klerk baute das Apartheidsystem ab, sodass 1994 freie Wahlen für alle Volksgruppen stattfinden konnten. Mandela wurde 1994 bis 1999 der erste schwarze Präsident des Landes und betrieb eine sehr versöhnliche Politik. Er und de Klerk erhielten 1993 den Friedensnobelpreis.

Intifada – der Krieg der Steine {1987/2000}

Möglicherweise wuchs nach dem Jom-Kippur-Krieg die Einsicht der arabischen Staaten, gegen Israel nicht militärisch erfolgreich sein zu können. Durch das von US-Präsident Jimmy Carter vermittelte Abkommen von Camp David 1978 und dem anschließenden Friedensvertrag zwischen Ägypten und Israel 1979 hatten sich beide Länder gegenseitig anerkannt, und Ägypten erhielt den im Sechs-Tage-Krieg eroberten Sinai zurück. Dafür bekamen der ägyptische Präsident Anwar as-Sadat und der israelische Ministerpräsident Menachem Begin 1978 den Friedensnobelpreis.

An der Situation der Palästinenser änderte sich aber nichts. Sie reagierten seit 1987 mit passivem Widerstand in Gaza, im Westjordanland und in Ost-Jerusalem, darüber hinaus allerdings auch mit Steinen, Kleinterror, Anschlägen und Mord. Die Widerstandsbewegung (Intifada) dauerte bis zum Abschluss des Oslo-Friedensprozesses, der 1993 die Welt überraschte. Israel und die Palästinenser hatten unter norwegischer Vermittlung sehr geheim verhandelt. Die Israelis erkannten die PLO an und stimmten einer palästinensischen Selbstverwaltung im Westjordanland und im Gazastreifen zu.

Nach dem Besuch des israelischen Ministerpräsidenten auf dem Jerusalemer Tempelberg 2000 begann die zweite, ebenfalls fünfjährige Intifada. Die Palästinenser versuchen – vermehrt durch Selbstmordattentate – die israelischen Polizeikräfte zu provozieren und zu zermürben. Die Zahl der Anschläge, Überfälle und Raketenangriffe geht in die Tausende. Im Nahost-Konflikt bleiben die Dinge bis heute sehr im Fluss, und jeder Tag kann eine überraschende Wendung bringen.

Zur Zeit der ersten Intifada, die auch „Krieg der Steine" genannt wird, kam es ab 1987 immer wieder zu gewalttätigen Auseinandersetzungen zwischen Palästinensern und der ungleich besser bewaffneten israelischen Armee.

al-Qaida (224 Tote, 5000 Verletzte). 9/11, der Anschlag auf das World Trade Center in Manhattan am 11. September 2001 sowie auf das Pentagon mit Passagierflugzeugen war dann bekanntlich der brutalste Direktangriff auf amerikanischem Boden. In Europa sind die Anschläge auf Vorortzüge in Madrid am 11. März 2004 (193 Tote) und am 7. Juli 2005 in London sowie mehrere fast gleichzeitige Anschläge in Paris am 13. November 2015 (unter anderem mit einem Massaker im Bataclan-Konzertsaal) mit insgesamt 130 Todesopfern durch den IS noch in tragischer Erinnerung.

2002 eröffnete al-Qaida sogar noch eine „zweite Front" mit gleichzeitigen Anschlägen auf die beiden Diskotheken „Paddy's Pub" und „Sari Club" in Kuta auf Bali sowie das dortige US-Konsulat (202 Tote, darunter 88 Australier und 6 Deutsche). Dank des entschlossenen Durchgreifens und der Zusammenarbeit indonesischer, amerikanischer und australischer Sicherheitsdienste konnten in diesem muslimischen Land bisher weitere größere Anschläge verhindert werden. Lose verbundene Terrorzellen verüben allerdings immer noch Anschläge, etwa 2018 mehrere gleichzeitige Angriffe auf Kirchen in Surabay.

Der politische Islamismus wendet sich in dieser Weise gegen den verhassten Westen nach außen. Im Innern versucht er die Gesellschaften oder Staaten, in denen er Einfluss hat, gemäß seinem traditionalistischen religiösen Verständnis zu formen. Auf der politischen Ebene werden Demokratie, Rechtsstaat, Freiheitsrechte und Menschenrechte abgelehnt und sogar aktiv bekämpft. Diese Ausrichtung haben sie mit der chinesischen Regierung gemeinsam.

Muslime ihrerseits sehen in dem Begriff „Politischer Islam" einen polemischen westlichen Propagandabegriff, in dem eine generelle Islamfeindlichkeit zum Ausdruck kommen soll.

Schwellenländer {ab 1980}

In den Siebziger- und Achtzigerjahren entwickelten Südkorea, Taiwan, Singapur und Hongkong eine Wirtschaftsdynamik, die sie weit über den bei Entwicklungsländern üblichen Standard hinausführte. Sie bauten Fertigungsindustrien für rohstoffarme Produkte auf (Textil, Unterhaltungselektronik), die dank niedriger Löhne auf dem Weltmarkt konkurrenzlos preiswert waren. So gelangten diese damals „Tigerstaaten" genannten kleinen asiatischen Länder an die Schwelle zu Industrieländern. Dieses Geschäftsmodell war damals neu und wurde in vielen anderen Ländern der Dritten Welt nachgeahmt, nicht zuletzt von China.

Mit einer durchgreifenden Wirtschaftsliberalisierung erreichte auch Indien seit den Neunzigern eine ungeahnte Dynamik. Treibende Kraft ist Premierminister Manmohan Singh (seit 2004). Er setzte die Wirtschafts-

Diese Ansicht der indischen Stadt Mumbai verdeutlicht den großen Kontrast zwischen Armut und Reichtum in vielen Schwellenländern.

reformen bereits 1992 als Finanzminister in Gang. Indien erlangte vor allem für die Computerindustrie weltweite Bedeutung. Im Jahr 2023 hat Indien sogar China als bevölkerungsreichstes Land der Welt überholt.

Schwellenländer haben innerhalb der Dritten Welt mittlerweile einen recht hohen Industrialisierungsgrad erreicht und verfügen aufgrund eigener Exporte (nicht nur von Rohstoffen, sondern eben auch von Industrieprodukten) über bedeutende Devisenreserven. Vor allem Letzteres ist ein wichtiger Unterschied zum „klassischen Entwicklungsland" mit seinem chronischen Zahlungsbilanzdefizit. Zu den Schwellenländern zählen Brasilien, China, Indien, Malaysia, Mexiko, Russland, Philippinen, Südafrika, Thailand, Türkei.

Die europäische Einigung

Der erste Träger des Aachener Karlspreises, der alljährlich für Verdienste um die europäische Einigung vergeben wird, war 1950 der österreichische Adlige Richard N. Coudenhove-Kalergi (1894–1972), ein Mann mit internationalem familiärem Hintergrund. 1922 hatte er die Paneuropa-Union gegründet, im Gegensatz zum krassen Nationalismus seiner Zeit. Unterstützt wurde er dabei von Persönlichkeiten wie Albert Einstein, Thomas Mann, Artistide Briand (dem französischen Politiker und Friedensnobelpreisträger von 1926) oder auch Charles de Gaulle und Konrad Adenauer. Nach dem Zweiten Weltkrieg schlug Winston Churchill bei einer Rede in Zürich 1946 die Bildung der Vereinigten Staaten von Europa vor. 1949 wurde der Europarat gebildet und im Zusammenhang damit der Europäische Gerichtshof für Menschenrechte geschaffen.

Römische Verträge {1957}

1950 entwickelte der französische Unternehmer und Regierungsberater Jean Monnet einen vom französischen Außenminister Robert Schuman auf der politischen Ebene vertretenen Plan, die Montanindustrien (Kohle und Stahl) Frankreichs und Deutschlands zusammenzuschließen, dem sich die Beneluxstaaten und Italien anschlossen. Diese Gemeinschaft, die 1952 ins Leben gerufen wurde, war im Kern eine Zollgemeinschaft, innerhalb derer die nationalen Zölle für Kohle- und Stahlprodukte entfielen. Es entstand also ein „gemeinsamer Markt". Ähnliche Regelungen für die Atomindustrie brachte die Gründung der Europäischen Atomgemeinschaft (Euratom).

Auf dieser Basis handelten die Politiker seit Sommer 1955 Verträge für eine umfassende wirtschaftliche Zusammenarbeit in Europa aus. Diese Römischen Verträge wurden im März 1957 in der italienischen Hauptstadt unterzeichnet und traten am 1. Januar 1958 in Kraft. So entstand die Europäische Wirtschaftsgemeinschaft EWG. Die politische Leitidee war, nach den traumatischen Ereignissen zweier Weltkriege durch einen gemeinsamen Markt und die zunehmende Verflechtung der wirtschaftlichen und politischen Interessen den Frieden in Europa zu sichern sowie sich zwischen dem Ostblock auf der einen und den USA auf der anderen Seite zu behaupten.

Volksaufstände {ab 1953}

Während sich in Westeuropa immer mehr Staaten immer enger zusammenschlossen, waren die osteuropäischen Staaten bereits ein straffer Verbund. Hinter dem Eisernen Vorhang kam es zu Volksaufständen in Ungarn, Polen, der DDR und der Tschechoslowakei gegen die diktatorischen kommunistischen Regime, die am engen Gängelband Moskaus und unter dem militärischen Schirm des Warschauer Paktes geführt wurden. Regelmäßig rollten die Panzer der Sowjetarmee und teilweise die der „Bruderstaaten" durch die Hauptstädte der Ostblockländer, so in Berlin beim Arbeiteraufstand des 17. Juni 1953, mehrmals in Polen (1956, 1970, 1980), beim Ungarn-Aufstand 1956 sowie zur Beendigung des Prager

Slowakische Republik – eine späte Revision der englisch-französischen „Friedenskunst" von Versailles. Umso geräuschvoller vollzog sich ab 1991 der Zerfall Jugoslawiens.

Der im August 2022, mitten im russischen Ukraine-Krieg verstorbene Gorbatschow hat in dem, was er gemacht oder zugelassen hat, wirklich die Welt verändert: Deutsche Einheit, Auflösung der Sowjetunion, Unabhängigkeit der Staaten im früheren Ostblock.

Kriegsschauplätze der Jahrtausendwende

Nach dem Tod Titos 1980, der Jugoslawien 35 Jahre lang regiert hatte, blieb das Land trotz einiger Unruhe noch geeint. Seit 1987 zeichnete sich dann Slobodan Milošević als neuer starker Mann ab, der 1988 Präsident einer Teilrepublik Serbien wurde und nach der Vereinigung Serbiens mit Montenegro als jugoslawischer Bundespräsident amtierte. Milošević führte die gewaltsame Kriegs-, Terror- und Vertreibungspolitik der Serben gegen die anderen Völker des ehemaligen Jugoslawien, vor allem gegen Kroaten, Bosnier und Kosovo-Albaner. All diese Völker waren miteinander verfeindet, lebten und leben in teilweise enger räumlicher Nachbarschaft. Und alle sind sehr gewaltbereit.

Balkankriege {1991 – 1999}

Im Juni 1991 proklamierten die Teilrepubliken Slowenien und Kroatien als erste jugoslawische Nachfolgestaaten ihre Unabhängigkeit. Zwischen Serben und Kroaten begann 1991 ein lang anhaltender Krieg, zunächst mit Kämpfen um Vukovar und Dubrovnik. Seit 1992 war auch die UNO involviert. Trotz vielseitiger internationaler Anerkennung Kroatiens zog sich der Krieg bis Dezember 1995 (Abkommen von Dayton). Auf beiden Seiten flohen Hunderttausende von Kroaten und Serben, oder sie wurden vertrieben.

Porträt Saddam Husseins auf einer alten irakischen Banknote aus den 1980er-Jahren.

Anfang 1992 entbrannte der Kampf um Bosnien, einen Vielvölkerstaat im Vielvölkerstaat. Hier proklamierten die Serben im Januar eine Serbische Republik Bosnien-Herzegowina, im März verkündeten die bosnischen Kroaten und die (muslimischen) Bosniaken ein unabhängiges Bosnien-Herzegowina. Heftig umkämpft war in diesem von April 1992 bis Dezember 1995 dauernden Teilkrieg des jugoslawischen Nachfolgekrieges die bosnische Hauptstadt Sarajewo, die von bosnischen Serben fast 1500 Tage lang belagert wurde. Im Juli 1995 schlachteten die serbischen Truppen von Präsident Radovan Karadžić in Srebrenica bis zu 8000 Bosniaken ab.

Bereits 1989 hatte das serbisch dominierte Parlament in Belgrad die bis dahin laut jugoslawischer Bundesverfassung bestehende Autonomie des überwiegend von Albanern bewohnten Kosovo (Amselfeld) aufgehoben. Seit Mitte der Neunzigerjahre führte die Befreiungsarmee des Kosovo UÇK Krieg gegen die serbisch-jugoslawische Armee und Polizei. Die serbische Regierung unter Präsident Milošević bekriegte die UÇK und die albanische Zivilbevölkerung mit so brutaler Gewalt, dass die NATO unter Führung der USA (Regierung Clinton) und mit deutscher Beteiligung (Regierung Schröder / Fischer) von Ende März bis Anfang Juni 1999 gegen die Serben vorging, zum Schluss mit weit über 1000 Kampfflugzeugen. Anschließend sicherten internationale KFOR (Kosovo-Force)-Truppen mit einem Mandat der UNO das Kosovo. Es erklärte sich 2008 für unabhängig. Die während des Balkankrieges begangenen Massaker wurden Gegenstand von Prozessen vor dem Haager Kriegsverbrechertribunals.

Die Mutter aller Schlachten {1991}

1990 besetzte der irakische Diktator Saddam Hussein (Regierungszeit 1979 – 2003) das benachbarte Ölscheichtum Kuwait und drohte den USA in einer Radioansprache für den Fall einer militärischen Gegenaktion zur Befreiung Kuwaits mit der „Mutter aller Schlachten". Er verstand seine Gegenwehr als Beginn epochaler Auseinandersetzungen zwischen dem Islam und dem Westen. Die

USA begannen unbeeindruckt davon am 17. Januar 1991 mit einer Teilinvasion Iraks im Zweiten Golfkrieg (Operation Wüstensturm). Nach einem Monat war Kuwait befreit und Irak willigte in einen Waffenstillstand ein. So endete vorläufig die „Mutter aller Schlachten" – bis 2003 der Dritte Golfkrieg mit Unterstützung der „Koalition der Willigen" vom Zaun gebrochen wurde.

Zu den „Willigen" zählten die nach dem Mauerfall neu in die NATO aufgenommenen baltischen und osteuropäischen Staaten, die vom amerikanischen Verteidigungsminister Rumsfeld als das „neue Europa" gelobt wurden. Länder aus dem „alten Europa" wie Frankreich und Deutschland nahmen an dem unter vorgeschobenen Gründen vom Zaun gebrochenen neuen Krieg nicht teil. Um das militärische Eingreifen zu rechtfertigen, behauptete US-Außenminister Colin Powell am 5. Februar in einer Rede vor dem Sicherheitsrat der Vereinten Nationen: „Alles, was ich heute sage, ist von Quellen gedeckt, soliden Quellen." Das bezog sich vor allem auf die Behauptung, Saddam Hussein verfüge über biologische und chemische Massenvernichtungswaffen – eine reine Erfindung der CIA. Die amerikanische Regierung glaubte – oder ließ jedenfalls verbreiten – die Iraker würden die Soldaten und ihre Alliierten wie Befreier begrüßen. „Befreit" wurde lediglich Saddam Hussein, der sich in einem Erdloch versteckte. Er wurde 2006 von einem Kriegsverbrechertribunal in Bagdad verurteilt und gehängt.

11. September 2001

Einzig die „lokalen" Konflikte am Persischen Golf und auf dem Balkan trübten die vergleichsweise euphorische Weltstimmung der Neunzigerjahre, als man nach dem Ende des Kalten Krieges schon das „Ende der Geschichte" nahe wähnte, selbst ehemalige erzkommunistische und erzsozialistische Staaten wie China und Indien mit ihrer ständig steigenden Nachfrage die Weltwirtschaft belebten und extrem liberalisierte Finanzmärkte in London und New York anscheinend unbemerkt von Aufsichtsbehörden und Medien an einem immer größer werdenden Rad der gegenseitigen Verschuldung drehten.

Dann fiel der entsetzliche Schatten zweier Flugzeuge auf die Türme des World Trade Centers, die innerhalb weniger Stunden

Am 11. September 2011 kaperten Mitglieder des islamistischen Terrornetzwerks Al-Qaida vier Flugzeuge, von denen sie zwei in die Zwillingstürme des World Trade Centers in New York steuerten, die in der Folge in sich zusammenstürzten. Dabei handelt es sich um die bisher folgenreichsten Terroranschläge der jüngeren Geschichte.

zerbarsten und über 3000 Opfer unter sich begruben. Der scheinbare Sieger des Kalten Krieges war aus buchstäblich heiterem Himmel ins Herz getroffen. Seitdem herrscht ein neuer „asymmetrischer" Weltkrieg, der jedermann zu jeder Zeit an jedem Ort treffen kann, wie die Zuganschläge 2004 oder 2010 auf die Moskauer U-Bahn an den Haltestellen Lubjanka und Kulturpark und viele andere gezeigt haben.

9/11 machte das Schlagwort vom „Asymmetrischen Krieg" zum geläufigen politischen Begriff: Asymmetrie von oben durch das Einsetzen überlegener militärischer Mittel der Großmächte gegen von vornherein unterlegene Staaten oder Völker. Asymmetrie von unten durch „terroristische Gegenanschläge".

Mudschaheddin {1978}

„Afghanistan" wird erst seit Beginn des 20. Jahrhunderts als Staatsbezeichnung verwendet. Das Land am Hindukusch war immer Randzone Persiens, Indiens und Zentralasiens, Durchgangsland von Ost nach West und seit jeher Schauplatz der Interessen der Großmächte. Dementsprechend groß ist seine strategische Bedeutung.

Der letzte Paschtunen-König Sahir Schah wurde 1973 in Afghanistan gestürzt (und kehrte erst nach der Zerschlagung des Taliban-Regimes in hohem Alter aus dem Exil zurück). 1978 übernahm die Kommunistische Partei die Macht. Sie versuchte ähnliche weltliche und soziale Reformen durchzusetzen wie seinerzeit der Schah in Persien. Dagegen wehrte sich die einheimische Bevölkerung in lose organisierten Mudschaheddin-Kampfgruppen. Das Wort „Mudschaheddin" hängt zusammen mit „Dschihad". Diese „heiligen Krieger" führten gegen die 1979 einmarschierten sowjetischen Truppen einen zehnjährigen verlustreichen Guerillakrieg. Wegen dieses Einmarsches wurden die Olympischen Spiele in Moskau 1980 von vielen Staaten boykottiert. Die Mudschaheddin wurden über Pakistan von den USA und Saudi-Arabien mit Waffen unterstützt und ausgebildet. Erst Michail Gorbatschow leitete den Abzug der sowjetischen Truppen ein, die 1989 ein zerstörtes, innerlich verfeindetes Land im Chaos hinterließen.

Taliban

heißt: „Schüler". Gemeint sind Schüler von Koranschulen (Madrassas), die von paschtunischen Stammesangehörigen im afghanischen Kandahar-Gebiet besucht wurden. Zunächst wurden diese Gruppen im pakistanischen und amerikanischen Interesse eingesetzt, um die Sicherheit auf den Straßen in Afghanistan zu gewährleisten. Seit der Zeit des Abwehrkampfes gegen die Sowjets herrschte wegen des Treibens von Banditen und Stammeshäuptlingen weitgehend Anarchie in Afghanistan. Nach dem Abzug der Sowjets folgte der Bürgerkrieg zwischen den verschiedenen Mudschaheddin-Gruppen, aus denen Mitte der Neunziger die Taliban hervorgingen, die seit 1996 auch Kabul kontrollierten. Unter ihrem Anführer Mohammed („Mullah") Omar errichteten sie das Islamische Emirat Afghanistan und kontrollierten den größten Teil des Landes. Sie werden vor allem von den armen Bevölkerungsschichten unterstützt und hängen einem strenggläubigen Wahabismus an, einer fundamentalistischen islamischen Glaubensrichtung, die sich auf den Wortlaut des Korans beruft. Mullah Omar bot wohl auch dem Al-Qaida-Fürsten Osama bin Laden „Asyl". Nach den Terroranschlägen vom 11. September 2001 griffen die USA auf der Grundlage einer UN-Resolution noch im Herbst des gleichen Jahres militärisch in Afghanistan ein und vertrieben die Taliban. Auch Deutschland beteiligte sich neben anderen NATO-Staaten an dem Einsatz der *International Security Assistance Force* (ISAF, „Internationale Unterstützungstruppe zur Gewährleistung der Sicherheit"). 2004 sagte der damalige deutsche Verteidigungsministers Peter Struck, die Sicherheit Deutschlands würde„nicht nur, aber auch am Hindukusch verteidigt".

➥ ***Was danach geschah:*** Der Westen erhoffte sich von seinem massiven Einsatz militärischer und ziviler Mittel und in einer Mischung aus neokolonialem Überschwang und neokolonialer Arroganz eine Stabilisierung, ja eine Demokratisierung Afghanistans, komplett mit Gleichstellung der Frauen. Da hatte man sich zu viel vorgenommen. Nach 20 Jahren Militärpräsenz, Hunderten von Sprengfallen, über 3500 gefallenen

Blick auf die afghanische Hauptstadt Kabul. 20 Jahre, nachdem sie von der Macht vertrieben wurden, beherrschen die Taliban das Land heute erneut.

Ein Transportflugzeug der US-Luftwaffe evakuiert im August 2021 in seinem völlig überfüllten Frachtraum 640 afghanische Zivilistinnen und Zivilisten von Kabul nach Katar. Zuvor waren die verzweifelten Menschen durch eine halb geöffnete Laderampe in das Flugzeug gestürmt.

Soldaten der westlichen Koalition, Zigtausenden toten afghanischen Soldaten und Zivilisten und Kriegs- und „Aufbau"kosten von 1000 Milliarden Dollar waren die Amerikaner kriegsmüde. Man musste einsehen, nichts erreicht zu haben. Kurz nach seinem Amtsantritt verkündete der neu gewählte amerikanische Präsident Joe Biden den bereits von seinem Vorgänger Trump favorisierten Abzug der Amerikaner (und damit aller westlichen Soldaten). Dieser Abzug verlief in seiner Schlussphase im August 2021 ähnlich blamabel chaotisch mit sich an die Flugzeuge klammernden und dann vom Himmel fallenden Afghanen wie 1979 der Abzug aus Vietnam. Die Taliban waren bei ihrem raschen Vorrücken auf die Hauptstadt Kabul im Sommer 2021 auf keinen nennenswerten Widerstand gestoßen. Nachdem sie 20 Jahre zuvor vom Westen vertrieben worden waren, übernahmen die Taliban in einem völlig zerrütteten Land wieder die Macht am Hindukusch.

Weltwirtschaftsunordnung

Der amerikanische Präsident Ronald Reagan führte während seiner Amtszeit (1981–1989) in der Wirtschaftspolitik eine weitgehende Liberalisierung der Wirtschaft durch. Die „Reaganomics" (Steuersenkungen, Steuervereinfachungen, Sozialabbau und Rüstungsausgaben) sollten die Wirtschaft ankurbeln in der Hoffnung, der Wohlstand werde auch zu den Ärmeren „durchsickern". Moralisch und praktisch wurde Reagan von seiner Freundin und Kollegin Margaret Thatcher (britische Premierministerin 1979–1990) unterstützt. Das ist der Hintergrund für die buchstäbliche Entfesselung der Finanzmärkte (von „lästigen" Vorschriften und Kontrollen) und für den Geld- und Immobilienboom jener Jahre, der mit der *New Economy* in den Neunzigern einen weiteren Höhepunkt erreichte.

World Wide Web {1993}

Im März 1989 eröffnete der englische Physiker Tim Berners-Lee, ein Physiker am Europäischen Kernforschungszentrum CERN in Genf, das World Wide Web (www) für den Datenaustausch zwischen Rechnern von Forschungseinrichtungen und veröffentlichte 1991 das dafür notwendige Programm HTTP (*Hypertext Transfer Protocol)* unter Verzicht auf Patentierung und Kommerzialisierung. Dank des von dem amerikanischen Studenten Marc Andreessen erfundenen ersten Browsers („Herumstöberer") Mosaic hat seit 1993 im Prinzip jedermann Zugang zu diesem „Internet". 1994 gab es rund 100 000 Nutzer. Heute ist das Internet die globalste allgemein zugängliche technische Vernetzung seit der Erfindung des Telegrafen. Es brachte ganz neue Modelle der Kommunikation, des Wissensmanagements und auch neue Geschäftszweige hervor. Ein ähnlicher globaler und technischer Sprung vollzog sich durch die massenhafte Nutzung und Verbreitung der Funktechnik nach der allgemeinen Einführung der Mobilfunktechnologie sowie der Satellitennavigation GPS (*Global Positioning System*), die seit 2000 auch zivil genutzt werden kann.

➡ ***Was danach geschah:*** Die Kombination „tragbarer Kleincomputer + Internetnutzung via Mobilfunk" führte zur Konstruktion von *Smartphones* (deutsch: „Handy"). Anfangs waren skandinavische Anbieter führend (Ericsson, Nokia). 2007 revolutionierte Apple diesen Markt noch einmal mit dem iPhone (Touchscreen ohne weiteres Hilfsgerät mit dem Finger zu bedienen, eingebaute Kamera sogar für Videos und eine Vielzahl von Funktionen bis hin zum bargeldlosen Bezahlen). Manche Menschen haben ihr ganzes Leben auf dem Handy gespeichert: Adressen, Termine, Fotos und nichts davon zu Hause in Papierform.

Silicon Valley {ab 1975}

ist ein Inbegriff für die Computerindustrie, die als innovative Technik das späte 20. und das 21. Jahrhundert so stark prägt wie keine andere. Die aus Silizium gefertigten Chips sind die materielle Basis der Branche, die in rasantem Tempo immer mikrofeinere Hardware produziert. Die eigentlichen Innovationen liegen allerdings schon längst im Bereich der Software.

Das Silicon Valley befindet sich unmittelbar südlich der kalifornischen Stadt San Francisco. Es handelt sich natürlich nicht um einen alten geografischen Begriff, sondern um eine moderne Bezeichnung für einen etwa 80 Kilometer langen Küstenstreifen. In mehreren dort unmittelbar aneinander grenzenden kalifornischen Gemeinden befinden sich die Sitze wichtiger IT-Firmen und Forschungsinstitute: Redwood City (Oracle), Stanford (Stanford University), Palo Alto (Stanford Research Park, Facebook; in Palo Alto befindet sich auch die Garage, in der Hewlett-Packard, das erste IT-Unternehmen, 1939 gegründet wurde), Mountain View (Google), Sunnyvale (AMD, Intel), Cupertino (Apple), Santa Clara (Fairchild Semiconductors). Microsoft, gegründet 1975, sitzt nicht im Silicon Valley, sondern in Seattle im Bundesstaat Washington.

New Economy {März 2000}

Computertechnik, Mobiltelefonie, Internet, Biochemie und Mikrotechnologie waren und sind die Hoffnungsträger einer Expansion der Weltwirtschaft in „neue Märkte". In den späten Neunzigerjahren wurden sie als hoffnungsvolle *New Economy* den traditionellen Großbranchen (Agrarindustrie, Rohstoffverarbeitung, Chemie, Massengüterproduktion am Fließband) geradezu ironisch-polemisch gegenübergestellt, die man als „schmutzig" und „veraltet" (*Old Economy*) brandmarkte. Die neuen Hoffnungsträger wurden an der Börse in einer Art Goldrausch hoch bewertet und zum Schluss einfach überbewertet. Bis zum März 2000 erreichten die wichtigsten Weltbörsen neue Aktienhöchststände, dann platzte die Spekulationsblase. Viele Geschäftsmodelle erwiesen sich sehr schnell als substanzlos. Die Investoren, darunter auch viele Kleinanleger, verloren Geld und Vermögen.

Der Hauptsitz des amerikanischen Technologieunternehmens Apple (Bild) befindet sich in der Stadt Cupertino im kalifornischen Silicon Valley.

Subprime und Derivate {2007/2008}

Der Subprime-Markt ist ein Teilmarkt des Hypothekenmarktes und bezieht sich auf diejenigen Hypotheken, die keine erstklassigen Wertanlagen darstellen, sondern zweitklassige (*subprime*).

Die Regierung des amerikanischen Präsidenten Bush (2001–2009) ermunterte die Banken, Kredite zum Bau oder Kauf von Eigenheimen auch an Darlehensnehmer zu vergeben, deren Bonität nicht gesichert war, sprich: an arme Leute. Auch ihre Immobilien waren nicht so viel wert, wie ein dadurch spekulativ überhitzter Immobilienmarkt vermuten ließ. Die Niedrigzinspolitik der amerikanischen Notenbank unter ihrem Gouverneur Allen Greenspan (1987–2006) gaukelte den Leuten zudem vor: „Kredite kosten nichts".

Die Banken bündelten ihre mehr schlecht als recht besicherten Darlehensforderungen in einer Art Fonds, aus dem sie wiederum Wertpapiere bildeten. Damit hatten die Forderungen eine andere „Struktur" und konnten als Geldanlage weiterverkauft werden. So entstand ein „Derivat", ein „strukturiertes Finanzprodukt". Deren „Wert" wurde durch positive „Ratings" darauf spezialisierter

Agenturen verstärkt, während diese „Finanzinstrumente" immer komplexer und undurchschaubarer wurden.

Finanzmarktkrise {2008}

Als die Zinsen in den USA wieder stiegen und gleichzeitig die Einkommen sanken, konnten viele Amerikaner die Hypotheken für ihre Häuser nicht mehr bezahlen. Nun zerplatzte die Subprime-Blase. Das setzte eine Abwärtsspirale der Finanzmärkte von ungeheurem weltweitem Ausmaß in Gang. Die Regierung Bush sah sich gezwungen, die Hypothekenbanken Fannie Mae und Freddie Mac zu verstaatlichen. Vielen Immobilienbesitzern blieb nichts anderes übrig, als Eigenheime und Wohnungen zu verkaufen, aber da so viele Objekte gleichzeitig auf den Markt kamen, verloren diese drastisch an Wert. Und weil so viele Banken so viele Subprime-Derivate in ihren Depots hatten, verloren auch sie an Wert.

Das gesamte amerikanische und in der Folge auch das eng verknüpfte weltweite Finanzsystem stand am Abgrund. Banken wie Lehman Brothers und Versicherungen (der weltgrößte Versicherungskonzern AIG muss im vierten Quartal 2000 elf Milliarden Dollar abschreiben) gingen in Konkurs. Island geriet im Oktober 2008 nach dem Kollaps seiner Banken an den Rand des Staatsbankrotts. In Deutschland musste vor allem die Hypo Real Estate mit staatlichen Garantiezusagen in Höhe von rund 100 Milliarden Euro vor dem Zusammenbruch bewahrt werden. Weltweit wurden die Kredite knapp, eine existenzielle Bedrohung für die Realwirtschaft. Die Staaten intervenierten mit Garantien, um wenigstens die Funktionsfähigkeit des Systems zu erhalten. Der Internationale Währungsfonds schätzte den Gesamtschaden auf 12 000 Milliarden Dollar.

➡ ***Was danach geschah:*** Auf die Finanzmarktkrise 2007/2008 folgte die Euro-Krise im Euro-Raum. Hauptursache war die hohe Staatsverschuldung einiger Länder, vor allem in Südeuropa; Auslöser war der im Frühjahr 2010 unmittelbar drohende Staatsbankrott Griechenlands. Akut ging es zunächst einmal darum, private Banken und Versicherungen und vor allem solche in Frankreich, die Gläubiger der griechischen Staatsschulden waren, wegen des drohenden Zahlungsausfalls vor dem Zusammenbruch zu bewahren. Dazu wurden allerlei Maßnahmen ergriffen, von neuen Kreditzusagen über Schuldenschnitte, Rettungsschirme, Privatisierungen, neue IWF- und EZB-Kredite, drastische Sparmaßnahmen in Griechenland selbst – alles in Multimillardenhöhe. Im Endeffekt wurden die Staatsschulden Griechenlands von den privaten Gläubigern weg auf die Euroländer umgeschuldet – sprich: auf den europäischen Steuerzahler, in einem Volumen von rund 300 Milliarden Euro. Das soll irgendwann – mit Zinsen – zurückgezahlt werden.

Bei den US-Präsidentschaftswahlen 2008 ging der Demokrat Barack Obama als Sieger hervor. Der charismatische Obama galt vielen Amerikanern als Hoffnungsträger auf bessere Zeiten.

Yes, we can {November 2008/2009}

Am 20. Januar 2009 wurde Barack Obama als 44. und erster afroamerikanischer Präsident der Vereinigten Staaten vereidigt. Die Mehrheit von 53 Prozent der Wählerstimmen für Obama gegenüber seinem weißen republikanischen Gegenkandidaten war angesichts einer solch historischen Wahl überzeugend. 75 Prozent der Amerikaner sind Weiße mit europäischen Vorfahren, nur 13 Prozent sind Afroamerikaner, die restlichen zwölf Prozent sind überwiegend lateinamerikanischer Herkunft und Asiaten.

Nach den Fehlgriffen der Bush-Administration (Dritter Golfkrieg, Finanzkrise), der neuen Landkarte in Europa, nach dem 11. September und den Disruptionen des Internet suchten die Amerikaner offenbar nach einer Art Neuanfang für ihr Land. Dies war Obamas Versprechen im Wahlkampf.

Yes, we can war ein Hip-Hop-Song, der einerseits von einer Wahlkampfrede Obamas Anfang 2008 inspiriert wurde, andererseits unabhängig von dessen Kampagne über das Internet verbreitet auf sie zurückwirkte. Auch für die Politik bedarf es jetzt des Online-Marketings.

WELTGESCHICHTE DER GEGENWART

1991 – 2022

Arabischer Frühling {2011}

Nach der Selbstverbrennung des tunesischen Gemüsehändlers Mohamed Bouazizi im Dezember 2011 aus Protest gegen die autoritäre, korrupte und ausbeuterische Regierung seines Landes kommt es zu spontanen Unruhen. Sie führen zum Sturz der Regierung, einer vorläufigen Demokratisierung und vor allem zum Überspringen des „revolutionären Funkens" – auch mittels Internet – auf benachbarte Länder im Maghreb mit ähnlichen autoritäten Regierungsstrukturen.

Unmittelbar im Zusammenhang mit den Ereignissen in Tunesien gerieten alle Regierungen im islamisch geprägten nordafrikanisch-arabischen Raum im Frühling des Jahres 2011 durch Massenproteste unter Druck.

Am gravierendsten sind die Folgen in Libyen und in Ägypten. Ägypten ist das mit Abstand bevölkerungsreichste und kulturell bedeutendste Land der Region. In Libyen wird der seit über 40 Jahren regierende, bizarre Staatschef und Terrorismus-Pate Gaddafi im Oktober 2011 regelrecht gejagt, aufgespießt und danach erschossen. Seitdem ist der ehemalige libysche Staat unter mehrere Gruppen und Einflusszonen aufgeteilt die sich, auch unter Einflussnahme aus dem Ausland, gegenseitig bekriegen.

In dem 100-Millionen-Einwohner-Land Ägypten muss der seit über 30 Jahren regierende Staatspräsident Mubarak nach anhaltenden Großdemonstrationen auf dem Tahrir-Platz zurücktreten. Danach regiert für gut ein Jahr der Muslim-Bruder Mursi, bevor er durch einen Militärputsch abgesetzt wird. Das bereits Mubarak nahestehende Militär dominiert in Ägypten auch große Teile des Wirtschafts- und Zivillebens – seit 2014 mit dem ebenfalls wieder autoritär regierenden Präsidenten As-Sisi an der Spitze.

Eine weitere gravierende Folge der Unruhen und Verunsicherungen der autokratischen Regime sind bis heute die Bürgerkriege im Jemen sowie in Syrien.

In Syrien führt die vom Arabischen Frühling ausgelöste Oppositionsbewegung gegen das autoritäre Assad-Regime zu einem brutalen und immer noch andauernden Krieg des Regimes gegen die eigene Bevölkerung. Es kommt zu Massakern, auch mit Giftgas. Viele verschiedene Gruppierungen sind mit ihren jeweiligen Eigeninteressen invol-

Bei der als „Arabischer Frühling" bezeichneten Serie von Massenprotesten in der arabischen Welt protestierten die Menschen gegen Unterdrückung, Menschenrechtsverletzungen und soziale Ungerechtigkeit, wie hier in der ägyptischen Hauptstadt Kairo.

viert, auch radikal-islamische, ausländische Staaten. Für seinen Terror gegen die eigene Bevölkerung wird Assad seit 2015 mit militärischen Mitteln (vor allem Luftangriffen und Bombardements) von Russland unterstützt. Uralte, ehrwürdige orientalische Städte wie Aleppo und Homs versinken im Schutt wie im 20. Jahrhundert Warschau, Coventry, Brest, Dresden, Nürnberg etc. Eine Folge davon ist die millionenfache Flüchtlingswelle von Syrern in die Nachbarländer und bis nach Mitteleuropa. Die Türkei hat währenddessen im Eigeninteresse an Syrien angrenzende, vor allem von Kurden bewohnte Gebiete unter ihre Kontrolle gebracht und bietet syrischen Flüchtlingen Zuflucht. Der seinerzeit regierende US-Präsident Obama hat im syrischen Konflikt nicht interveniert.

Aufstieg der rechten Populisten

{seit 2012/13}

Zunächst hauptsächlich als Reaktion auf die Eurokrise wegen der überschuldeten Staatshaushalte der Südländer Griechenland, Italien, Spanien, Portugal gründeten konservativ-liberal eingestellte Marktwirtschaftler um Bernd Lucke, Alexander Gauland, Konrad Adam, Frauke Petry und Thilo Sarrazin im September 2012 in Deutschland eine „Wahlalternative" gegenüber den etablierten Parteien in Hinblick auf die Bundestagswahl 2013.

Kanzlerin Merkel hatte während der seit 2008/2009 schwelenden Krise ihre Version der „Eurorettung", welche die betroffenen Staaten wegen ihrer Verstöße gegen die Maastrichter Stabilitätskriterien nicht aus dem Euro ausschloss, sondern einem harten Überwachungsregime unterwarf, mehrfach als „alternativlos" bezeichnet. Dagegen wandte sich diese Gruppierung. Im Frühjahr 2013 wurde daraus die Partei „Alternative für Deutschland". Sie enthielt von Anfang an auch verschiedene Elemente eines populistisch-demagogischen Rechtskonservativismus, der sich aus euroskeptischem, identitärem, „völkischem", „nationalem" oder sonstigem reaktionären Gedankengut speist. Wiederum als eine Reaktion, dies-

Die Rechtspopulistin und Vorsitzende der Partei *Fratelli d'Italia*, Giorgia Meloni, ist seit Oktober 2022 Ministerpräsidentin von Italien.

mal auf Merkels unkontrollierte Migrantenaufnahmepolitik und offensichtliches Staatsversagen bei der Kontrolle der Grenzen, erhielt die AfD ungeahnten Zulauf und wurde im 19. Bundestag (2017–2021) größte Oppositionspartei. Hauptsächlich durch interne Querelen macht sich diese Partei allerdings immer wieder unglaubwürdig und verliert seitdem bei Wahlen.

Die Entwicklung in Deutschland ist aber keineswegs einzigartig. Sogenannte „Neue Rechte" als Reaktion auf die linken Strömungen seit den 1960er- und 1970er-Jahren gibt es schon seit den 1980er-Jahren und zwar europaweit:

FPÖ in Österreich, vor allem seit Jörg Haider (seit 1986); Schweizerische Volkspartei SVP, seit 1999 größte Fraktion im Nationalrat; *Vlaams Belang*, seit 1979 in Belgien; *Front National* (heute *Rassemblement National*) seit 1979 in Frankreich mit einer Spitzenkandidatin Marine Le Pen, die in zwei Präsidentschaftswahlen (2017: 33,9 Prozent; 2022: 41,46 Prozent) gegen den bürgerlichen Kandidaten Emmanuel Macron eher knapp unterlag – außerdem in Frankreich: Gelbwesten-Proteste. In Italien bilden *Lega Nord* (seit 1989; hervorgegangen aus der etwas älteren *Lega Lombarda*) sowie Neofaschisten und Berlusconis populistische *Forza Italia* nach den Parlamentswahlen im September 2022 eine gemeinsame Regierung. So ähnlich die Regierungsbildung nach den Reichstagswahlen, ebenfalls im September 2022, in Schweden: Die neue Regierung des konservativen Ministerpräsidenten Kristersson („Moderate")wird von den rechtspopulistischen *Schwedendemokraten* mitgetragen.

Die Neue Seidenstraße, eine Tausende Kilometer lange Bahnverbindung von China quer durch Asien, endet in Duisburg, dem größten Binnenhafen der Welt. Von hier aus können die chinesischen Container problemlos in die europäischen Nachbarstaaten weitertransportiert werden.

Immerhin wurde 2015 während der Obama-Präsidentschaft in Wien ein Abkommen erzielt, welches den Atomstreit beenden sollte: gegen internationale Überwachung der Atomanlagen sollten die Sanktionen (vorläufig) aufgehoben werden.

2018 zog der Obama-Gegner Trump, propagandistisch und politisch unterstützt vom israelischen Ministerpräsidenten Netanjahu, die USA aus dem Atomabkommen zurück. Iran wurde wieder sanktioniert. Im Januar 2020 kündigte Iran unmittelbar nach der Tötung des iranischen Generals Soleimani durch einen amerikanischen Luftangriff seinerseits das Abkommen. Im November wurde der „Vater der iranischen Atombombe", der Physiker und General Fachrisadeh, Opfer eines Attentats. Seither ist in diesem Konflikt alles in der Schwebe.

Die Islamische Republik Iran fühlt sich seit jeher von Feinden umzingelt: die sunnitischen Araber in den Golfstaaten, das NATO-Mitglied Türkei, der US-„Stellvertreter" Israel, bis 2021 amerikanische Truppen in Afghanistan, auch Pakistan (eine Atommacht!) sind im Zweifel im amerikanischen Lager. Andererseits führte die iranische Intransigenz gerade in jüngster Zeit zu einer epochalen Annäherung zwischen Israel und den Golfstaaten mit gegenseitiger diplomatischer Anerkennung, Staatsbesuchen, Austausch von Botschaftern und Gewährung von Überflugrechten. Und unter chinesischer Vermittlung kommt es im März 2023 sogar zu einer diplomatischen Wiederannäherung zwischen Iran und Saudi-Arabien mit Austausch von Botschaftern.

Momentan ist die westliche Öffentlichkeit wegen der größeren Nähe, der Dreistigkeit des Überfalls und der direkteren Betroffenheit (Gas, Strom, Flüchtlinge) mehr mit dem Ukraine-Konflikt beschäftigt, aber das größte ungelöste Konfliktpotenzial der Welt birgt seit dem Ende des Zweiten Weltkriegs der Nahe und Mittlere Osten.

Neue Seidenstraße {2013 und vorher}

Der Aufstieg Chinas von einem durch kommunistische Experimente ruinierten Hungerland zu einer modernen Weltwirtschaftsmacht nach dem Tod Mao Tse-tungs 1976 ist eine bekannte Tatsache. Spiritus rector und Lenker dieser Transformation war der weitsichtige und energische Deng Xiaoping (1904–1997), ein ehemaliger führender Mitstreiter Maos. Welthistorisch beachtlich in diesem Zusammenhang ist auch die praktisch schrankenlose Öffnung nach außen, nachdem das Reich der Mitte in früheren Jahrhunderten und auch unter den Kommunisten weitgehend abgeschottet war.

Geradezu umgekehrt verläuft mittlerweile die Wirtschaftsexpansion Chinas, vor allem in alle möglichen Länder Afrikas und Asiens (Pakistan und Indochina), wo man sich Rohstoffe, Absatzmärkte und strategische Vorteile erhofft. Dazu bauen die Chinesen Häfen, Brücken, Straßen, Eisenbahnen, selbst auf dem Balkan. Sie „unterstützen" viele Länder mit Krediten. Die Staatsfinanzkrise Griechenlands nutzten die Chinesen zum Kauf des für die ganze Ägäis wichtigen Athener Hafens von Piräus. Es werden Eisenbahnverbindungen quer durch Eurasien geknüpft. Endpunkte dieser neuen Güterzug-Seidentrassen in Deutschland sind beispielsweise Duisburg und Mannheim. Dabei sind die endlos langen Güterzüge durch Zentralasien und Südsibirien nur der geringste Teil des Frachtaufkommens.

Zur See („Maritime Seidenstraße") sind sehr viel größere Mengen auf den seit der

Antike bekannten Routen unterwegs, wobei der Suezkanal selbstverständlich auch heute noch sehr hilfreich ist. Selbst Triest und Venedig haben neue Bedeutung für den Güterverkehr erlangt, da man Waren von dort aus mit der Bahn rascher nach Mitteleuropa bringen kann als mit dem Schiff um Spanien herum bis nach Rotterdam oder Hamburg.

Ganz stark ist die chinesische Durchdringung Afrikas, geografisch natürlich von Ostafrika aus. Schwerpunkt ist hier der Hafen von Mombasa.

Diese sehr konkrete chinesische Wirtschaftsexpansion läuft schon länger; sie wurde 2013 in einen gewissen institutionellen Projektrahmen „Neue Seidenstraße" zusammengefasst. Der Westen, die EU und Nordamerika, tun vergleichsweise wenig, um sich vor allem in Afrika zu engagieren.

Krim-Annexion und Donbass

{seit 2014}

Im Frühjahr 2014 schloss die Europäische Union (EU) ein seit Jahren verhandeltes und bereits im Vorfeld auf beiden Seiten umstrittenes 1200-Seiten-Assoziierungsabkommen mit der Ukraine. Kritiker in der EU meinten, das Abkommen stelle die Ukraine unnötigerweise vor die Wahl, sich für die EU und damit gegen Russland entscheiden zu müssen und die Brückenfunktion des Landes nicht zu berücksichtigen. Warnungen der polnischen und der baltischen Regierungen wurden in Brüssel, Paris und Berlin als „russophob" abgetan. Der seit November 2014 amtierende EU-Ratspräsident Donald Tusk, zuvor polnischer Ministerpräsident, galt in Brüssel als „proukrainischer Verrückter".

Dann fielen die EU-Vertreter aus allen Wolken, als sich der ukrainische Präsident Janukowitsch auf dem EU-Gipfel in Vilnius am 21. November 2013 weigerte, seine Unterschrift unter das Abkommen zu setzen. Das war eine abrupte Vollbremsung des bis dahin von seiner Regierung verfolgten Westkurses der Ukraine. Wie kam es dazu?

Putin persönlich hatte Janukowitsch Anfang November während eines Geheimtreffens massiv unter Druck gesetzt.

Gegen diesen Kurswechsel ihrer Regierung wandte sich der monatelang anhaltende Protest der Ukrainer in den als „Euromaidan" bekannt gewordenen Demonstrationen und Kundgebungen bei eisigen Temperaturen auf dem Maidan genannten Hauptplatz von Kiew und in anderen ukrainischen Städten. Die seinerzeitige ukrainische Regierung versuchte diese Proteste zu unterdrücken. Es gab Tote und Verletzte. Am 22. Februar 2014 floh Janukowitsch nach Russland; in Kiew wurde er für abgesetzt erklärt. Der Protest führte zu Neuwahlen, die der proeuropäische Schokoladenproduzent Petro Poroschenko als neuer Präsident gewann. Nun wurde das Abkommen im Laufe des Jahres unterzeichnet und in der Folge ratifiziert.

Bereits bei dieser Gelegenheit bezweifelte der russische Präsident Putin die „Legitimität" der neuen ukrainischen Regierung. Am 24. Februar 2014 ließ er an die Ukraine angrenzende Streitkräfte in einen „Übungsalarm" versetzen. Kurz darauf infiltrierten russische Militärkräfte die Krim – damals noch eindeutig Teil der Ukraine, wenn auch als autonome Region. In dieser autonomen Region wurde nun im März unter russischer

Ansicht der an der Südküste der Krimhalbinsel im Schwarzen Meer gelegenen Stadt Jalta im Winter 2014

Ägide ein von der ukrainischen Regierung selbstverständlich nicht anerkanntes Referendum über Verbleib oder Abspaltung der Krim durchgeführt, was zu einer „Unabhängigkeitserklärung" führte und im März 2014 zum „Beitritt" zur Russischen Föderation mit rascher Einführung des Rubels, Ausgabe russischer Pässe und Zeitumstellung auf Moskauer Zeit. So der grobe Ablauf einer Vielzahl kleiner Schritte und Provokationen, die zur Annexion führten.

Die ukrainische Regierung (und die internationale Gemeinschaft) protestierten immer wieder und pochten auf die Zugehörigkeit der Krim zur Ukraine, sahen aber letztlich tatenlos zu.

Ganz ähnlich wie auf der Krim infiltrierten paramilitärische russische Kräfte seit dem Frühjahr 2014 das „Donbass" genannte schwerindustrielle Donezk-Becken im Osten der Ukraine. Dort gibt es einen starken russischen Bevölkerungsanteil, der angeblich „geschützt" werden sollte. Diese Milizen terrorisierten die ukrainische Bevölkerung mit allen Mitteln roher Gewaltherrschaft. Die ukrainischen Streitkräfte konnten diese russischen Partisanen nicht wirksam aufhalten.

Erst der Abschuss des Fluges MH17 über der Ukraine mit 300 Niederländern an Bord am 17. Juli 2014 führte in der EU zu einem gewissen Umdenken und zu ersten halbherzigen Sanktionen gegen Russland. Damals vorgeschlagene Reduktionen von russischen Gas- und Ölimporten um 5 Prozent (!) konnten nicht durchgesetzt werden! So groß waren zu jener Zeit noch die Russophilie in der EU und die Verblendung gegenüber Putins Absichten. Für viele Akteure in Brüssel spielte sich der Krim-/Donbass-Konflikt in einem weit entfernten Land „hinter der Türkei" ab, das man gar nicht kannte. Und der Kreml leugnete weiterhin entgegen allen Beweisen jede russische Präsenz im Donbass.

Am 20. Mai 2019 legt der zum ukrainischen Präsidenten gewählte ehemalige Schauspieler Wolodymir Selenskyi vor dem Parlament in Kiew den Amtseid ab.

Im Herbst 2014 und im Frühjahr 2015 wurde in zwei Minsker Abkommen ein gewisser Waffenstillstand erreicht, der vorläufig einen prekären Status quo festschrieb.

Im Frühjahr 2019 trat der ukrainische Präsident Poroschenko zur Wiederwahl an. Die Wahl gewann allerdings sein Gegenkandidat, der populäre Schauspieler und TV-Produzent Wolodymir Selenskyi, seit Mai 2019 Präsident der Ukraine.

Im Februar 2022 erkannte der russische Präsident Putin die inzwischen im Donbass zurechtgezimmerten „Volksrepubliken" Lugansk und Donezk diplomatisch an und entsandte reguläre russische Truppen zur Wahrung des Separatistenbesitzstandes auf ukrainisches Gebiet. Dadurch wurden die Minsker Vereinbarungen praktisch obsolet.

Skolstrejk för klimatet – Fridays for Future {seit 2018}

Auch wer wenig in der Schule gelernt hat, hat einen Begriff von der Eiszeit, als Planet Erde vor 2 Millionen Jahren damit begann, in einem ständigen Wechsel von Wärme- und Kälteperioden das Klima zu verändern. In den Kältephasen vergletscherten große Teile der Nordhalbkugel. In länger zurückliegenden erdgeschichtlichen Phasen, vor 6 bis 10 Millionen Jahren, hatte es schon Zeiten gegeben, in denen der Nordpol im Sommer völlig eisfrei war. Vor 34 Millionen Jahren war die Antarktis zum vorläufig letzten Mal eisfrei. Andererseits reichten Gletscher vor 600 Millionen Jahren bis zum Äquator, sodass die Erde einem Schneeball glich. Das ist allerdings sehr lange her.

Auch in historischen Zeiten gab es kurzfristige Klimaschwankungen: vor Beginn der Bronzezeit eine anderthalb Jahrtausende anhaltende Klimaverschlechterung mit langen sintflutartigen Regenfällen, deren Echo sich womöglich in der Bibel findet. Bekannt sind die Klimaoptima während der römischen Kaiserzeit und 1000 Jahre später noch einmal im Hochmittelalter. Dann folgte eine Abkühlung: die während der Pest-Zeit einsetzende „Kleine Eiszeit", die bis in die Goethe-Zeit dauerte. Zahllose Gemälde und Stiche zeigen, wie damals nördlich der Alpen im Winter regelmäßig die Flüsse und Kanäle zufroren und sich die Menschen auf den vereisten Wasserflächen vergnügten.

In allerletzter Zeit wird eine schnell steigende Erwärmung beobachtet. Aktuell war der Sommer 2022 weder der heißeste noch der trockenste „aller Zeiten", aber derjenige mit den meisten Sonnenstunden. So, wie man es sich immer gewünscht hat, oder?

Klima verändert sich immer. Es ist eben einfach nie stabil. Deswegen ist fraglich, welches Klima man eigentlich wie „schützen" will. Die seit etwa 1800 immer stärker und schneller ansteigende Erderwärmung soll dem zunehmenden Verbrauch fossiler Brennstoffe im Industriezeitalter geschuldet sein. Zu beachten ist aber auch die Verdoppelung der Weltbevölkerung allein in den letzten fünfzig Jahren, also seit 1960. Seitdem wollen 3,5 Milliarden mehr Menschen als 1960 ebenfalls heizen, Auto fahren, Strom verbrauchen, Industriegüter herstellen, Rohstoffe und Güter transportieren, verreisen und hochwertige Nahrungsmittel verzehren. Das geht nicht ohne drastische Steigerung der Produktion und des Verkehrs – und bis 2050 sollen es 10 Milliarden Menschen sein.

Belastbare Forschungen und Datensammlungen (auch durch Satelliten) dazu gibt es seit den 1950er- und 1960er-Jahren. Bereits 1965 wurde die Befürchtung formuliert, dass es durch den ständig steigenden Eintrag des Treibhausgases Kohlendioxid (CO_2) zu einer Gletscherschmelze, einem Anstieg des Meeresspiegels und einer weltweiten Überflutung der Küstenregionen kommen könnte. Während der zweiten Hälfte des 20. Jahrhunderts war dieser Befund aber medial kein besonderes Thema. Es gab zwar gelegentlich Besorgnisse bezüglich einer neuen Eiszeit (weil die Sommer in den 60er- und 70er-Jahren in Mitteleuropa oft verregnet waren) oder wegen Waldsterbens aufgrund von saurem Regen. Aber bis in die 2000er-Jahre gab es keine aufgeregte Klimadebatte, obwohl die Befunde bereits auf dem Tisch lagen.

1979 fand eine erste Weltklimakonferenz statt. Spätestens seitdem ist das Thema auf der politischen Tagesordnung, und man bemüht sich auf unendlich vielen internationalen Konferenzen, zu einem bestimmten Zeitpunkt „Klimaneutralität" zu erreichen. 2007 präsentierte der ehemalige amerikanische Vizepräsident Al Gore eine Dokumentation über die „menschengemachte globale Erwämung", und spätestens seitdem ist die „Klimakatastrophe" ein unerschöpfliches Thema in den Medien und bei den Aktivisten – ohne dass sich in der Praxis viel ändert.

ENTDECKUNGEN UND ERFINDUNGEN

1992 Smartphone

Die ersten Kombinationen von Mini-Computern plus Telefon hatten noch Tasten-Tastaturen, z. B. die BlackBerrys und die Nokias. Der Durchbruch für die Massennutzung des Smartphones kam 2007 durch das iPhone 1 von Apple.

1995 Exoplanet

Die Entdeckung war seit den 1980er-Jahren vorausgesagt und erwartet worden. Die erste definitve Feststellung eines Exoplaneten, also eines Planeten, der außerhalb unseres Sonnensystems einen Stern umkreist, erfolgte durch die Genfer Astronomen Michel Mayor und Didier Queloz.

2017 mRNA Impfstoffe

Die seit Anfang der 1960er-Jahre beforschte Methode der Verabreichung von genetischen Impfstoffen wird 2017 von der WHO auch für Menschen zugelassen. Den Durchbruch bringen die von der deutschen Firma Biontech und der amerikanischen Firma Moderna entwickelten Impfstoffe gegen das SARS-CoV-2-Virus, die seit 2021 eingesetzt werden.

2022 ChatGPT

ist ein textbasiertes Dialogsystem, das Ende 2022 vom US-Unternehmen OpenAI entwickelt wurde und mit künstlicher Intelligenz (KI) arbeitet. Es kann sowohl einfache Fragen beantworten als auch komplexe Texte wie Referate und Abhandlungen verfassen.

Am 20. August 2018, dem ersten Schultag nach den schwedischen Sommerferien, setzte sich Greta Thunberg mit einem Plakat mit der Aufschrift „Skolstrejk för klimatet" (deutsch „Schulstreik für das Klima") vor den Schwedischen Reichstag in Stockholm. Diese Aktion war der Auslöser für die globale Klimaschutzbewegung *Fridays for Future.*

Weder verzichten diese auf ihre lifestylige Kaffeeplastikbecher-Wegwerfkultur noch sind die weiträumigen, auf Autogebrauch zugeschnittenen Siedlungsstrukturen in den vielen Metropolregionen der Welt in absehbarem Zeithorizont veränderbar. Soweit ersichtlich wollen Länder wie China, Indien, Brasilien, Nigeria, um nur die allergrößten mit ihren steigenden Bevölkerungszahlen zu nennen, auch nicht auf weitere Industrialisierung, Automobilisierung, weltweiten Güteraustausch und Luftfernverkehr verzichten. Von einer völligen Veränderung der Energiegewinnung und des Energiegebrauchs ganz zu schweigen. Es käme einem Totalumbau der Welt gleich.

2018, im Jahr eines der heißesten Sommer der jüngsten Vergangenheit, schwänzte das damals 15-jährige Schulkind Greta Thunberg am ersten Tag des neuen Schuljahrs, einem Montag, die Schule und ließ sich mit einem Plakat *Skolstrejk för Klimatet* auf den Stufen des schwedischen Reichstages nieder. Dort verharrte sie die nächsten drei Wochen während der Schulstunden. Dann wurde der Schulboykott auf Freitag verlegt. Manche sagen, das war die gelungene Inszenierung einer Klima-Jeanne d'Arc.

Schulstreik für so einen über jeden Zweifel erhabenen guten Zweck ist natürlich eine sehr verlockende Sache für Schulkinder. Jedenfalls fand dies unter den Jugendlichen, vor allem der westlichen Welt, sehr viel Anklang und Nachahmer. So entstand die weltweite Bewegung Fridays for Future, freitägliches Schuleschwänzen, um auf die Dringlichkeit der Klimaproblematik aufmerksam zu machen.

Aktuell kleben sich die jungen Aktivisten dieser selbst ernannten „Last Generation" (Anklang an *Lost Generation*) mit den Händen auf Straßen oder sogar an Kunstwerken in Museen fest, um bewusst mediale Aufmerksamkeit für ihr Anliegen zu erzeugen.

Covid-19-Pandemie und Lockdown {seit 2020}

Ende des Jahres 2019 drangen erste Nachrichten über den Ausbruch einer sehr infektiösen, bisher unbekannten Lungenkrankheit aus China in die Welt, eine Krankheit auch mit tödlichen Folgen. Ursprungsort sollte die chinesische Großstadt Wuhan sein. Ende Januar 2020 erreichte das sogenannte SarsCoV-2 Coronavirus die USA. Im Februar und März 2020 waren binnen kurzer Zeit massenweise Todesopfer in Italien zu beklagen, dann auch im übrigen Europa, in Asien und in beiden Amerikas.

Kein Land war auf eine solche Pandemie im Geringsten vorbereitet. Es fehlte überall an allgemeinen Vorkehrungen zum Seuchenschutz wie Schutzkleidung für das Krankenhauspersonal oder Atemschutzmasken für die Bevölkerung wegen der sehr leichten Übertragbarkeit durch Tröpfcheninfektion/Aerosole oder an ausreichend Beatmungsgeräten für die schwer Erkrankten.

Im Verlauf der Jahre 2020 und 2021 kam es immer wieder zu „Lockdowns". Das war die Ultima ratio der meisten Regierungen (Ausnahmen Schweiz und Schweden), um die Ausbreitung der unbekannten Seuche einzudämmen: ständig umstrittene Ausgehverbote, zeitweise Einstellung des Flug- und Passagierschiffsverkehrs, zeitweilige Suspendierung der gesamten Gastronomie (Hotel, Restaurant, Café, Bar) und von Veranstaltungen aller Art (Gottesdienste, Handelsmessen, Universitäten, Sport- und Kulturveranstaltungen). Sogar Schulschließungen in verschiedenen Ländern. Das gesamte öffentliche Leben wurde lahmgelegt.

Das Seuchenursprungsland China reagierte, auch mangels wirklich wirksamen Impfstoffen, mit massiven und extrem repressiven Lockdowns. Nach drei Jahren und für chinesische Verhältnisse massiven Protesten der Bevölkerung wurden die Corona-Maßnahmen Ende 2022 praktisch über Nacht zurückgenommen.

In Rekordzeit wurden Impfstoffe entwickelt, teils auf der Grundlage ganz neuer molekularbiologischer Technologien. Dank deren Einsatz seit Anfang 2021 entspannte sich die akute Bedrohungslage und die disruptive Situation des Alltags- und Wirtschaftslebens. Allerdings ist es trotz der für jedermann deutlichen gesundheitlichen Bedrohung den meisten Regierungen nicht gelungen, die für einen guten Seuchenschutz notwendige schnelle allgemeine Imfpfquote von wenigstens 80 bis 85 Prozent der Bevölkerung zu erreichen.

Seit der Spanischen Grippe, die kurz nach dem Ersten Weltkrieg ausbrach, hat die Menschheit nicht mehr eine derart globale Seuchenkrise mit so hohen Opferzahlen, geradezu rasend schneller Verbreitung, gesundheitlichen Langzeitschäden und disruptiven Folgen für alle Bereiche der Gesellschaft erlebt. Von den enormen Kosten und wirtschaftlichen Verlusten ganz zu schweigen. Das Wirtschafts- und vor allem das Kulturleben haben sich bisher von all diesen Maßnahmen nicht wirklich erholt.

Sturm aufs Kapitol {seit 2021}

Amerikanische Präsidenten können nur einmal wiedergewählt werden, also maximal acht Jahre lang regieren. Nach dem Ende von Obamas Amtszeit erwartete man nach dem ersten afroamerikanischen Präsidenten eigentlich die erste Frau im *Oval Office* in Gestalt von Hillary Clinton, der Gattin von Obamas Vorvorgänger Bill Clinton. Gewählt wurde aber zu dessen eigener Überraschung mit denkbar knapper Mehrheit der republikanische Gegenkandidat Donald Trump (*1946), ein Immobilien- und Spielcasino-Unternehmer und TV-Unterhalter. Er hatte sich in einem populistischen Wahlkampf zum Sprachrohr der „schweigenden Mehrheit" grundsätzlich konservativ eingestellter, eher ärmerer weißer Amerikaner gemacht. Sein Wahlsieg war auch eine Reaktion konservativer Amerikaner aller Schichten gegen die linksliberalen Politiken der Clinton-/Obama-Präsidentschaften und gegen das sich elitär und abgehobenen gebärdende gouvernementale und intellektuelle Estabilshment in der Bundeshauptstadt und in den meisten Medien. Auch

Während des Covid-Lockdowns im Januar 2021 ist auf den ansonsten menschenleeren Straßen in Shanghai nur medizinisches Personal in Schutzanzügen zu sehen.

während seiner umstrittenen Präsidentschaft stand der stets eifrig „twitternde" Trump mit den Medien auf Kriegsfuß, denen er „fake news" vorwarf oder „alternative facts" präsentierte.

Kurz nach seiner ebenfalls sehr knappen Nicht-Wiederwahl dirigierte er als noch amtierender Präsident im Vorfeld der Vereidigung seines Nachfolgers Joe Biden am 6. Januar 2021 einen Mob zu einem Sturmangriff auf das Kapitol. An diesem Tag stand die formale Bestätigung von Bidens Wahlsieg auf der Tagesordnung. Hunderte Randalierer verwüsteten das Parlamentsgebäude und versetzten Senatoren und Abgeordnete in Angst und Schrecken. Der Vorgang wurde als regelrechter Putschversuch Trumps gewertet, der seine Wahlniederlage nicht wahrhaben und die Staatsmacht wieder an sich reißen wollte.

Zeitenwende {24. Februar 2022}

Nach der schnell formulierten Ansprache des frisch gewählten deutschen Bundeskanzlers Olaf Scholz bedeutet der massive Angriff russischer Truppen auf das EU-Nachbarland Ukraine an allen Grenzen eine „Zeitenwende".

In der Tat: Seit dem Fall der Mauer 1989 mit dem rasch nachwirkenden Zusammenbruch des gesamten sowjetischen „Ostblocks", der Subprime-Krise der Finanzmärkte und nach dem Ausbruch von Corona ist dieser russische Angriff innerhalb der letzten dreißig Jahre, also innerhalb unserer Gegenwart, schon das vierte epochale Wendeereignis mit globalen Auswirkungen.

Es handelt sich um nichts weniger als einen dritten Weltkrieg in Europa unter Beschränkung auf das Territorium der Ukraine (bis jetzt). Denn alle NATO-Staaten sind involviert, insbesondere USA, Russland als Aggressor sowieso, China, Türkei und Iran.

Binnen weniger Tage kommt es im Westen zu einer grundlegend neuen Prioriätensetzung für die militärische Sicherheit und damit für die Souveränität der europäischen Staaten im Rahmen der NATO und für die Sicherung der Energieversorgung vor allem in Mitteleuropa.

Insbesondere im für Kontinentaleuropa zentralen Deutschland war die Energieversorgung während der langen Regierungszeit Merkel bewusst oder unbewusst immer stärker auf eine grundlegende, die staatliche

Am 6. Januar 2021 stürmen Anhänger des abgewählten Präsidenten Donald Trump das Kapitol in Washington. In der Folge des Angriffs starben fünf Menschen, und es gab Dutzende Verletzte, darunter zahlreiche Polizisten.

Souveränität aushöhlende Abhängigkeit von Russland geführt worden. Geschah es unbewusst, so handelt es sich um grobe politische Fahrlässigkeit und Verantwortungslosigkeit; geschah es bewusst, wäre es eigentlich ein Fall für einen Staatsgerichtshof wegen Landesverrats.

Ebenfalls beinahe zeitenwendemäßigrevolutionär zu nennen ist die Einsicht im links-grünen politischen Spektrum, dass man in dieser Situation für die Wirtschaft des gesamten Industrielandes Deutschland und für die Versorgung der Bevölkerung nicht auf erneuerbare Energien bauen kann, sondern auf herkömmliche fossile Verbrennungsverfahren, ja eventuell auf die fürs Klima sowieso besser verträgliche Atomstromgewinnung zurückgreifen muss.

Politisch bedeutet die Zeitenwende die Einsicht aller Putin-Appeaser, dass er die bestehende Friedensordnung in Europa missachtet und vor exzessiver militärischer Gewalt nicht zurückschreckt, um Territorialgewinne und aus seiner Sicht politische Gewinne zu erzielen. Die europäische und ein Teil der Weltöffentlichkeit sind zutiefst erschrocken über seine unverblümt erklärten Kriegsziele: das ihm nicht genehme „faschistische Regime" in Kiew zu eliminieren, sprich eine frei gewählte Regierung durch einen Staatsstreich von außen zu stürzen und im Übrigen die Eigenständigkeit und Eigenstaatlichkeit der Ukraine auszumerzen. Das sind Töne, die man in der westlichen Welt seit Hitler und Stalin nicht mehr gehört hat und die man um der eigenen Existenz und Freiheit willen nicht dulden kann.

Das hat man in anderen osteuropäischen Partnerstaaten immer schon geahnt und davor gewarnt. In der westlichen Welt hat man erst jetzt, aber dafür wenigstens umgehend, die Realität begriffen. Unter dem Druck der äußeren Aggression wurden die schon seit Längerem „hirntot" (Emmanuel Macron) im Zerfall begriffenen internationalen Institutionen NATO und EU schlagartig wiederbelebt.

Gleichzeitig kann man auch registrieren, welche Länder den Putin-Einmarsch nicht verurteilt haben, sich ihm gegenüber wohlwollend neutral verhalten oder ihn sogar stützen. Hier kann man haargenau den Frontverlauf künftiger Konflikte im 21. Jahrhundert sehen. Und man erkennt: Global gesehen sind Freiheitsdenken, Rechtsstaatlichkeit und Demokratie in der Defensive.

Die Dinge sind nun klar: Auf die eindeutige Aggression Putins reagiert der Westen mit Solidarität und massiver finanzieller, humanitärer und militärischer Unterstützung für die Ukraine. Es ist allen bewusst, dass in der Ukraine die ganze westlich-abendländische Freiheits- und Rechtskultur mit all ihren politischen, wirtschaftlichen, kulturellen und zivilisatorischen Errungenschaften verteidigt wird und verteidigt werden muss – *whatever it takes*. Deutschland und einige andere mitteleuropäische Staaten sind wegen ihrer stark einseitigen Energieabhängigkeit von Russland in der Zwickmühle und politisch erpressbar. Diese wird schnellstmöglich zu überwinden sein.

Her Majesty {8. September 2022}

Vollkommen beispiellos sind das Leben und die Regentschaft von Elizabeth II., die über 70 Jahre lang von 1952 bis 2022 bis in ihr 96. Lebensjahr auf dem Thron des Vereinigten Königreichs saß. Allein durch die lange Dauer ist ihre Regentschaft epochal. Nur der Sonnenkönig Ludwig XIV. von Frankreich regierte noch länger (72 Jahre). Elizabeth ist aber auch *die* globale Person des 20. und des beginnenden 21. Jahrhunderts. Sie hatte nicht nur durch ihre Funktion als Staatsoberhaupt des britischen Königreichs, sondern auch als formales Staatsoberhaupt von etlichen Ländern des *Commonwealth* (u.a. Kanada, Australien, Neuseeland) eine einzigartige Position in der Weltgeschichte der Gegenwart. Vor der Unabhängigkeit der Kolonien gehörten noch viel mehr Länder zur britischen Krone.

Zur Zeit ihrer Geburt hatte das britische Empire seine größte Ausdehnung und regierte ein Viertel der Welt direkt von London aus. Doch durch den Dekolonialisierungsprozess in der Nachkriegszeit verblieben nur noch die britischen Inseln und der Nordostteil Irlands unter direkter britischer Souve-

Wie hier in Borodjanka sind durch den russischen Angriffskrieg viele Wohnungen und Häuser in ukrainischen Städten und Ortschaften nicht mehr bewohnbar. Teilweise liegen komplette Städte in Schutt und Asche.

ränität. Die Auflösung des britischen Empire und seine Umwandlung zum *Commonwealth* waren neben dem Beitritt (1973 zur damaligen EWG) und dann wieder Austritt (2020) des Vereinigten Königreichs aus der EU die welthistorisch bedeutendsten Ereignisse während ihrer Regentschaft. Als sie 1952/53 den Thron bestieg, war die überwältigende Mehrheit der Briten weiß; heute hat Großbritannien eine multiethnische Bevölkerung und inzwischen seinen ersten Premierminister indischer Abstammung.

Aufgrund ihrer ausgedehnten Reisen in alle Welt als Prinzessin und als Königin kannte Elizabeth auch wie nur wenige andere Staatsakteure die ganze Welt. Niemand dürfte mehr Politikern und Staatsmännern begegnet sein als diese Königin. Sie hat 300 Staatsbesuche in 120 Ländern absolviert – besaß aber nie einen Reisepass.

Zu Hause ist sie, trotz ihrer etwas spröden Art in der Öffentlichkeit, unendlich vielen ihrer „Untertanen" begegnet. Kannte irgendein britischer Politiker mehr seiner Landsleute? Elizabeths Leben begann in der Zwischenkriegszeit. Als deutsche Bomben auf England fielen, war sie ein Teenager; bei Kriegsende noch nicht einmal 20 Jahre alt.

Nach dem frühen Tod ihres Vaters George VI. 1952 im Alter von 27 Jahren auf den Thron gelangt, sprach sie schon mit Politikern wie Winston Churchill und John F. Kennedy über Politik, als die meisten heute aktiven Politiker noch nicht einmal geboren waren. Sie hat 15 britische Premierminister ins Amt berufen, von Churchill bis zu Liz Truss, noch zwei Tage vor ihrem Tod.

Der Kürze halber seien einfach die Namen einiger Weltpolitiker genannt, denen Elizabeth begegnete, um sich die Bedeutung ihrer Regentschaft und damit die Globalgeschichte der jüngsten Gegenwart noch einmal zu vergegenwärtigen: Nehru, den Schah von Persien, Papst Johannes XXIII., Papst Johannes Paul II., König Bhumiphol von Thailand (der fast gleich alt war und ebenfalls 70 Jahre lang regierte), Suharto, Kaiser Hirohito, König Hassan II. von Marokko, König Hussein von Jordanien, de Gaulle, Adenauer, Tito, Brandt, Kennedy, Nkrumah, Kaunda, Mandela, Jeltsin, sämtlichen amerikanischen Präsidenten (außer Lyndon B.

Der Sarg mit den sterblichen Überresten von Queen Elizabeth II. kommt am 19. September 2022 vor der *St. George's Chapel* auf Schloss Windsor an, wo die Monarchin beigesetzt wird.

Johnson) und viele andere. Und wenn sie Könige und Königinnen in Europa besuchte oder diese nach London kamen, war sie im Zweifel mit ihnen verwandt.

Zum Schluss heißt es von jeher: Die Königin ist tot. Lang lebe der König.

Aufruhr im Iran {Tod Mahsa Amini, 16. September 2022}

Während die Welt hauptsächlich mit dem Putin-Krieg gegen die Ukraine beschätigt ist und sich der Westen in beispielloser Weise mit dem Abwehrkampf solidarisiert und die Ukrainer unterstützt, hat der Tod der jungen Mahsa Amini am 16. September 2022 eine breite, anhaltende Protestbewegung gegen das iranische Mullah-Regime ausgelöst. Die junge Frau war drei Tage zuvor wegen einem verrutschten Kopftuch in iranischen Polizeigewahrsam geraten und dort unter bisher nicht geklärten Umständen gestorben.

Proteste gegen das Regime gab es in Iran immer wieder. Aber nach über 40 Jahren repressiver Herrschaft der Mullahs im Innern und unter dem Druck jahrzehntelanger Sanktionen von außen in Verbindung mit einer starken Inflation verarmt mittlerweile auch die Mittelschicht, und in dem demografisch jungen Land ist eine ganz neue Generation herangewachsen. Diese ist zwar nicht unbedingt westlich orientiert, aber auch nicht auf das theokratische System der Mullahs fixiert. Die sehr dünne Oberschicht des Regimes hat sich – selbst unter den schwierigen wirtschaftlichen Bedingungen des Landes – in beispielloser Weise bereichert. Auch das Mullah-Regime ist eine Kleptokratie, wie es in sehr vielen anderen Ländern der islamischen Welt der Fall ist. Großflächige Enteignungen der Regimegegner haben dafür die Grundlage gelegt. In Iran gab es 2021 rund 250 000 Millionäre; mehr als in Saudi-Arabien (dort 210 000; Angaben aus *Forbes*). Allein Ali Chamenei (84), der „oberste Rechtsgelehrte", mithin das ranghöchste geistliche und staatliche Oberhaupt Irans, besitzt persönlich einen Fonds namens *Setad* mit einem Vermögen von über 100 Milliarden Dollar. Diese Oberschicht, zu der auch das Militär gehört, hat also sehr viel zu verlieren, und unter anderem das erklärt die Härte und Brutalität, mit der die Regierung der Mullahs die aktuelle Protestbewegung im wahrsten Sinne des Wortes niederzuschlagen versucht. Dazu bedient sie sich der sehr gut ausgerüsteten und fanatischen Basidsch-Milizen.

Ende der Globalisierung?

Ein zarter, noch zu Zeiten des Amtsantritts von Barack Obama (2010) zu spürender Zukunftsoptimismus im Hinblick auf eine friedliche Kooperation in einer multipolaren Welt nach dem Ende des Kalten Krieges und weltweite Prosperität ist innerhalb von zwölf Jahren verflogen. Eine schnelle Abfolge von Disruptionen verunsichert die Gesellschaften weltweit:

- Das Internet verändert die Zivilgesellschaften in atemberaubendem Tempo.
- Der Arabische Frühling hat große Teile der islamischen Welt destabilisiert, mit spürbaren Auswirkungen auf ganz Europa (Migration, Terror, instabile Gewaltregime).
- Die Klimadiskussion verunsichert die junge Generation in den westlichen Ländern.
- Die weltweite Covid-19-Pandemie hat die ebenso weltweite Inkompetenz gouvernementalen Handelns unübersehbar gemacht und binnen kurzer Zeit zu vorher undenkbaren Einschränkungen und wirtschaftlichen und kulturellen Verlusten geführt.
- Verbreiteter Populismus jeglicher Couleur erschwert vernunftgeleitetes politisches Handeln auch in den Demokratien des Westens. Dieser Populismus ist eine Reaktion auf das überall zu beobachtende Regierungsversagen.
- Der unerhörte Überfall Russlands auf die Ukraine hat binnen Stunden das weltpolitische Koordinatensystem umgepolt.
- Im Zusammenhang mit diesem Krieg folgt nun eine umfassende Reorganisation der für alles Zivilleben so grundlegenden Energieversorgung und eine Neuordnung von Welthandel und Lieferketten hin zu mehr Autarkie.